डॉ. नारायणदत्त श्रीमाली
– जीवन परिचय

आशीर्वाद
डॉ. नारायणदत्त श्रीमाली

संपादन
योगी ज्ञानानन्द

संयोजन
कैलाशचन्द्र

वी एण्ड एस पब्लिशर्स

प्रकाशक

वी एण्ड एस पब्लिशर्स

F-2/16, अंसारी रोड, दरियागंज, नई दिल्ली-110002
☎ 23240026, 23240027 • फैक्स: 011-23240028
E-mail: info@vspublishers.com • Website: www.vspublishers.com

क्षेत्रीय कार्यालय : हैदराबाद

5-1-707/1, ब्रिज भवन (सेन्ट्रल बैंक ऑफ इण्डिया लेन के पास)
बैंक स्ट्रीट, कोटी, हैदराबाद-500 095
☎ 040-24737290
E-mail: vspublishershyd@gmail.com

शाखा : मुम्बई

जयवंत इंडस्ट्रिअल इस्टेट, 2nd फ्लोर - 222,
तारदेव रोड अपोजिट सोबो सेन्ट्रल मॉल, मुम्बई - 400 034
☎ 022-23510736
E-mail: vspublishersmum@gmail.com

फ़ॉलो करें:

हमारी सभी पुस्तकें **www.vspublishers.com** पर उपलब्ध हैं

© कॉपीराइट: वी एण्ड एस पब्लिशर्स
संस्करण: 2017

भारतीय कॉपीराइट एक्ट के अन्तर्गत इस पुस्तक के तथा इसमें समाहित सारी सामग्री (रेखा व छायाचित्रों सहित) के सर्वाधिकार प्रकाशक के पास सुरक्षित हैं। इसलिए कोई भी सज्जन इस पुस्तक का नाम, टाइटल डिजाइन, अन्दर का मैटर व चित्र आदि आंशिक या पूर्ण रूप से तोड़-मरोड़ कर एवं किसी भी भाषा में छापने व प्रकाशित करने का साहस न करें, अन्यथा कानूनी तौर पर वे हर्जे-खर्चे व हानि के जिम्मेदार होंगे।

मुद्रक: रेप्रो नॉलेजकास्ट लिमीटेड, ठाणे

प्रकाशकीय

वी एण्ड एस पब्लिशर्स पिछलें अनेक वर्षों से जनहित की पुस्तकें प्रकाशित करते आ रहे हैं। पुस्तक प्रकाशन के इसी क्रम में 'डॉ. नारायणदत्त श्रीमाली - जीवन परिचय' पुस्तक वी एण्ड एस पब्लिशर्स की नवीनतम प्रस्तुति है।

प्रस्तुत पुस्तक अन्तर्राष्ट्रीय स्थातिप्राप्त आध्यात्मिक गुरु, ज्योतिषाचार्य, भविष्यवक्ता एवं तंत्र-मंत्र-यंत्र के प्रकाण्ड विद्वान डॉ नारायणदत्त श्रीमाली के व्यक्तिगत जीवन के कई अनछुए पहलुओं को उजागर करती है, जिसके बारे में अभी कम लोगों को ही जानकारी है। पुस्तक के लेखक योगी ज्ञानानन्द डॉ. नारायणदत्त श्रीमाली के प्रिय शिष्य रह चुके हैं। उन्होंने डॉ. नारायणदत्त श्रीमाली के बारे में छोटी से छोटी घटना का समावेश इस पुस्तक में किया है। पुस्तक में श्रीमाली के कुछ पत्रों का संग्रह भी है। ये कालजयी पत्र साधकों के प्रेरणा स्त्रोत हैं। इसमें बताई गति विधियों को अपनाकर मन प्राणों में नई ऊर्जा का संचार किया जा सकता है।

हम आशा करते हैं कि यह पुस्तक डॉ. नारायणदत्त श्रीमाली के बारे में जानने के उत्सुक पाठकों द्वारा अवश्य सराही जाएगी।

विषय-सूची

मन की बात	.....	9
पत्नी के नाम डॉ. श्रीमाली के पत्र	.....	68
डॉ. श्रीमाली का पत्र ऋतु के नाम	.....	104
पत्र-डॉ. श्रीमाली के नाम	.....	113

डॉ. नारायणदत्त श्रीमाली : एक परिचय

सद्गुरुदेव डॉ. नारायणदत्त श्रीमाली, जिनका संन्यस्त नाम परमहंस स्वामी निखिलेश्वरानन्द जी है, ने इस ज्ञान को जन-जन की भाषा में विस्तृत रूप से प्रदान करने हेतु संकल्प लिया। अपने जीवन की 65 वर्षों की यात्रा में मानव मात्र के लिए उन्होंने ज्ञान का अमूल्य भंडार खोल दिया, क्योंकि उनका कहना था कि ज्ञान ही शाश्वत है।

इस संकल्प की पूर्ति हेतु पूज्यश्री ने पूरे भारतवर्ष का भ्रमण किया और उन अज्ञात रहस्यों की खोज की, जिनके कारण मानव जीवन परिष्कृत और मधुर बन सकता है। संसार में रहकर सांसारिक जीवन को भी पूर्णता के साथ जिया, क्योंकि उनका यह सिद्धांत था कि गृहस्थ जीवन की समस्याओं के पूर्ण ज्ञान हेतु गृहस्थ बनना भी आवश्यक है। अनुभव प्राप्त करके ही शुद्ध ज्ञान प्रदान किया जा सकता है। उनके द्वारा रचित सैकड़ों ग्रंथों में मनुष्य के जीवन में त्रास को मिटाकर संतोष और तृप्ति प्रदान करने की भावना ही निहित है। इसी क्रम में उन्होंने मंत्र-शास्त्र, तंत्र-शास्त्र, सम्मोहन-विज्ञान, ज्योतिष, हस्तरेखा-शास्त्र, आयुर्वेद इत्यादि को वैज्ञानिक एवं तार्किक रूप से भी स्पष्ट किया।

इसी क्रम में उन्होंने सन् 1981 में 'मंत्र-तंत्र-यंत्र विज्ञान' मासिक पत्रिका प्रारम्भ की, जिसके माध्यम से सारे रहस्यों को स्पष्ट किया। इस ज्ञान प्रदीपिका ने मानो भारतीय सांस्कृतिक मूल्यों की धरोहर स्थापित कर दी है। यह पत्रिका ज्ञान का वह भंडार है, जो मानव जीवन के प्रत्येक पहलू से संबंधित सभी समस्याओं के समाधान प्रस्तुत करने के साथ-साथ जीवन को ऊर्ध्वमुखी गति प्रदान करने की दिशा में क्रियाशील बनाने का सार्थक प्रयास है।

अपना कार्य पूर्ण कर देने के पश्चात 3 जुलाई, 1998 को सांसारिक काया को त्याग कर वह परमात्मा के साथ समाहित हो गए, परंतु उनके आशीर्वाद स्वरूप उनके द्वारा स्थापित 'अंतर्राष्ट्रीय सिद्धाश्रम साधक परिवार' और 'मंत्र-तंत्र-यंत्र विज्ञान' पत्रिका पूर्ण रूप से गतिशील है। उनका प्रदान किया हुआ ज्ञान ही इसका आधार है और ज्ञान की इस अजस्र गंगा में लाखों शिष्य सम्मिलित हैं।

—नन्दकिशोर श्रीमाली

मन की बात

बात प्रारंभ करता हूं, कामाख्या के तांत्रिक सम्मेलन से। इस सम्मेलन की काफी कुछ चर्चा हम लोगों के बीच थी; विशेषकर जो तंत्र में विश्वास रखते थे या तांत्रिक क्रियाएं जानते थे, उनके लिए यह एक अभूतपूर्व अवसर था। जबकि तंत्र की आराध्य कामाख्या स्थान पर तांत्रिक सम्मेलन होने जा रहा था। यद्यपि इसकी चर्चा पत्र-पत्रिकाओं में नहीं थी, परंतु तंत्र के जानने वालों के लिए यह सूचना अनुकूल थी और इसमें भारत के ही नहीं, कुछ विदेशों के भी तांत्रिकों के भाग लेने के बारे में समाचार सुनने को मिले थे।

यह भी सुना था कि इसमें पूरे भारत से विशिष्ट तांत्रिक भाग ल.गे और उन तांत्रिकों के भाग लेने की भी यह शर्त थी कि इसमें केवल वे ही तांत्रिक भाग ले सकते हैं जो कि दस महाविद्याओं में से कोई एक महाविद्या सिद्ध की हो। तंत्र के क्षेत्र में यह काफी ऊंचे स्तर की बात होती है। यह शर्त इसलिए रख दी थी, जिससे कि विशिष्ट तांत्रिक ही भाग ले सकऽ, सामान्य तांत्रिकों से प्रांगण भर जाए और व्यर्थ में ही समय बीत जाए, आयोजक ऐसा नहीं चाहते थे।

यह आयोजन न तो राजनीतिक स्तर पर था और न सामाजिक स्तर पर। इसके पीछे न किसी सेठ साहूकार का धन था और न कौतूहल आदि। इसका एकमात्र उद्देश्य यही था कि बदलते हुए परिवेश में तांत्रिकों से समाज को क्या योगदान हो सकता है, और समाज उनसे किस प्रकार से लाभ उठा सकता है?

इसके अलावा यह भी ज्ञात करना था कि वास्तव में उच्चकोटि के कितने तांत्रिक हैं। इसके लिए उन माध्यमों को चुना था, जिनका संपर्क सुदूर हिमालय स्थित योगियों से और तांत्रिकों से भी था।

यहां जब मैं 'तांत्रिक' शब्द का प्रयोग कर रहा हूं तो इसका तात्पर्य केवल तांत्रिक ही नहीं अपितु मंत्र शास्त्र के जानने वाले व्यक्तियों या विद्वानों से भी है। मेरे कहने का तात्पर्य यह है कि इस सम्मेलन में उच्च कोटि के मंत्र शास्त्री और तंत्र शास्त्रियों को बुलाना था और परस्पर विचार-विमर्श करना था।

साल भर से इसके बारे में चर्चा चल रही थी और हम सब लोग इसमें भाग लेने के लिए उत्सुक थे। अधीरता से उस तारीख की प्रतीक्षा कर रहे थे, जब यह तांत्रिक सम्मेलन होना था। कुल 10 दिन का यह सम्मेलन था और उन सभी तांत्रिकों से संपर्क स्थापित किया जा चुका था, जो इस क्षेत्र में विशिष्ट थे या अति विशिष्ट थे। इसके साथ-ही-साथ उन मंत्र शास्त्रियों या मंत्र के जानने वालों और विद्वानों को भी बुलाया था, जिन्होंने उस क्षेत्र में अभूतपूर्व कार्य किया हो, मंत्रों के माध्यम से जो कुछ भी करने में समर्थ हों।

उन सभी योगियों और साधकों से संपर्क किया जा चुका था, जिन्होंने अपने जीवन का बहुत बड़ा हिस्सा उस विशिष्ट साधना में बिताया हो, और यह प्रसन्नता की बात थी कि भारत के अति विशिष्ट मंत्र-मर्मज्ञों और तांत्रिकों ने भाग लेने की स्वीकृति दी थी। इनमें पगला बाबा, स्वामी चैतन्य मूर्ति, कृपालु स्वामी, बाबा भैरवनाथ, स्वामी प्रेत बाबा, अघोरी गिरजानंद, अघोरी खर्परानंद भारती, त्रिजटा अघोरी, आदि कई ऐसी विशिष्ट विभूतियां थीं, जिनके बारे में लाखों करोड़ों बार सुना था, इनके साथ आश्चर्यजनक कहानियां जुड़ी हुई थीं, जो विशिष्ट सिद्धियों के स्वामी थे। इस प्रकार के तांत्रिकों, मांत्रिकों और अघोरियों का सम्मेलन एक स्थान पर हो, यह हम जैसों के लिए आश्चर्यजनक था।

इस सम्मेलन में निर्णय यही था कि इसमें वाम मार्गी और दक्षिण मार्गी साधना से संपन्न साधक एक स्थान पर एकत्र हों और अपनी सिद्धियों का प्रदर्शन करें। सिद्धियों को प्राप्त करने में जो बाधाएं आ रही हैं, उनका निराकरण किस प्रकार से हो तथा इन साधनाओं और सिद्धियों का लाभ जनमानस को किस प्रकार से मिल सके, इसका निर्णय और विचार इस सम्मेलन में होना था।

इसके अलावा पिछले पांच हजार वर्षों में यह पहला अवसर था, जबकि इस प्रकार के अति विशिष्ट योगी, साधक, तांत्रिक और मांत्रिक एक स्थान पर एकत्रित हुए। इसके लिए कुछ विशिष्ट योगियों ने जो प्रयत्न किया था, वह वास्तव में ही सराहनीय था, और उनके ही प्रयत्नों से यह असंभव कार्य संभव हो सका था। उनके प्रयत्नों से ही सुदूर हिमालय स्थित साधकों से संपर्क हो सका था और उनको उस सम्मेलन में भाग लेने के लिए तैयार किया जा सका था।

प्रयत्न यह था कि इस सम्मेलन की चर्चा ज्यादा न हो, क्योंकि इससे पूरे भारत से लोग दर्शनों के लिए या मिलने के लिए एकत्र हो जाते और इससे अव्यवस्था-सी उत्पन्न हो जाती; फलस्वरूप जिस उद्देश्य के लिए यह सम्मेलन बुलाया जा रहा था, वह उद्देश्य ही अपने आप में समाप्त हो जाता। इसके अलावा साधकों ने भी यह शर्त लगा दी थी कि हम जन-साधारण के सामने न तो जाना चाहते हैं और न अपना या अपनी सिद्धियों का प्रदर्शन करना चाहते हैं।

उनकी बात अपने स्थान पर सही भी थी और यह उचित ही था कि जिस उद्देश्य के लिए यह अभूतपूर्व सम्मेलन हो रहा है, उसकी गरिमा बनी रह सके, साथ-ही-साथ इसमें जो महापुरुष या विशिष्ट साधक भाग ले रहे हैं, उनकी प्रतिष्ठा में किसी प्रकार की आंच न आए तथा किसी प्रकार की न्यूनता न रहे।

पिछले बीस वर्षों में मैंने तंत्र के क्षेत्र मे घुसने का प्रयत्न किया है और तारा साधना को, जो कि दस महाविद्याओं में से एक है सिद्ध किया है और सफलतापूर्वक प्रयोग भी किया है, इससे मैं अपने आपको कुछ समझने लग गया था। सही कहूं तो अपने आपको बहुत कुछ समझने लग गया था, परंतु इस सम्मेलन में भाग लेने पर ज्ञात हुआ कि मैं कुछ भी नही हूं या यूं कहूं कि भाग लेने वाले साधकों के पास जो सिद्धियां हैं, उनके सामने मैं नगण्य हूं, धूल के कण जितना भी मेरा महत्त्व नहीं है। यदि मैं सैकड़ों वर्षों तक उनके चरणों में बैठकर ज्ञान प्राप्त करूं तब भी उनकी थाह नहीं पाई जा सकती।

इस तारा साधना की कड़ी परीक्षा देने के बाद ही मुझे इस सम्मेलन में भाग लेने की अनुमति मिली थी। मैं सोचता हूं कि पिछले बीस वर्षों में भी मैं जो नहीं जान सका था, वह इस सम्मेलन से जान पाया। यह मेरे पूर्व जन्म और इस जन्म का पुण्य प्रभाव ही था, जिससे कि मैं इस सम्मेलन में भाग लेने का अधिकारी माना गया। यह मेरी पीढ़ी का सौभाग्य है कि इस पीढ़ी में इस प्रकार का अभूतपूर्व सम्मेलन हो सका और हम अपनी आंखों से इस सम्मेलन को देख सके। वह मेरे पुण्यों का उदय था, जिससे कि मैं उन विशिष्ट साधकों को देख सका, जिनके दर्शन ही दुर्लभ हैं। यदि तंत्र और मंत्र इस देश में जीवित हैं तो केवल इस प्रकार के विशिष्ट साधकों के बल पर ही। ये साधक नहीं, मंत्र-तंत्र के जीवंत रूप हैं।

जीवन के प्रारंभ में मैं कानून का विद्यार्थी रहा था और मैंने उच्च श्रेणी में कानून की परीक्षा पास की थी, पर मेरे द्वारा एक बार एक गलत फैसला हो जाने के कारण एक निर्दोष को फांसी की सजा मिल गई। यह मेरी गलती थी। उस गलती से मैं इतना अधिक दुखी रहा कि मैंने अपने पद से त्यागपत्र दे दिया और हमेशा के लिए नौकरी छोड़ दी। इसके बाद पत्रकारिता के क्षेत्र में मैंने भाग लिया और अपनी पैनी दृष्टि तथा निर्मम लेखनी से मैं शीघ्र ही पत्रकारों के बीच लोकप्रिय हो गया और पत्रकार-संघ का अध्यक्ष भी कई वर्षों तक रहा, अंग्रेजों का जमाना होने के कारण मुझ पर उनकी क्रुद्ध दृष्टि शुरू से ही थी, अतः उन्होंने मेरे चारों तरफ घेराबंदी प्रारंभ की। इस घेरा बंदी में मैं जकड़ा जाऊं, इससे पहले ही मैंने संसार छोड़ दिया, शादी मैंने की नहीं थी, इसलिए घर-बार की चिन्ता थी नहीं। निश्चय यही कर लिया था कि आगे का पूरा जीवन साधना में ही व्यतीत करना है और अज्ञात रहस्यों की खोज में जीवन बिता देना है।

प्रारंभ से ही मैं तार्किक बुद्धि का रहा हूं, सहज ही मैं किसी से प्रभावित होता नहीं, बातचीत में मेरी पत्रकारिता तुरंत सामने आ जाती है और जिस व्यक्ति से बातचीत करता हूं, अपने पैने प्रश्नों से उसके व्यक्तित्व की चीरफाड़ इस प्रकार से कर लेता हूं कि वह सहज ही मेरे सामने नंगा हो जाता है, भीतर में जो नकलीपन होता है सामने आ जाता है और इस प्रकार मैं उसके व्यक्तित्व से प्रभावित होने की अपेक्षा वह मेरे व्यक्तित्व से प्रभावित हो जाता है।

साधु जीवन धारण करने के बाद मैंने इस आदत के कारण कई शत्रु बना लिए। जो भी विशिष्ट साधु या तांत्रिक होता उससे मिलता और दो-चार घंटों में ही मैं उसकी कलई खोल देता। उसके भीतर जो कमजोरी होती, वह मैं उसके सामने ही उजागर कर देता और इस प्रकार मेरी पत्रकारिता मुझे सहज ही किसी पर विश्वास नहीं करने देती।

आज भी मैं इस आदत को छोड़ नहीं पाया हूं। कानून का विद्यार्थी और अधिकारी होने के नाते बहुत अच्छी तरह से जिरह कर लेता हूं और सामने वाले के अस्त्रों से ही उसको घायल कर लेता हूं, साथ-ही-साथ मेरी पत्रकारिता सामने वाले को पूरी तरह से नंगा करके रख देती है, इसलिए मैं अपने जीवन में बहुत ही कम लोगों से प्रभावित रहा हूं और किसी के प्रति मेरे मुंह से 'गुरु' शब्द तो निकल ही नहीं पाया है, क्योंकि जब तक अत्युच्च साधना से संपन्न व्यक्तित्व नहीं मिलता, तब तक मैं उसके सामने नतमस्तक हो ही नहीं सकता। पिछले बीस वर्षों में मैं सैकड़ों साधुओं, मांत्रिकों और तांत्रिकों के संपर्क में आया और उनसे सीखने को मिला, परंतु प्रभावित किसी से भी नहीं हो पाया। एक प्रकार से मुझे ये सभी खंड-खंड रूप में अवश्य मिले, उनका खंडित व्यक्तित्व अवश्य देखने को मिला, परंतु पूर्ण व्यक्तित्व मेरे सामने कोई आया ही नहीं और इसीलिए मेरा सिर किसी के चरणों में पूरी तरह से झुक ही नहीं पाया। जब तक मेरा व्यक्तित्व प्रभावित नहीं होता तब तक मेरे होंठ 'गुरु' कह ही नहीं पाते। एक प्रकार से देखा जाए तो मैं पिछले बीस वर्षों में 'गुरुहीन' ही रहा हूं। यद्यपि इस अवधि में मैंने तंत्र की कुछ क्रियाएं अवश्य सीखीं, कुछ लोगों के कार्यों से प्रभावित भी हुआ, कुछ विशिष्ट साधकों के संपर्क में भी आया, भूत बाबा से मैंने विशिष्ट तांत्रिक साधना तारा-साधना भी सीखी और उनके प्रति अपने मन में अनुकूल धारणाएं भी बनाई, परंतु हर बार मेरी पत्रकारिता बीच में आ जाती और इस वजह से उनके खंड व्यक्तित्व से तो प्रभावित हो जाता, परंतु अभी तक कोई ऐसा पूर्ण व्यक्तित्व नहीं मिला जो वास्तव में ही उच्च कोटि की क्रियाओं से संपन्न हो और मेरे लिए गुरु पद का अधिकारी हो।

कुछ तांत्रिक अवश्य मिले, वे वाममार्गी थे, पर उन्हें 'दक्षिणमार्ग' साधना का क, ख, ग भी ज्ञात नहीं था, कुछ ऐसे साधक भी मिले जो तंत्र की दक्षिणमार्गी साधना में निष्णात थे, पर वाम मार्ग साधना में शून्य थे।

कुछ हठ योगी भी मिले जिनके पास कुछ सिद्धियां थीं, पर वे सामान्य सिद्धियां थीं। साधारण नागरिक उससे प्रभावित हो सकते हैं, पर मेरे प्रभावित होने का तो प्रश्न ही नहीं था। कुछ मंत्र शास्त्री मिले जो मंत्रों के माध्यम से अलौकिक कार्य करने में सक्षम थे, परंतु इसके अलावा उनके पास कुछ भी नहीं था।

मेरे कहने का तात्पर्य यह है कि यह मेरे जीवन का दुर्भाग्य ही है कि इतना भटकने के बाद भी कोई पूर्ण साधक नहीं मिला, जिसे दक्षिणमार्ग और वाममार्ग के तंत्र का पूर्ण ज्ञान हो और जो इस क्षेत्र का अधिकारी माना जाता हो, साथ ही जिसे मंत्र का भी उच्च कोटि का ज्ञान हो और अघोरी साधना या गौरक्ष साधना के बारे में विशेष जानकारी हो। एक ही व्यक्तित्व में जब तक इन सारे गुणों का समावेश नहीं होता तब तक वह पूर्ण सक्षम कहलाने में समर्थ नहीं हो सकता और जब तक ऐसा व्यक्तित्व मेरे सामने नहीं आता तब तक मेरा सिर किसी के चरणों में नहीं झुक सकता था।

ऐसी स्थिति में जब मैंने इस तांत्रिक सम्मेलन की चर्चा सुनी और यह ज्ञात हुआ कि इसमें विशिष्ट साधक भाग लेंगे तो मन में आशा का संचार हुआ कि शायद इनमें कोई ऐसा पूर्ण सक्षम व्यक्तित्व मिल सके, जिसके सामने मेरा सिर नमन हो या जो वास्तव में ही इन सारी क्रियाओं का जानकार हो।

मैं चाहता यह था कि ऐसे व्यक्तित्व को केवल 'थ्योरिटिकल' ज्ञान ही नहीं हो अपितु 'प्रैक्टिकल' ज्ञान भी हो, जिससे कि वह अपने ज्ञान का योगदान दूसरों को दे सके, समाज कल्याण में सहायक हो सके।

इन बीस वर्षों में मैंने यह भी अनुभव किया कि जिनके पास भी ऐसा ज्ञान होता है, उनकी मनोवृत्तियां दूषित हो जाती हैं, या उनका स्वभाव पूरी तरह से अक्खड़ किस्म को हो जाता है, बात करने में उन्हें कुछ भी होश नहीं रहता, या तो वे नशे में चूर रहते हैं, जिससे अपने अलावा उनको दीन-दुखिया की भी खबर नहीं रहती या वे इतने एकांतवासी हो जाते हैं कि दूसरों से बात करना भी हेठी समझते हैं। इसके अलावा ऐसे व्यक्ति क्रोधी और मनमर्जी के मालिक होते हैं। ऐसे लोग किस समय क्या कर बैठेंगे इसकी कल्पना नहीं की जा सकती। सीधे-सीधे बात करते-करते वे गालियां देने लग जाते हैं और कई लोगों को तो मैंने मार-पीट करते हुए भी देखा है।

मेरी धारणा यह है कि ज्ञान, ज्ञान होता है, चाहे वह किसी भी क्षेत्र का हो, ज्ञान के साथ नम्रता और व्यावहारिकता अवश्य होनी चाहिए। पर जो तांत्रिक अघोरी या मांत्रिक हैं उनका नम्रता से दूर का भी वास्ता नहीं रहता, वे अपने ही खयालों में मस्त, क्रोधी, अहंकारी और अपने आपको सर्वोच्च समझते हैं। बिना नम्रता के पूर्ण व्यक्तित्व संभव नहीं है। नम्रता के साथ यदि साधना होती है, तो वह व्यक्तित्व अपने आप में ही विशिष्ट बन जाता है।

मुझे कहीं पढ़ी हुई घटना स्मरण आ रही है। एक बार सारे ऋषि-मुनियों की सभा हुई और उसमें यह वाद-विवाद हुआ कि देवताओं में सर्वश्रेष्ठ देवता कौन है?

इसका भार भृगु ऋषि पर डाला गया और यह विचार हुआ कि ऋषियों में भृगु ऋषि श्रेष्ठ हैं, अतः वे किसी भी प्रकार से, किसी भी युक्ति से यह ज्ञात करें कि ब्रह्मा, विष्णु, महेश इन श्रेष्ठतम देवताओं में से सर्वश्रेष्ठ देवता कौन है, जिससे कि उनको सर्वोच्चता प्रदान की जा सके।

भृगु ऋषि सबसे पहले ब्रह्मलोक में गए। वहां ब्रह्माजी सृष्टि रचना में संलग्न थे। वे वहां जाकर दो क्षण तो उनके कार्य को देखते रहे और जब ब्रह्मा ने ऋषि को प्रणाम किया तो किसी भी प्रकार का आशीर्वाद या उत्तर नहीं दिया, इसके विपरीत उन्होंने लातों के प्रहार से जो कुछ उन्होंने निर्माण किया था, उसको तोड़-फोड़ दिया। यही नहीं अपितु इतना अधिक नुकसान कर दिया कि कई वर्षों की मेहनत बरबाद कर दी। ऐसा देखकर ब्रह्मा को क्रोध आ गया और ऋषि को पीटने के लिए उद्यत हो गए।

ऋषि ने जब के क्रोध से तमतमाते हुए ब्रह्मा के चेहरे को देखा और अनुभव किया कि किसी भी समय हाथापाई हो सकती है तो वे वहां से खिसक गए।

ब्रह्मलोक से निकल कर भृगु सीधे कैलास पर्वत की ओर गए, जहां महादेव का निवास स्थान था। वहां पर महादेव तथा पार्वती दोनों बातचीत में संलग्न थे।

ऋषि ने आव देखा न ताव और सीधे पार्वती के कंधे पर चढ़ गए। पार्वती हड़बड़ाकर उठ खड़ी हुई तो ऋषि फिर उचक कर उनके कंधों पर बैठने की कोशिश करने लगे।

प्रलयंकारी महादेव ने जब अपनी आंखों के सामने अपनी पत्नी के साथ इस प्रकार का अभद्र व्यवहार होते देखा तो उनके क्रोध का पारावार न रहा और तुरंत त्रिशूल उठाकर भृगु को मारने के लिए उनकी तरफ झपटे।

क्रोध से उनकी आंखें लाल हो रही थीं और जितने वेग से उन्होंने त्रिशूल उठाया, वह आश्चर्यजनक था, भृगु की मृत्यु निश्चित थी, पर वे इससे पूर्व ही वहां

से भाग खड़े हुए। कुछ दूरी तक तो महादेव ने पीछा किया, पर जितनी तेजी से भृगु भागे थे, वह आश्चर्यजनक था।

वहां से भृगु सीधे क्षीरसागर पहुंचे, जहां शेषनाग की शैया पर भगवान विष्णु लेटे हुए थे और लक्ष्मी उनके चरण दबा रही थीं।

भृगु ने जब ऐसा देखा तो तुरंत जोरों की एक लात विष्णु के सीने में दे मारी। यह देखकर शेषनाग क्रोध से फुफकार उठा और उसके फनों से ज्वालाएं-सी निकलने लगीं, लक्ष्मी एक बार तो हतप्रभ हो गईं, पर दूसरे ही क्षण उनका चेहरा क्रोध से लाल अंगारे की तरह दहक उठा।

पर इधर ज्यों ही भृगु की लात विष्णु के सीने पर लगी, त्यों ही विष्णु शांत चित्त से उठ बैठे और भृगु के चरणों को पकड़ कर दबाने लगे, बोले–"आपके चरण अत्यंत कोमल हैं और मेरा सीना अत्यंत कठोर, लात मारने से आपके चरणों को अवश्य ही चोट पहुंची होगी, इसका मुझे दुख है और इसके लिए क्षमाप्रार्थी हूं," कहते-कहते उनकी आंखों में आंसू छलछला आए।

भृगु उनकी नम्रता के सामने परास्त हो गए। उन्होंने कहा–"प्रभु मैं आपकी परीक्षा ले रहा था, वास्तव में ही देवताओं में आप सर्वोपरि हैं।"

वह व्यक्तित्व सर्वोच्च नहीं हो सकता जो विद्वान या ज्यादा ज्ञानवान हो, अपितु वह व्यक्तित्व महान है, जिसमें विद्वत्ता के साथ-साथ नम्रता भी हो।

मैंने इस प्रकार के व्यक्तित्व नहीं देखे, जिनमें विशिष्ट ज्ञान के साथ-साथ नम्रता भी हो। तांत्रिक और मांत्रिक क्षेत्र में मैंने विशिष्ट योगी और साधक तो अवश्य देखे, परंतु उनमें नम्रता का सर्वथा अभाव था। उनमें अहं की प्रवृत्ति जरूरत से ज्यादा थी, वे प्रशंसाप्रिय थे। उनको इससे आत्मतुष्टि मिलती थी। नम्रता और विद्वत्ता इन दोनों का संगम मुझे देखने को ही नहीं मिला, खास तौर से इस तांत्रिक क्षेत्र में।

अतः जब मैंने इस प्रकार के विशिष्ट तांत्रिक सम्मेलन की चर्चा सुनी और यह भी सुना कि इसमें सुदूर हिमालय स्थित साधक भी भाग लेंगे और इसमें केवल वे ही तांत्रिक या मांत्रिक भाग ले सकेंगे, जिनमें विशिष्ट ज्ञान हो या विशिष्ट तांत्रिक क्षमता हो तो मन में आशा का संचार हुआ कि शायद इस बार मेरी इच्छा पूर्ण हो जाए। हो सकता है इस बार मुझे खंड-खंड व्यक्तित्व के स्थान पर पूर्ण व्यक्तित्व से मिलना हो जाए, यह भी हो सकता है कि कोई ऐसा व्यक्ति या व्यक्तित्व मिल जाए जिसके सामने मेरा सर्वांग नतमस्तक हो सके और जिसे मैं गुरु शब्द से संबोधित कर सकूं।

यह तो मेरी धारणा थी ही कि मेरा गुरु वही हो सकेगा, जिसमें सभी प्रकार की तांत्रिक और मांत्रिक क्रियाओं का समावेश हो या इस क्षेत्र में उच्चतम ज्ञान से संपन्न हो, साथ ही वह ऐसा व्यक्तित्व हो जिसमें ज्ञान के साथ-साथ नम्रता का समावेश हो, वह केवल अघोरी, योगी या तांत्रिक ही नहीं हो अपितु सही शब्दों में मानव भी हो। मैं ऐसे ही मानव की खोज में था जो कि पूर्ण हो, क्योंकि गुरु 'पूर्णता' का ही पर्याय होता है।

इन सब बातों से मैं रोमांचित था और इसीलिए मैंने इस सम्मेलन में भाग लेने का निश्चय किया था, परंतु जब यह ज्ञात हुआ कि इसमें वही भाग ले सकता है जो उच्च साधना से संपन्न हो, अर्थात् तांत्रिक क्षेत्र में दस महाविद्याओं में से किसी एक विद्या को सिद्ध किया हो या वाममार्गी साधना में 'श्यामा साधना' सफलतापूर्वक संपन्न की हो, या गोरक्ष साधना में अघोर तंत्र के साथ पीतांबरी साधना संपन्न हो, या तांत्रिक क्षेत्र में संजीवनी विद्या में निष्णात हो, इस प्रकार के उन्होंने कुछ मापदंड रख दिए थे और जो व्यक्ति इनमें से किसी एक मापदंड पर खरा उतरता, उसी को इस सम्मेलन में भाग लेने का अधिकार दिया जाता।

मैंने भूत बाबा से तारा साधना सफलतापूर्वक संपन्न की थी और उसमें दक्षता भी थी, अतः मैंने क्रिया रूप में तारा संपन्न करके दिखा दी तो आयोजकों ने मुझे प्रवेश पत्र दे दिया। यह प्रवेश पत्र पाना ही मेरे लिए सौभाग्य का सूचक रहा, क्योंकि इसकी वजह से मैं इस सम्मेलन में भाग ले सका, विशिष्ट तांत्रिकों के संपर्क में आ सका और जो मेरा लक्ष्य था, जीवन की जो इच्छा थी वह पूरी हो सकी अर्थात् मुझे ऐसा गुरु प्राप्त हो सका जो मेरे मानस में अंकित था।

तांत्रिक सम्मेलन के प्रारंभ होने के एक दिन पहले मैं संयोजक स्वामी अभयानंदजी से मिला। वे अत्यंत व्यस्त थे और व्यस्तता से भी ज्यादा परेशान थे। उनकी परेशानी का मूल कारण यह था कि इतने बड़े आयोजन में किसी प्रकार की न्यूनता न रह जाए और उससे भी बड़ी चिन्ता की बात यह थी कि इसमें भाग लेने वाले सभी विशिष्ट साधक थे और उन सभी का स्वभाव अपने आप में अलग था। कुछ तांत्रिकों के बारे में तो यह भी सुना था कि वे साक्षात दुर्वासा के अवतार हैं, क्रोध तो उनकी नाक पर रहता है और थोड़ा-सा भी अनुचित या उनके मनोनुकूल न होने पर वे कुछ भी कर बैठते हैं, इस दृष्टि से संयोजक आदि परेशान थे तो इसमें कोई आश्चर्य की बात नहीं।

इस सम्मेलन के मूल में भूर्भुआ बाबा थे, जो कि मूलतः आध्यात्मिक संत हैं, परंतु इसके साथ-ही-साथ विशिष्ट तांत्रिक भी हैं। उनकी ख्याति भारत में ही नहीं, पूरे विश्व में है। तंत्र के क्षेत्र में और अध्यात्म के क्षेत्र में उनका नाम अत्यंत

श्रद्धा के साथ लिया जाता है। विशिष्ट व्यक्तियों को एक स्थान पर एकत्र करने में उनका सबसे बड़ा योगदान रहा है और इस सम्मेलन को संपन्न करने के मूल में उनकी ही प्रेरणा और परिश्रम रहा है।

मैं सम्मेलन के एक दिन पहले प्रयत्न करके भूर्भुआ बाबा से मिला तो वे शांत चित्त थे, फिर भी उनका मस्तिष्क अत्यंत क्रियाशील था। मैंने इस सम्मेलन के बारे में जब कुछ जानना चाहा तो उन्होंने कहा कि यह मेरे जीवन की कसौटी है। यदि यह दस दिन का सम्मेलन भली प्रकार से संपन्न हो गया तो मैं इसे अपने जीवन की श्रेष्ठ उपलब्धि ही मानूंगा।

भूर्भुआ बाबा के बारे में काफी कुछ सुन रखा था और उनके बारे में जो कुछ सुना था प्रत्यक्ष देख कर मुझे सुखद अनुभूति ही हुई थी। मूलतः वे तांत्रिक हैं परंतु पिछले कई वर्षों से उन्होंने अपना जीवन अध्यात्म के क्षेत्र में विकसित किया है। इनकी आयु के बारे में काफी मतभेद है। कुछ तांत्रिक इनकी आयु 600 वर्षों से भी ज्यादा बताते हैं और उनके पास इसका प्रमाण भी है, परंतु देखने पर वे 60-70 वर्ष से ज्यादा आयु के नहीं लगते। शांत और गंभीर मुखमंडल, पैनी दृष्टि और तेजस्वी व्यक्तित्व। उनसे बातचीत करते समय सुखद अनुभूति होती है। वे जो भी बात करते हैं, उसके पीछे उनका ठोस ज्ञान और दीर्घ अनुभव रहता है। वास्तव में ही वे अपने क्षेत्र के अत्यंत तेजस्वी व्यक्तित्व हैं।

दूसरे दिन प्रातः 10 बजे के लगभग सम्मेलन प्रारंभ हुआ। सम्मेलन के चारों तरफ भूर्भुआ बाबा के शिष्य मुस्तैदी से चौकस थे और उनको सख्त हिदायत थी कि केवल वे ही व्यक्ति इस सम्मेलन में प्रवेश करें, जिनके पास अनुमति पत्र हो, जिस व्यक्तित्व के बारे में संदेह हो, उसे वहीं पर रोक लिया जाए और तब तक अंदर जाने की अनुमति न दी जाए, जब तक कि बाबा स्वयं जांच-पड़ताल न कर लें। इस संबंध में सामने वाला व्यक्ति चाहे कितने ही उच्च कोटि का हो, चाहे कितना ही गरिमापूर्ण हो, प्रयत्न यही किया गया था कि सभी के पास परिचय-पत्र हो जो इसमें भाग लेने वाले थे। कई तांत्रिक तो प्रातः ही आए थे, फिर भी व्यवस्था में किसी प्रकार की न्यूनता नहीं थी और सभी को परिचय-पत्र जांच-पड़ताल करके दे दिए गए थे।

सम्मेलन में लगभग 400 तांत्रिक और मांत्रिक इकट्ठे थे और वास्तव में ही वे सभी एक-दूसरे से बढ़-चढ़कर थे। कोई किसी से अपने आपको न्यून नहीं समझ रहा था। सभी विशिष्ट साधनाओं से संपन्न थे और अपने क्षेत्र में दक्ष तथा लब्ध-प्रतिष्ठ व्यक्तित्व से संपन्न थे।

मैंने धार्मिक ग्रंथों में ही शिवजी की बरात के बारे में पढ़ा था, परंतु इस सम्मेलन को देख कर मैंने अनुमान लगा लिया कि शिवजी की बरात में किस प्रकार के व्यक्ति सम्मिलित हुए होंगे। सम्मेलन में 400 से कुछ ज्यादा ही साधु, योगी, अघोरी, तांत्रिक आदि थे और सभी की वेशभूषा अपने आप में विचित्र थी।

अधिकांश लंगोटी लगाए हुए थे और पूरे शरीर पर भभूत मली हुई थी। कुछ की जटाएं इतनी लंबी थीं कि चलने पर पीछे जमीन पर घिसटती थीं, कुछ ने तो लोहे की लंगोट ही लगा रखी थी। सम्मेलन में सौ से ऊपर साधु ऐसे भी थे जो सर्वथा निर्वस्त्र थे। कुछ तांत्रिकों ने हड्डियों की माला पहन रखी थी। एक तांत्रिक ने तो गले में 11 नरमुंडों की माला ही पहनी हुई थी। किसी-किसी तांत्रिक के गले में विचित्र मणियों की माला थी तो कुछ साधु इतने अधिक कपड़े पहने हुए थे कि उनका सारा शरीर उन कपड़ों में छिप गया था। एक साधु ने कमर पर नरमुंडों की करधनी बांध रखी थी।

इसमें कुछ भैरवियां भी थीं, संभवतः उनकी संख्या 15 से 20 के बीच में थी। इसमें कुछ तो पूर्णतः वृद्ध दिखाई दे रही थीं पर एक-दो भैरवियां ऐसी भी थीं जो अत्यंत सुंदर और तेजस्वी थीं और उनकी आयु 20 से 25 वर्ष के बीच होगी, मुझे आश्चर्य था कि इस छोटी आयु में उन्होंने किस प्रकार से इतनी कठिन क्रियाओं को संपन्न कर लिया होगा, परंतु तांत्रिकों की गति विचित्र है, हो सकता है उन्होंने कुछ क्रियाओं के माध्यम से अपनी आयु को बांध रखा हो और अपने यौवन को अक्षुण्ण बनाए रखा हो।

कुछ हठ योगी भी थे। एक हठ योगी का पांव इतना अधिक फूला हुआ था कि उसका घेरा छह फुट से ज्यादा ही होगा। कुछ हठ योगी विशालकाय थे, एक दो हठ योगी के हाथ लकड़ी की तरह ठूंठ हो गए थे। इस सम्मेलन में काफी अघोरी भी थे जो कि पूर्णतः निर्वस्त्र थे और देखने में भीमकाय राक्षस की तरह लग रहे थे, उनके शरीर पर जरूरत से ज्यादा मैल जमा हुआ था और जब वे पास से गुजरते तो दुर्गंध का एक भभका-सा अनुभव होता, परंतु वे इन सबसे बेखबर थे और अपनी ही धुन में मस्त थे।

इनमें कुछ विशिष्ट वाममार्गी तांत्रिक भी थे, जिनको यदि सामान्य जन देख लें, तो बेहोश हो जाएं। उनका शरीर अपने आप में भयंकर था, लाल आंखें, डरावना चेहरा और भीमकाय शरीर, ऐसा लग रहा था जैसे वे राक्षस हों। उनको देखकर मन में भय का-सा संचार होता था और रोंगटे खड़े हो जाते थे।

स्वामी अभयानंद जरूरत से ज्यादा व्यस्त थे और प्रत्येक को यथोचित स्वागत दे रहे थे, भूर्भुआ बाबा बराबर इस बात पर नजर रखे हुए थे कि किसी भी साधक के मन को ठेस न पहुंचे और वे उपयुक्त स्थान ग्रहण कर लें।

इसमें आशा से अधिक तांत्रिकों और मांत्रिकों ने भाग लिया और जिनके बारे में हम आश्चर्य के साथ सुनते रहते थे, उनको प्रत्यक्ष देखकर एक भयमिश्रित आचर्श्य हो रहा था। वास्तव में यह भूर्भुआ बाबा का ही कमाल था कि वे इस प्रकार के विशिष्ट साधकों को एक स्थान पर एकत्र कर पाए।

सम्मेलन में मां कृपाली भैरवी, आनंदा भैरवी, पिशाच सिद्धियों की स्वामिनी देबुल भैरवी आदि के भाग लेने से सम्मेलन में विशेष प्रसन्नता अनुभव हो रही थी। इसके साथ-ही-साथ पगला बाबा, स्वामी देवहुर बाबा, कृपालु स्वामी, बाबा भैरवनाथ, खर्परानंद भारती, स्वामी गिरजानंद, अघोरी विरघा स्वामी, त्रिजटा अघोरी आदि ऐसी विभूतियां थीं, जो कि अपने आप में अन्यतम थीं, जिनका नाम विश्वविख्यात है और तांत्रिक लोगों के लिए ये व्यक्तित्व स्मरणीय हैं। इन्होंने इस क्षेत्र में अद्‌भुत सिद्धियां प्राप्त की हैं। हमारी पीढ़ी का यह सौभाग्य है कि हम लोगों के बीच इस प्रकार के विशिष्ट व्यक्तित्व हैं, जिन्होंने अपने ज्ञान से इस पीढ़ी को ऊंचा उठाने में सहायता दी है। विशेष रूप से मैं रोमांचित था कि अपने जीवन में मैं इन सारी विभूतियों को एक स्थान पर देख सका, अन्यथा यदि मेरा पूरा जीवन भी बीत जाता तब भी मैं इन सारी विभूतियों के दर्शन नहीं कर सकता था। मैं ही नहीं, मेरे जैसे अधिकांश तांत्रिक रोमांचित थे, आह्लादित थे, आश्चर्यचकित थे।

सम्मेलन के प्रारंभ में भूर्भुआ बाबा ने विशिष्ट वाणी में इस सम्मेलन के बारे में बताया और अत्यधिक प्रसन्नता अनुभव की कि उनके कहने से सभी साधक एक स्थान पर एकत्र हुए। उन्होंने बताया कि पिछले पांच हजार वर्षों में यह पहला अवसर है, कि इस प्रकार का सम्मेलन संभव हो सका है। कुछ साधक सिद्धाश्रम से भी आए हैं, यह मेरे लिए अत्यंत गौरवपूर्ण उपलब्धि है।

उन्होंने आगंतुक तांत्रिकों, मांत्रिकों, योगियों, साधकों, हठयोगियों और अघोरियों से विनम्रतापूर्वक निवेदन किया कि वे शांत चित्त से इस सम्मेलन को सफल बनाने में योगदान दें। सभी साधक अपने आप में अन्यतम हैं, इसलिए परस्पर वाद-विवाद हो जाना स्वाभाविक है, पर इस प्रकार वाद-विवाद से व्यर्थ में समस्याएं पैदा होंगी, एक-दूसरे पर तांत्रिक-प्रहार होंगे और व्यर्थ में ही शक्ति का अपव्यय होगा, अतः जहां तक हो सके तो वे अपने क्रोध को सीमित रखें और एक-दूसरे को ज्ञान देने में उदारता बरतें।

उन्होंने देश की परिस्थिति पर भी संक्षिप्त प्रकाश डाला, साथ ही उन्होंने दुख प्रकट किया कि पिछले 300 वर्षों का समय तंत्र के देश में अंधकार-युग ही कहा जाएगा, जबकि इस विद्या पर भीषण प्रहार हुए हैं और इस साधना को केवल मात्र

मारक-विद्या मान ली गई है। तंत्र का नाम लेते ही जन-साधारण भयभीत हो जाता है, उनके मानस में यह धारणा बन गई है कि तांत्रिक केवल किसी को मार सकता है या दुख पहुंचा सकता है। उनकी धारणा के अनुसार मोहन, वशीकरण, उच्चाटन आदि क्रियाएं ही तंत्र हैं, जबकि तंत्र इससे कहीं ऊंचे स्थान पर स्थित है और इससे पूरे विश्व का कल्याण हो सकता है।

यह विद्या हमारे पूर्वजों की थाती है तथा इस क्षेत्र में पूरा विश्व भारत की तरफ ताक रहा है। उनको इस क्षेत्र में जब भी ज्ञान मिलेगा तो वह भारत की तरफ से ही मिल सकता है, पर धीरे-धीरे नकली तांत्रिक समाज में घुस गए हैं, जिन्होंने चमत्कार दिखाने को ही तंत्र मान लिया है और इस प्रकार वे जहां तंत्र का अहित कर रहे हैं, वहीं दूसरी ओर जन-साधारण को गुमराह भी कर रहे हैं।

ऐसी स्थिति में तांत्रिक यदि अंतर्मुखी बन कर रह जाता है तो यह बहुत बड़ी भूल है। वे देश के निर्माण में रचनात्मक योगदान दे सकते हैं। इस क्षेत्र की जो विशिष्ट क्रियाएं हैं वे धीरे-धीरे लुप्त होती जा रही हैं, जल-गमन, वायु-गमन, परकाय प्रवेश, आदि क्रियाएं कुछ साधकों के पास ही रह गई हैं और वे साधक जनमानस से इतने दूर हो गए हैं कि उनसे ये विद्याएं प्राप्त करना संभव ही नहीं रहा है, उनकी काया के साथ-ही-साथ इस प्रकार की विद्याएं भी समाप्त हो जाएंगी और हमारा देश एक बहुत बड़ी निधि से वंचित हो जाएगा।

देश की सेवा केवल राजनीति के माध्यम से ही संभव नहीं है, अपितु कई ऐसे क्षेत्र भी हैं, जिनके माध्यम से देश सेवा और जन सेवा हो सकती है, इस प्रकार के क्षेत्रों में तंत्र और मंत्र सर्वोपरि है, जब तक इन विद्याओं के प्रति जो भ्रामक धारणाएं जनमानस में फैली हुई हैं वे दूर नहीं होंगी तब तक इन साधनाओं के प्रति आस्था जनमानस में नहीं हो सकेगी।

उन्होंने तांत्रिकों, मांत्रिकों और साधकों को आह्वान किया कि वे जनसाधारण से अपने आपको सम्पर्कित करें और अपने ज्ञान को इस प्रकार से समाज में वितरित करें, जिससे कि सामान्य साधक भी लाभ उठा सकें।

भूर्भुआ बाबा के बारे में सभी लोग श्रद्धानत हैं, क्योंकि उनका व्यक्तित्व अपने आप में विशिष्ट रहा है और उन्होंने अपने जीवन में इस क्षेत्र में अद्वितीय कार्य किया है। बाबा के भाषण को सभी लोग शांत चित्त से सुन रहे थे। एक-दो अघोरियों ने इसका प्रतिवाद भी किया और बीच में कुछ कहने के लिए व्यग्र भी दिखाई दिए, पर पास के साधकों द्वारा उनको जबर्दस्ती बिठा दिया गया, जिससे वे और ज्यादा बिफर गए और भाषण में क्रोध प्रदर्शन हेतु खड़े रहे।

भाषण की समाप्ति के साथ बाबा ने कहा कि सम्मेलन के लिए सभापति

चुना जाए और ऐसे व्यक्ति को सभापति बनाया जाए जो कि किसी एक ही क्षेत्र में निष्णात न हो अपितु उसकी गति सभी प्रकार की विद्याओं में समान रूप से हो। तांत्रिक और मांत्रिक समाज में वह वृद्ध नहीं कहलाता जो कि आयु से वृद्ध होता है अपितु वह वृद्ध कहलाता है जो कि ज्ञान से वृद्ध होता है।

एक साधक ने भूर्भुआ बाबा से ही निवेदन किया कि आप अध्यक्ष पद को संभाल लें, पर अब तक जो दो अघोरी सम्मेलन में खड़े थे, उन्होंने इसका डटकर विरोध किया। उन्होंने कहा कि भूर्भुआ केवल तांत्रिक हैं मांत्रिक नहीं हैं। अतः मांत्रिकों की जिज्ञासाओं का समाधान वह नहीं कर सकेंगे।

भूर्भुआ बाबा ने स्वयं इस बात का अनुमोदन किया और वे एक तरफ बैठ गए। स्वामी कृपाचार्य ने मां कृपालु भैरवी का नाम अध्यक्ष पद के लिए रखा पर त्रिजटा अघोरी ने इसका विरोध किया, क्योंकि ये केवल भैरवी हैं और अन्य कसौटियों पर खरी नहीं उतर सकतीं, उन्होंने चैलेंज भी दिया कि यदि भैरवी मेरी साधना का सामना कर लें तो मैं इन्हें अध्यक्ष मान सकता हूं, पर मां भैरवी ने इस चैलेंज को स्वीकार नहीं किया।

कुछ साधकों ने पगला बाबा से निवेदन किया, पर उन्होंने स्वयं इस तथ्य को स्वीकार किया कि मैं तांत्रिक अवश्य हूं पर वाममार्गी साधना का अभ्यास मैंने नहीं किया है, अतः मैं अध्यक्ष पद के लिए उपयुक्त नहीं हो सकता। इसके बाद कुछ अन्य नामों पर भी चर्चा हुई, पर अन्य लोगों ने उनका भी विरोध किया और सभा में एक घंटे भर की इस बहस में कोई निर्णय नहीं हो सका कि कौन व्यक्ति इस सभा का संचालन करे।

कुछ अघोरियों ने हठ योगी स्वामी प्रेत बाबा का नाम सुझाया तो एक तांत्रिक ने खड़े होकर प्रेत बाबा को चुनौती दे दी कि यदि वह मेरी कृत्या का सामना कर लें तो मैं उनको सभापति स्वीकार कर सकता हूं, साथ-ही-साथ उन्होंने यह भी बता दिया कि मैंने संहारिणी कृत्या सिद्ध कर रखी है।

कृत्या अपने आप में पूर्णतः मारक प्रयोग है और कहते हैं कि जब शंकर ने दक्ष का यज्ञ विध्वंस किया था तो उन्होंने कृत्या का ही सहारा लिया था। ऊंचे-से-ऊंचा तांत्रिक भी कृत्या के प्रयोग से घबराता है और उसका सामना नहीं करता, क्योंकि कृत्या प्रयोग के बाद सामने वाला साधक एक क्षण भी जीवित नहीं रह सकता। कृत्या स्वयं उस साधक को समाप्त कर देती है। दक्ष अपने आप में विशिष्ट ऋषि एवं अन्यतम तांत्रिक थे, परंतु वे भी कृत्या का समाना नहीं कर पाए थे, यद्यपि उन्होंने यज्ञ को बचाने में अपनी सारी सिद्धियों का प्रयोग कर लिया था पर वे सिद्धियां कृत्या के सामने निरुपाय हो गई थीं।

मैंने सुन रखा था कि संसार में कुछ तांत्रिक ही ऐसे जीवित हैं जो कृत्या सिद्ध करना जानते हैं या सिद्ध करके उसका प्रयोग कर सकते हैं। जब उस तांत्रिक ने कृत्या का नाम लिया तो मैं चौकन्ना हो गया। वास्तव में ही उस समय उसका चेहरा लाल भभूका हो रहा था और वह किसी भी समय प्रयोग करने में आमादा था, उसके चेहरे पर कठोरता और दृढ़ता स्पष्ट दिखाई दे रही थी।

यदि कृत्या का प्रयोग होता तो सामने वाला व्यक्ति ही नहीं आस-पास के लोग भी हताहत होते, फिर भले ही वे कितने ही बड़े तांत्रिक या साधक हों। भूर्भुआ बाबा ने इस खतरे को एक क्षण में भांप लिया और उन्होंने उस साधक से शांत रहने की प्रार्थना की और कृत्या का प्रयोग न करने की याचना की।

कृत्या प्रयोग में भी संहारिणी कृत्या सर्वाधिक उग्र और विनाशकारी होती है। इसके बारे में काफी कुछ पढ़ रखा था, परंतु ऐसा व्यक्तित्व नहीं मिला था जो कि इस साधना को जानता हो। आज जब उन्हें देखा तो मन में सुखद आश्चर्य भी हुआ कि अभी तक विश्व में कृत्या प्रयोग करने वाले साधक जीवित हैं।

कृत्या का समाधान कृत्या से ही संभव है। साधक यदि संहारिणी कृत्या का प्रयोग करे तो सामने वाले का बचाव तभी संभव है, जबकि वह संहारिणी कृत्या का प्रयोग जानता हो और इस प्रयोग को खेचरी कृत्या के माध्यम से नष्ट कर सकता हो। जैसा कि मैंने सुन रखा था, इस प्रकार के साधक बहुत कम रहे हैं।

पगला बाबा ने क्षमा याचना की और उन्होंने अध्यक्ष पद स्वीकार करने में असमर्थता प्रकट की, साथ ही उन्होंने निवेदन भी किया कि कृत्या का प्रयोग इस सम्मेलन में न करें, अन्यथा काफी विध्वंस और संहार हो जाएगा। पगला बाबा ने कृत्या प्रयोग के बारे में अनभिज्ञता भी स्वीकार की।

बाद में मुझे मालूम हुआ कि पगला बाबा को चैलेंज देने वाले धूर्जटा अघोरी थे। धूर्जटा अघोरी के बारे में बहुत कुछ सुन रखा था। यह भी सुन रखा था कि वे नई सृष्टि रचना विधि भी जानते हैं। पुराणों में पढ़ा था कि विश्वामित्र ने ब्रह्मा के कार्य से असंतुष्ट होकर नई सृष्टि-रचना आरंभ कर दी थी, इससे पूरे देव समाज में खलबली मच गई थी और जब देवताओं और ऋषियों ने विश्वामित्र से प्रार्थना की, तभी उन्होंने नवीन सृष्टि रचना कार्य बंद किया था।

मैंने धूर्जटा अघोरी के बारे में बहुत पहले सुन रखा था। तब मन में यह साध थी कि शायद कभी इस विराटकाय व्यक्तित्व के दर्शन होंगे, पर आज जब मैंने उनको देखा तो आश्चर्यचकित रह गया। यद्यपि कृत्या के प्रयोग को जानने वाले उस सम्मेलन में और भी साधक थे, जिनमें त्रिजटा अघोरी, देवहुर बाबा आदि के नाम उल्लेखनीय हैं, पर वे शांत रूप में बैठे रहे।

कुछ-कुछ ऐसा अनुभव होने लगा था कि यह सम्मेलन शायद ही पार पड़े, जबकि इसके श्रीगणेश में ही बाधाएं आ रही हैं। यह तो मेढकों को एक तराजू पर रखकर तोलना था। वास्तव में ही इन साधकों को और उनके अहं को संतुष्ट करना अत्यंत कठिन था, क्योंकि सभी साधक अपने आप में विशिष्ट व्यक्तित्व साधनाओं से संपन्न थे और प्रत्येक का अहं अपने आप में प्रबल था। कोई भी किसी से दबने वाला नहीं था, कोई भी किसी को अपने से उच्च मानने के लिए तैयार नहीं था।

इस हो-हल्ले में दो-तीन नाम और सुझाए गए, परंतु कुछ लोगों ने उनका प्रबल विरोध किया और चैलेंज भी दिया, फलस्वरूप उनके नामों पर पूरी तरह से विचार नहीं हो सका।

तांत्रिक सम्मेलन के समय डॉ॰ श्रीमाली

एक राय यह भी बनी कि इस सम्मेलन में कोई भी सभापति न बने और सभी अपने आपको सभापति ही मानकर कार्य आगे बढ़ाएं। परंतु कुछ साधकों ने इसका प्रबल प्रतिरोध किया। उनका आग्रह था कि बिना सभापति के संचालन सही रूप में नहीं हो सकेगा और सभी अपने तरीके से बोलेंगे, जिससे एक बात दूसरा नहीं सुन सकेगा और इस प्रकार उन पर सही प्रकार से नियंत्रण नहीं हो सकेगा।

व्यवस्था और मर्यादा बनाए रखने के लिए यह आवश्यक है कि सभापति का चुनाव हो। उनका तर्क यह भी था कि यदि हम सभापति के नाम पर एकमत नहीं हो सकते तो अन्य विषयों पर एकमत कैसे हो सकेंगे?

इस सारे वाद-विवाद में दोपहर का एक बज गया तब मध्याह्न-साधना का समय अनुभव कर भूर्भुआ बाबा ने सुझाव रखा कि कुछ साधक नियमित रूप से मध्याह्न-साधना करते हैं, अतः यह बैठक इस समय स्थगित की जाती है और चार बजे जब हम सब एकत्र हों तब इस विषय पर पुनः विचार कर लें और सभापति का चयन हो जाए।

भूर्भुआ बाबा के इस सुझाव के साथ ही प्रातःकालीन बैठक हो-हल्ले के साथ स्थगित हो गई। मैं आश्चर्यचकित भी था और दुखी भी था। आश्चर्यचकित इसलिए था कि इस सम्मेलन में विभिन्न साधनाओं से संपन्न साधक हैं, किसी एक ही विषय का सम्मेलन हो तो श्रेष्ठता ज्ञात की जा सकती है, पर जब विभिन्न साधनाओं से संपन्न साधक हों तो सर्वोपरि व्यक्ति का चयन कठिन हो जाता है। क्योंकि जो तांत्रिक क्षेत्र में सर्वोपरि हो वह मंत्र के क्षेत्र में भी श्रेष्ठ हो यह आवश्यक नहीं है, या यदि कोई व्यक्ति तंत्र और मंत्र के क्षेत्र में सर्वोपरि हो तो यह गोरक्ष साधना या अघोर साधना में भी निष्णात हो यह संभव नहीं है। ये सभी साधनाएं एक-दूसरे से सर्वथा विपरीत हैं और अपने आप में कष्टकर हैं, अतः इन सभी क्षेत्रों में एक ही व्यक्ति निष्णात हो ऐसा कम देखने में आया है। यद्यपि इस पृथ्वी पर असंभव नाम की कोई वस्तु नहीं है, फिर भी प्रातःकालीन बैठक में जिस प्रकार से चैलेंज दिए जा रहे थे और चैलेंज आते ही सामने वाला व्यक्ति जिस प्रकार से निस्तेज हो जाता था, उसको देखते हुए सभी क्षेत्रों में निष्णात या विशिष्ट व्यक्तित्व सामने आ जाए ऐसा असंभव नहीं तो कठिन अवश्य लग रहा था।

गोष्ठी के बाद भी सभी साधक उग्र थे और कुछ तांत्रिक और वाममार्गी साधक तो अत्यंत ही क्रोध की मुद्रा में थे कि उनके रहते हुए अन्य साधना में निष्णात व्यक्ति सभापति बन जाए ऐसा कैसे संभव है? उन्होंने यह भी मत स्पष्ट कर दिया कि यदि हम पर किसी व्यक्ति को सभापति के रूप में थोपा गया तो हम किसी भी प्रकार का प्रयोग उसके विरुद्ध करने में हिचकिचाएंगे नहीं, या तो वह उस

प्रयोग से अपने आपको बचाए या समाप्त हो, दो में से एक ही रास्ता हो सकता है। इस प्रश्न पर काफी गरमागरमी थी और लोग काफी क्रोध की मुद्रा में थे।

इस मध्याह्न-विश्राम में मेरी पत्रकारिता प्रवृत्ति जाग गई थी और मैंने कुछ विशिष्ट साधकों से जिज्ञासा भी की थी कि क्या कोई ऐसा व्यक्तित्व सामने आ जाएगा जो कि निर्विवाद रूप से श्रेष्ठ हो, तो मैंने पाया कि कोई भी अपने आप में स्पष्ट नहीं था, परंतु सभी इस भावना में अवश्य थे कि जो भी सभापति बनेगा उसे कठिन परीक्षा में से अवश्य ही गुजरना पड़ेगा। यह भी स्पष्ट था कि सभापति वही हो सकेगा जो सभी विषयों में श्रेष्ठ होगा और जिसकी सभी क्षेत्रों में गति होगी, इस वाद-विवाद में किसी की मृत्यु हो जाए ऐसा असंभव नहीं था।

मैंने भूर्भुआ बाबा से भी यह जिज्ञासा रखी तो वे शांतचित्त थे। उन्होंने कहा कि इस प्रकार के सम्मेलन में ऐसा सब कुछ होना स्वाभाविक है। सभी अपने-अपने क्षेत्रों में अद्वितीय हैं और वे किसी अन्य को अपने ऊपर सहज ही हावी नहीं होने देंगे, फिर भी मुझे विश्वास है कि सायंकालीन बैठक में अवश्य ही सभापति की समस्या का समाधान हो सकेगा।

मैं इस अवसर को हाथ से नहीं जाने देता था, अतः अधिक-से-अधिक हठयोगियों और तांत्रिकों से मिलना चाहता था और उनसे जानना चाहता था। मैंने यह अनुभव किया कि वास्तव में सभी व्यक्तित्व अपने-अपने क्षेत्र में अद्वितीय थे और उनके पास साधनाओं का, क्रियाओं का और विशिष्ट ज्ञान का भंडार था। उन्होंने अपना पूरा जीवन इस कार्य में लगा दिया था। जो भी व्यक्तित्व मेरे सामने आता व अपने आपमें अप्रतिम अनुभव होता, कोई भी किसी से किसी प्रकार से न्यून नहीं था।

चार बजे सायंकालीन बैठक प्रारंभ हुई। सभी के चेहरे तनावपूर्ण थे, सभी के चेहरे पर उत्सुकता थी और सभी अपनी-अपनी कलाओं को, विद्याओं को, साधनाओं को व्यक्त करने के लिए उतावले थे।

सम्मेलन के प्रारंभ में भूर्भुआ बाबा ने दुख प्रकट किया कि हम प्रातःकालीन बैठक में किसी एक नाम पर सहमत नहीं हो सके। यह स्वाभाविक था, क्योंकि यह सम्मेलन केवल तांत्रिक सम्मेलन ही नहीं है, अपितु इसमें अन्य विद्याओं के भी श्रेष्ठतम जानकार हैं, अतः इस प्रकार के मतभेद स्वाभाविक हैं, फिर भी मैं आप सब लोगों से निवेदन करता हूं कि वे किसी एक व्यक्ति के नाम पर सहमत हों और ऐसी प्रक्रिया अपनाई जाए जिससे कि सभापति का चयन सही रूप में हो सके।

उन्होंने एक प्रक्रिया का सुझाव भी दिया कि सम्मेलन में कोई विशिष्ट व्यक्ति कोई ऐसा नाम सुझावे जो सभी क्षेत्रों में निष्णात हो। यदि उनके ध्यान में ऐसा

व्यक्तित्व हो तो उनका नाम सभा के सामने रखे और सभा उस पर विचार करे। इसके लिए सभी स्वतंत्र हैं और वे अपने तरीके से चुनौती दे सकते हैं, परंतु यदि सामने वाला व्यक्ति चुनौती स्वीकार न करे तो व्यर्थ में उस पर प्रयोग न करें, अन्यथा कुछ भी अघटित घटना घटित हो सकती है।

भूर्भुआ बाबा के बैठते ही कई लोग एक साथ उठ खड़े हुए और कई नामों की ध्वनि कानों में आई, परंतु हो-हल्ला कुछ इतना अधिक हो रहा था कि कुछ भी सुनाई नहीं दे रहा था। इसी बीच त्रिजटा अघोरी अपने स्थान से उठ खड़े हुए और उन्होंने जोरों से सभी को शांत रहने की हुंकार दी।

उनकी आवाज अपने आप में भीषण थी और कुछ ऐसा अनुभव हुआ कि जैसे बम फट गया हो। उस ध्वनि में बाकी सारी ध्वनियां दब गईं और सभा में एक प्रकार से सन्नाटा-सा छा गया।

त्रिजटा अघोरी का व्यक्तित्व अपने आप में विशालकाय और अद्भुत था। लंबा-चौड़ा डीलडौल, भयंकर और लाल सुर्ख आंखें, सारे शरीर पर काले बाल इस प्रकार से आच्छादित थे कि उसको देखकर ही मन में भय का संचार होता था।

यूं भी त्रिजटा अघोरी के बारे में काफी कुछ सुन रखा था कि तांत्रिक क्षेत्र में वे सर्वोपरि हैं। उनके पास कुछ ऐसी विशिष्ट सिद्धियां हैं जो कि दूसरे तांत्रिकों के लिए दुर्लभ हैं, 'मृत संजीवनी तंत्र' के वे एकमात्र साधक हैं और इसीलिए उनका नाम तंत्र के क्षेत्र में आदर के साथ लिया जाता है।

उनका व्यक्तित्व अपने आप में विशाल और भयानक था। ऐसा लग रहा था जैसे कोई भीमकाय व्यक्तित्व उठ खड़ा हुआ हो। बड़ा सिर, उद्दीप्त उन्नत ललाट, बड़ी-बड़ी विशाल रक्तिम आंखें, सिर पर लंबे बाल और उन बालों की तीन श्रेणियां चोटी की तरह गुंथी हुई थीं, संभवतः इसीलिए उनका नाम त्रिजटा पड़ गया हो। ललाट पर सिन्दूर का बड़ा-सा गोल तिलक और शरीर पर वे व्याघ्रचर्म लपेटे हुए थे।

त्रिजटा को देखने का यह पहला ही अवसर था, परंतु कई तांत्रिकों के द्वारा इनके बारे में सुन रखा था कि ये पूरे बकरे को एक ही झटके में तोड़कर उसका सारा खून पी लेते हैं, यह भी सुना था कि विशालकाय भैंसे को ये एक मुष्टिका प्रहार में ही समाप्त कर देते हैं, यह भी सुना था कि ये अत्यंत क्रोधी हैं और क्रोध में कुछ भी कर गुजरते हैं, एकांत प्रिय हैं और किसी दुर्गम पहाड़ी पर सर्वथा एकांतवास करते हैं। यह भी सुना था कि भैरव के ये श्रेष्ठ साधक हैं और तंत्र के क्षेत्र में इनका मुकाबला कोई अन्य नहीं कर सकता।

इसलिए जब उस सभा में खड़े होकर त्रिजटा ने हुंकार भरी तो वह हुंकार कुछ ऐसी थी जैसे शेर ने तृप्त हुंकार ली हो। उनकी आवाज से सारे लोग चुप हो गए और केवल उनकी ही आवाज सभा में गूंजती रही।

उन्होंने कहा कि इस प्रकार समय व्यर्थ में जा रहा है और यदि समय का इसी प्रकार अपव्यय करना है तो फिर मैं पुनः अपने स्थान पर जाता हूं, क्योंकि केवल वाद-विवाद से कुछ भी हल होना संभव नहीं है। भूर्भुआ बाबा के इस कथन से मैं सहमत हूं कि पृथ्वी में असंभव नाम का कोई शब्द नहीं है, इसलिए सभापति का चयन एक मत से हो जाए तो ज्यादा उचित रहेगा और यह भी बात सही है कि इस सम्मेलन में सभी विद्याओं के साधक एकत्र हैं, अतः उसी व्यक्ति का चयन किया जाए जो इन सभी विद्याओं में निष्णात हो। जहां तक मैं समझता हूं कि इस प्रकार के वाद-विवाद से समस्या का समाधान सहज ही संभव नहीं है, पर मेरे दिमाग में एक नाम है और उसके पीछे ठोस कारण है, मैं सभापति पद के लिए श्रीमाली का नाम प्रस्तुत करता हूं, परंतु मेरा प्रस्ताव थोपा हुआ नहीं है, इसके पीछे ठोस कारण है, मैंने इस व्यक्तित्व को परखा है, इसने तंत्र के क्षेत्र में मृत संजीवनी विद्या मुझसे सीखी है। बदले में मैंने भी उससे कई साधनाएं प्राप्त की हैं, जो सामान्य रूप से अगम्य हैं, मेरी राय में इस सम्मेलन के सभापति के रूप में उनका चयन सर्वसम्मत होगा, इसमें कोई संदेह नहीं।

त्रिजटा की आवाज समाप्त होते ही चारों तरफ से इतना अधिक कोलाहल मचा कि कुछ भी सुनाई देना संभव नहीं रहा। मैं स्वयं तंत्र के क्षेत्र में 20 साल से काम कर रहा था और नगर, गांव आदि के अलावा हिमालय के सुदूर स्थानों पर भी भटका था, पर श्रीमाली का नाम सुना ही नहीं था। त्रिजटा के मुंह से जब उनका नाम प्रस्तावित हुआ तो मैं स्वयं आचर्श्यचकित रह गया कि यह कौन-सा व्यक्तित्व है, जिसकी चर्चा अभी तक मेरे कानों में नहीं आई थी। यदि त्रिजटा ने किसी का नाम प्रस्तावित किया है तो वह व्यक्तित्व जरूर अपने आप में अन्यतम होगा।

मेरी तरह संभवतः और भी कई साधक आश्चर्यचकित थे और वे श्रीमाली को देखने के लिए उत्सुक थे कि यह कैसा नाम है, जिसके पीछे न तो कोई स्वामी है और न कोई बाबा आदि का विशेषण।

भूर्भुआ बाबा ने भी इस प्रस्ताव का अनुमोदन किया। उन्होंने कहा मैं व्यक्तिगत रूप से श्रीमालीजी से परिचित हूं, यद्यपि मेरा उनका साथ ज्यादा नहीं रहा है, फिर भी कुंभ पर्व के अवसर में मैंने जो कुछ देखा है, उससे मेरी धारणा बलवती बनी है कि श्रीमालीजी इस पद के लिए सर्वथा योग्य हो सकते हैं।

भूर्भुआ बाबा के बैठते ही त्रिजटा अघोरी ने अपने पास बैठे हुए एक व्यक्ति को उसका हाथ पकड़कर सभा में खड़ा कर दिया। कई आंखें उनकी तरफ केंद्रित हो गईं। मैं सहज ही विश्वास नहीं कर सका कि जो व्यक्ति खड़ा है, वह इतना बड़ा साधक, तांत्रिक या मांत्रिक हो सकता है। मुझे किसी भी कोने से यह व्यक्तित्व असाधारण नहीं लगा। न तो उसकी विचित्र वेशभूषा थी, न विशालकाय डील-डौल, और न कुछ ऐसा ही लग रहा था, जिससे कि मेरी आत्मा इस तथ्य को संभव मान ले कि यह व्यक्तित्व असाधारण है।

लंबा और ऊंचा कद, उन्नत ललाट, छोटी पर पैनी आंखें और चेहरे पर पूर्ण आत्मविश्वास की झलक। शरीर पर धोती और कुर्ता तथा करीने से बाल संवारे हुए यह व्यक्तित्व जो त्रिजटा के पास खड़ा था वह तांत्रिक की अपेक्षा गृहस्थ ज्यादा लगा था। पहली बार मैंने जब उन्हें देखा तो मैं आश्चर्यचकित था कि इस सम्मेलन में इस गृहस्थ को कैसे प्रवेश की स्वीकृति मिल गई है, परंतु जब इस व्यक्तित्व को भूर्भुआ बाबा के द्वारा अनुमोदित सुना तो कुछ विश्वास करना पड़ा कि यह व्यक्तित्व अपने आप में असाधारण हो सकता है।

परंतु इस बीच तीन-चार अघोरी एक साथ उठ खड़े हुए और उन्होंने प्रबल प्रतिवाद किया। उनमें से एक अघोरी अत्यंत ही विशालकाय और डरावनी मुख मुद्रा से युक्त था और उसके हाथ में खप्पर था, जिसमें कुछ बोटियां भरी हुई थीं। वह बीच-बीच में उनको चबाता भी जाता था। बोलते समय उसके मुंह में थूक उछलता था और आंखें इतनी डरावनी थीं कि सहज ही उन आंखों से आंखें मिलाने की हिम्मत नहीं हो रही थी। बाद में मुझे ज्ञात हुआ कि उसका नाम भैरुआ अघोरी था।

भैरुआ अघोरी ने जोरों से एक बात का प्रतिवाद किया और कहा कि मैंने श्रीमाली का नाम आज तक नहीं सुना। मुझे यह व्यक्ति कुछ भी अच्छा नहीं लग रहा है। सबसे पहले अघोर पंथ की तरफ से मैं चैलेंज दे रहा हूं और यदि यह मेरा चैलेंज स्वीकार कर आघात सहन कर लेगा तभी मैं इसको अपना सभापति स्वीकार करूंगा।

अभी भैरुआ अघोरी अपनी बात समाप्त कर ही नहीं पाया था कि सभा के पीछे की पंक्ति से एक साधु उठ खड़ा हुआ, जिसके पूरे शरीर पर भभूत मली हुई थी और सिर की जटाएं इतनी लंबी थीं कि चलने पर जमीन पर घिसटती थीं, आंखें भयंकर और चेहरे पर क्रूरता स्पष्ट रूप से झलक रही थी, उसने छूटते ही गालियों की बौछार शुरू कर दी और कहा कि मेरे जीते जी अन्य कोई सभापति बनने का अधिकारी नहीं हो सकता, मैंने कृत्या सिद्ध की है और मेरी कृत्या का जो समापन कर देगा वही सभापति बन सकेगा, अन्यथा मैं उसको खड़े-खड़े ही

राख की ढेरी बना दूंगा। श्रीमाली क्या है? किस खेत की मूली है? यह अपने आपको समझता क्या है और इसके साथ-ही-साथ उसके मुंह से गालियों की बौछार इस भीषण वेग से हो रही थीं कि सारी सभा में सन्नाटा छा गया।

मेरी आंखें एक बार उस बाबा को देख रही थीं और दूसरी बार श्रीमाली को परख रही थीं, पर मैंने देखा कि उनके चेहरे पर किसी प्रकार की कोई शिकन या भय की रेखा तक नहीं थी, अपितु वहां पर एक आत्मविश्वास की झलक दिखाई दे रही थी। मैंने यह भी अनुभव किया कि इन दोनों व्यक्तियों के सामने किसी अन्य तांत्रिक को बोलने की हिम्मत नहीं हो रही थी, क्योंकि अभी-अभी जो बाबा उठ खड़े हुए थे वे कपाली बाबा थे और यह सुना था कि इन्होंने चौंसठ कृत्याएं सिद्ध कर रखी हैं और उनका प्रयोग किसी भी क्षण करने में समर्थ हैं, अतः दूसरे तांत्रिक स्वभावतः ही कपाली बाबा से घबराते थे और यदि कुछ अन्य तांत्रिकों ने कृत्या प्रयोग सीखी भी होगी तो उन्होंने एक या दो कृत्या से ज्यादा सिद्ध नहीं की होंगी।

त्रिजटा उठ खड़ा हुआ। क्रोध से उसका चेहरा तमतमाया हुआ था। उसने कपाली बाबा तथा भैरुआ अघोरी के चैलेंज को स्वीकार करते हुए कहा कि कपाली बाबा का चैलेंज मैं तो स्वीकार करने में समर्थ नहीं हूं परंतु श्रीमाली अवश्य ही स्वीकार करेंगे और समुचित उत्तर देंगे। मुझे उन पर और उनके ज्ञान पर पूरा भरोसा है। मुझे यह भी ध्यान है कि उन्होंने मंत्र के क्षेत्र में सर्वोच्चता प्राप्त की है और वे विश्वविख्यात योगीराज सच्चिदानंद के प्रिय शिष्य हैं, साथ-ही-साथ निखिलेश्वरानंद के रूप में उन्होंने सभी प्रकार की कृत्याएं सिद्ध की हैं और इस नाम से भी तांत्रिक समुदाय परिचित है, इन्होंने अपना नाम गृहस्थ में जाने पर बदला है।

भूर्भुआ बाबा ने भी इस समस्या का निराकरण जल्दी-से-जल्दी हल करने के लिए प्रार्थना की और उन्होंने उपाय सुझाया कि मंच पर श्रीमालीजी खड़े हो जाते हैं और आप में से तीन या पांच साधक उनको चैलेंज देकर उनकी परीक्षा ले सकते हैं। ऐसा कहते-कहते भूर्भुआ बाबा ने श्रीमालीजी का हाथ पकड़कर उन्हें मंच पर लाकर खड़ा कर दिया।

इस बीच अघोरियों और तांत्रिकों के बीच काफी गहमा-गहमी चल रही थी, परंतु जब उन्हें यह ज्ञात हुआ कि श्रीमालीजी का पूर्व नाम निखिलेश्वरानंद ही था तो कई साधक शांत हो गए, क्योंकि इस नाम से वे पूर्णतः परिचित थे और उनकी सिद्धियों के बारे में भी उन्होंने काफी कुछ सुन रखा था। मां कृपाली भैरवी यह कहते हुए सुनी गई कि इस सभा में अब इनसे बढ़कर और कोई साधक नहीं है, इनका सामना जो भी करेगा वह व्यर्थ में अपना अपमान ही कराएगा।

अघोरियों ने तथा तांत्रिकों ने खड़े होकर एक स्वर से कहा कि हमारी तरफ से कपाली बाबा नियत हैं और सभापति का चयन अब इन दोनों में से ही होना है। वे दोनों परस्पर अपनी सिद्धियों के माध्यम से निर्णय कर लें कि कौन सर्वश्रेष्ठ है? क्योंकि हमारी राय में कपाली बाबा के समान ऊंचा और श्रेष्ठ तांत्रिक और कोई नहीं है।

भैरुआ अघोरी ने भी इसी तथ्य की पुष्टि की कि कपाली बाबा और श्रीमालीजी में परस्पर संघर्ष हो जाए और इन दोनों में जो जीत जाएगा वही इस सभा का सभापति बन सकेगा।

तब तक कपाली बाबा उठ खड़े हुए थे और वहीं खड़े-खड़े उन्होंने चैलेंज दिया कि यह बच्चा है और मेरे पहले ही प्रहार से समाप्त हो जाएगा, इसलिए इसी को अधिकार देता हूं कि यह पहले अपना प्रयोग मुझ पर करे, क्योंकि मेरे प्रयोग करने के बाद तो श्रीमाली नाम का अस्तित्व ही संसार से मिट जाएगा। ऐसा कहते-कहते वे जोरों से हंस पड़े। ऐसा लग रहा था जैसे कई फटे हुए बांस एक साथ खड़खड़ा उठे हों।

पहली बार श्रीमालीजी के मुंह से ध्वनि निकली। मैंने देखा कि इतने उग्र वातावरण में भी उनका चेहरा शांत और सरल था। चेहरे पर किसी प्रकार की उग्रता या क्रोध की मात्रा दिखाई नहीं दे रही थी। उन्होंने वहीं खड़े-खड़े कपाली बाबा की चुनौती स्वीकार करते हुए कहा कि कपाली बाबा मेरे लिए आदरणीय हैं, परंतु उनमें जो व्यर्थ का घमंड है, उसे यदि वे त्याग दें तो ज्यादा उचित रहेगा, क्योंकि उनको मात्र अपनी कृत्याओं पर भरोसा है, पर उनको यह भी ध्यान रखना चाहिए कि दूसरे भी चौंसठ कृत्याओं से संपन्न हो सकते हैं।

श्रीमालीजी ने साथ-ही-साथ मुस्कराते हुए यह भी कहा कि कपाली बाबा भ्रम में न रहें। उनके प्रहार से या प्रयोग से मेरा कुछ भी नहीं बिगड़ेगा। अस्तित्व मिटने की बात तो अलग है, कपाली बाबा के अलावा भी मैं अन्य सभी अघोरियों और तांत्रिकों की चुनौती स्वीकार करने के लिए तैयार हूं। मुझे सभापति पद की इच्छा नहीं है या इस इच्छा के वशीभूत होकर यह सब कुछ नहीं कह रहा हूं, पर व्यर्थ का जो अहं कपाली बाबा तथा अन्य तांत्रिकों और अघोरियों में है, उस अहं की चुनौती स्वीकार करने के लिए मैं इस मंच पर उपस्थित हूं।

इस बीच कई अघोरी उठ खड़े हुए और उन्होंने कहा कि हममें कपाली बाबा सर्वश्रेष्ठ हैं और उनको परास्त करना हमें परास्त करना है। तांत्रिकों ने भी इसी मत को दोहराया और उन्होंने भी यही कहा कि हमारी तरफ से प्रतिस्पर्धी के रूप में कपाली बाबा हैं।

श्रीमालीजी ने मंच पर भूर्भुआ बाबा को एक स्थान पर बिठा दिया और मंच के बीच में खड़े हो गए। इधर सभा के मध्य में कपाली बाबा के रूप में विशाल और डरावना व्यक्तित्व खड़ा था। दोनों की आपस में कोई तुलना ही नहीं थी। मंच पर एक सीधा सरल सामान्य साधक दिखाई दे रहा था, जबकि सभा के मध्य में कपाली बाबा के रूप में विराटकाय डरावना अहं का जीवंत रूप।

मैं अभी तक यह निश्चय नहीं कर पा रहा था कि मंच पर जो व्यक्ति खड़ा है, क्या वह कपाली बाबा का सामना कर सकेगा? यह सुना था कि संहारिणी कृत्या का प्रयोग यदि हिमालय पर भी कर दिया जाए तो वह भी रुई की तरह उड़ जाता है, तो फिर यदि कपाली बाबा ने इस प्रकार की कृत्या का प्रयोग इस व्यक्ति पर किया तो यह किस प्रकार से उसका सामना कर सकेगा। यह तो एक क्षण में ही समाप्त हो जाएगा और वास्तव में ही इसका अस्तित्व दिखाई नहीं देगा।

कई तांत्रिक मन-ही-मन प्रसन्न थे कि आज त्रिजटा अघोरी को नीचा देखना पड़ेगा, क्योंकि श्रीमाली का नाम उन्होंने ही प्रस्तावित किया था, अतः श्रीमाली की पराजय परोक्ष रूप से त्रिजटा की ही पराजय थी, उसके साथ-ही-साथ त्रिजटा ने यह भी स्वीकार कर लिया था कि वह संहारिणी कृत्या का प्रयोग नहीं जानता है अतः त्रिजटा की विद्या भी श्रीमाली के लिए सहायक नहीं हो सकेगी।

पूरी सभा का माहौल एक अजीब-सा हो गया था और सभी लोग आतंकित थे कि आज कुछ-न-कुछ होकर रहेगा। अधिकांश लोगों की राय यही थी कि त्रिजटा ने श्रीमाली को बलि का बकरा बना दिया है और कपाली बाबा इसे पहले ही प्रयोग में समाप्त कर देंगे, क्योंकि अधिकांश साधक कपाली बाबा, उनकी सिद्धियां और उनके क्रोध से परिचित थे। उनका सामना करने की हिम्मत किसी में नहीं थी।

तभी श्रीमालीजी ने कपाली बाबा को चैलेंज दिया कि आपको जो अहं है कि आपके पहले ही प्रयोग से मैं समाप्त हो जाऊंगा, यह आपका भ्रम है, आप वृद्ध हैं अतः पहला प्रयोग आप ही मुझ पर करें और यह भी मैं आपको स्पष्ट रूप से कह दूं कि आपके पास ऊंचे-से-ऊंचा जो संहारक अस्त्र हो उसका प्रयोग कर दें, जिससे कि आपके मन में मलाल न रहे।

इतना सुनना था कि कपाली बाबा क्रोध से लाल अंगारे की तरह दहक उठे, और गालियों की बौछार के बीच कहा कि तेरी यह हिम्मत कि मुझे चैलेंज दे, अगर ऐसी ही बात है तो फिर तू संभल!

श्रीमालीजी मंच पर खड़े थे। सारी सभा में सन्नाटा-सा छाया हुआ था। उस समय यदि सभा में सुई भी गिरती तो उसकी आवाज भी स्पष्ट सुनाई देती।

कपाली बाबा ने अपना दाहिना हाथ हवा में लहराया। कुछ सरसों के दाने हवा में से ही प्राप्त किए और मुट्ठी बंदकर मंत्र पढ़ना शुरू किया। मैंने अपने पास बैठे एक अघोरी से पूछा कि कपाली बाबा कौन-सा प्रयोग कर रहे हैं तो उसने कांपते हुए कहा कि कपाली बाबा 'संहारिणी कृत्या' का प्रयोग कर रहे हैं, और कुछ ही क्षणों के बाद यह कृत्या श्रीमाली को और उसके मंच को निश्चय ही जला देगी। इसका सामना करना ऊंचे-से-ऊंचे तांत्रिक और साधक के लिए भी संभव नहीं है।

तभी जोरों से हुंकार की ध्वनि सुनाई दी और ऐसा लगा जैसे भयंकर गर्जना हुई हो। वह गर्जना इतनी भीषण थी कि कानों के पर्दे फटने के लिए आतुर थे। मैंने दोनों कानों में उंगलियां डाल दीं और देखा कि कपाली बाबा क्रोध से लाल हो रहे थे, उनके मुंह से मंत्र ध्वनि आ रही थी और उनका सारा शरीर लाल सुर्ख हो रहा था, तभी उन्होंने अपनी मुट्ठी में बंद सरसों के दाने श्रीमाली की तरफ फेंके और कहा ले, अपनी करनी का फल भुगत।

सैकड़ों आखें एक बारगी ही मंच पर एकत्र हो गईं। मैंने देखा कि श्रीमाली कुछ डगमगाए, वे जिस स्थान पर खड़े थे उससे तीन-चार कदम लड़खड़ाकर पीछे हटे, परंतु दूसरे ही क्षण वे सहज हो गए और वापस चार कदम भरकर उसी स्थान पर आकर खड़े हो गए जहां पहले खड़े थे।

मैंने कपाली बाबा के चेहरे पर देखा तो उनका चेहरा आश्चर्य के साथ कुछ बुझ-सा गया था। उनको यह उम्मीद नहीं थी कि यह साधारण-सा व्यक्ति संहारिणी कृत्या का सामना कर लेगा। शायद श्रीमाली जी के पास इस कृत्या को नष्ट करने की विधि है और उसी की वजह से इसने कृत्या को समाप्त कर दिया है, उनकी आंखों में किंचित भय उतर आया था।

श्रीमालीजी शांत बने रहे। उन्होंने फिर कपाली बाबा को चैलेंज दिया और कहा कि मैं आपकी उम्र को देखते हुए आपका सम्मान करता हूं, परंतु सिद्धि और साधना के क्षेत्र में अभी आप काफी कमजोर हैं, यद्यपि आपने जिस भीषण वेग से कृत्या का प्रयोग किया था, वह अपने आप में असाधारण था और सहज ही इसके प्रहार को झेलना संभव नहीं था, फिर भी मैं आपके सामने उपस्थित हूं, अतः आपको फिर अवसर देता हूं कि आप अपने मन में किसी प्रकार की इच्छा न रखें और यदि इससे भी बड़ी कोई शक्ति आपके पास हो तो आप उसका भी प्रयोग कर दें।

मां कृपाली-भैरवी बीच में उठ खड़ी हुईं, उन्होंने कहा कि न्याय तो हो गया है, अब दूसरी बार कपाली बाबा को अवसर देने की क्या आवश्यकता है। उन्होंने

जो कुछ प्रयोग किया है, वह मानवता से हटकर है। पांच हजार मील के वेग से एक हजार मन के पत्थर का जो आघात होता है, उससे भी कई गुना ज्यादा गहरा आघात इस कृत्या के प्रयोग से सामने वाले पर होता है। फिर भी श्रीमालीजी की सौजन्यता है कि वे एक अवसर और दे रहे हैं।

मैं इसमें इतना और जोड़ रही हूं कि यदि कपाली बाबा हार जाएंगे, तो उन्हें श्रीमालीजी का शिष्य होना पड़ेगा और यदि श्रीमालीजी हार गए, तो उन्हें कपाली बाबा का शिष्य होना पड़ेगा। इसके बाद गुरु जो भी आज्ञा देगा वह उस शिष्य को मानने के लिए बाध्य होना पड़ेगा, क्योंकि इस साधना-परंपरा का निर्णय इसी प्रकार से ही होता है।

अधिकांश तांत्रिकों ने मां कृपाली भैरवी के कथन का अनुमोदन किया और उन्होंने कहा कि जो हारेगा, उसे शिष्य बनना ही होगा।

इससे कपाली बाबा कुछ विचलित होते हुए नजर आए, परंतु फिर भी उनके पास संभवतः कई सिद्धियां थीं और उनके भरोसे वे कुछ निश्चिन्त भी लग रहे थे।

श्रीमालीजी ने कहा कि सभा ने आपको मेरे विरोधी के रूप में उपस्थित किया है। न्याय तो यही है कि आपके प्रयोग के बाद मैं अपने प्रयोग को अपनाऊं, परंतु मैं एक बार फिर आपको अवसर देता हूं, जिससे कि आप भीषणतम शक्ति या साधना का प्रयोग मुझ पर कर सकें। इसके बाद आपको अवसर नहीं मिलेगा, फिर तो मैं केवल एक बार आप पर प्रयोग करूंगा और उसी से हार-जीत का निर्णय हो जाएगा।

कपाली बाबा ने अपने पास बैठे एक तांत्रिक से कुछ कहा, परंतु सुनाई नहीं दिया। कपाली बाबा तनकर खड़े हो गए और अपनी जांघ के पास से मांस उधेड़कर उसमें से छोटी-सी गोली निकाली और उसे दाहिने हाथ की हथेली पर रखकर कहा 'श्रीमाली! यह तुम्हारे लिए अंतिम अवसर है, तुमने मुझे क्रोध दिलाकर उचित नहीं किया है। इस बार तेरी मृत्यु निश्चित है।'

श्रीमालीजी अविचलित भाव से मंच पर खड़े थे और उनके दोनों हाथों की मुट्ठियां बंधी हुई थीं। संभवतः वे होठों में ही कुछ मंत्र बुदबुदा रहे थे।

कपाली बाबा ने अपने दाहिने हाथ की हथेली मुंह के सामने रखी। हथेली पर एक सफेद गोली रखी हुई थी और उस गोली को लक्ष्य कर कपाली बाबा मंत्र पढ़ रहे थे। ऐसा लग रहा था जैसे उन्होंने इस बार अपनी सारी शक्ति लगा दी हो। उनका सारा शरीर तनकर ठूंठ की तरह हो गया था और रक्त का प्रवाह हथेली की तरफ तेजी से होने लगा था। थोड़े ही समय बाद हथेली के नीचे से रक्त की

बूंदें टपकने लगीं, फिर भी कपाली बाबा का मंत्र जप चालू था और अचानक उन्होंने जोरों से मुट्ठी कसी और वह गोली श्रीमालीजी की तरफ फेंक दी।

मैंने अपने पास बैठे तांत्रिक से प्रश्न किया कि इस बार कपाली बाबा ने कौन-सा प्रयोग किया है तो भय से उसका चेहरा पीला पड़ गया। उसने कहा कि यह 'विध्वंस' प्रयोग है और इसके पीछे बावन भैरव शक्ति प्रयोग कार्य करता है, इसके साथ-ही-साथ इस प्रयोग में चौंसठ योगिनियों का भी प्रभाव कार्य करता है, यह प्रयोग सर्वाधिक संहारक और विध्वंसक होता है।

मेरी दृष्टि स्वभावतः ही श्रीमालीजी के चेहरे पर जम गई। ऐसा लगा कि जैसे वे लड़खड़ा गए हों। अचानक उन्हें एक सेकंड के लिए मंच पर बैठते हुए भी देखा, पर दूसरे ही क्षण वे उठकर खड़े हो गए और उन्होंने अपनी आंखें खोल दीं।

पूरी सभा में हर्ष की लहर दौड़ गई और त्रिजटा अघोरी ने दौड़कर श्रीमाली को अपने कंधे पर उठा लिया। हर्ष में उन्होंने किलकारी की और पुनः मंच पर उन्हें खड़ा कर अपने स्थान पर जा खड़ा हुआ।

सारी सभा हतप्रभ थी कि यह साधारण-सा दिखने वाला व्यक्तित्व क्या इतना असाधारण हो सकता है? निश्चय ही श्रीमालीजी उच्च कोटि के ज्ञाता हैं। जो कपाली बाबा से सामना ले सकता है, उसकी सिद्धियों की थाह संभव नहीं है।

इधर कपाली बाबा थक से गए थे। उनका चेहरा सफेद पड़ गया था और आंखों में क्रोध की जगह याचना झलकने लगी थी। उनके सहयोगी जो अघोरी थे वे अपने आप में कमजोरी अनुभव करने लगे थे और एक प्रकार से परास्त से प्रतीत हो रहे थे।

श्रीमालीजी ने कहा, कपाली बाबा क्या आपके मन में कुछ और है, इस विध्वंसक प्रयोग को झेलने से श्रीमालीजी के चेहरे पर क्रोध की मात्रा जरूरत से ज्यादा आ गई थी, आंखों में ललाई-सी दिखाई दे रही थी और पूरा शरीर अंगारे की तरह लाल अनुभव हो रहा था।

श्रीमालीजी ने कहा कपाली बाबा! प्रत्येक साधना के कुछ नियम होते हैं, कोई भी साधक अपने नियमों से आगे नहीं जाता। भीषण-से-भीषण शत्रु भी इस प्रकार का प्रयोग सामने वाले पर नहीं करता, क्योंकि इस प्रकार का प्रयोग तांत्रिक मान्यताओं के विपरीत है, साथ-ही-साथ मानवता के भी विरुद्ध है, आपने मानवता को भी स्पर्श नहीं किया और जिस प्रकार का प्रयोग मुझ पर किया है, यदि ऐसा ही प्रयोग किसी पहाड़ पर भी करते, तो उसका अस्तित्व ही समाप्त हो जाता, यह ज्ञात ही नहीं रहता कि वहां किसी समय पहाड़ था भी।

कपाली बाबा! अब मैं तुमको छोड़ूंगा भी नहीं, पर मानवता के साथ। तुमने दो प्रयोग मुझ पर किए हैं, अब मैं एक प्रयोग तुम पर करता हूं, यदि इस प्रयोग से तुम बच गए या इस प्रयोग को झेल लिया तो मैं अपने आपको परास्त मान लूंगा, चाहता तो मैं यह था कि तुम्हें समाप्त कर दूं, परंतु अभी तक मैंने मानवता छोड़ी नहीं है।

मैं सावधान कर रहा हूं कि तीन मिनट के भीतर-भीतर प्रयोग करूंगा और तुम्हें संभलना है तो संभल जाना—और कहते-कहते श्रीमालीजी की मुख मुद्रा कठोर हो गई, उनका चेहरा लाल सुर्ख हो गया, आंखों से ज्वाला-सी निकलने लगी और उनका हाथ हवा में लहराया। दूसरे ही क्षण नीचे आया और फिर तन कर सामने की तरफ मुट्ठी खुली, जैसी कि कोई वस्तु सामने की तरफ उछाली हो।

एक ही क्षण में धड़ाम से कपाली बाबा नीचे गिर गए और उनके मुंह से खून निकलने लगा, आंखों में भय छा गया और उन्हें एक ही क्षण में ऐसा लगने लगा था जैसे मृत्यु बहुत दूर नहीं रह गई हो।

कई तांत्रिक एक साथ उठ खड़े हुए और कपाली बाबा के चारों तरफ घेरा डाल दिया, उनकी आंखें बुझने लगीं, उनका चेहरा सफेद पड़ रहा था, उनके मुंह से खून निकल रहा था और ऐसा लग रहा था कि यदि तीन-चार मिनट कोई उपाय नहीं किया गया या खून निकलना बंद नहीं हुआ तो कपाली बाबा जीवित नहीं बच सकेंगे।

तभी श्रीमालीजी की आवाज गूंजी कि सभी बीच में से हट जाएं, अन्यथा उनको भी इसी प्रकार के प्रयोग का सामना करना पड़ेगा। यदि कपाली बाबा क्षमा मांग लेते हैं तो मैं उन्हें दया करके जीवन दान दे सकता हूं।

आवाज के साथ ही सभी तांत्रिक और अघोरी अपने-अपने स्थान पर बैठ गए, कपाली बाबा के मुंह से अभी तक खून निकल रहा था और वह बहकर पास की जमीन को लाल कर रहा था, फिर भी उनमें चेतना बाकी थी, उनके दोनों हाथ परस्पर जुड़े—यह इस बात की साक्षी थे कि वे अपने आपको परास्त अनुभव करते हैं।

श्रीमालीजी और भूर्भुआ बाबा मंच से उनके निकट आए और श्रीमालीजी ने हवा में से लहराकर कोई वस्तु अपने हाथ में ली और उस बारीक-सी वस्तु को कपाली बाबा पर डाल दिया। दूसरे ही क्षण उनके मुंह से खून निकलना बंद हो गया।

श्रीमालीजी ने बाबा के हाथ को पकड़ कर उठाया और उन्हें उसी स्थान पर बैठाया जहां पर वे बैठे हुए थे। दो क्षणों के बाद वे चैतन्य हुए और उन्होंने उठकर अपना सिर श्रीमालीजी के चरणों में रख दिया।

मां कृपाली भैरवी ने कहा कि मेरी बात रखी जाए। इसका निर्णय हो ही चुका है, अतः कृपाली बाबा शिष्यत्व स्वीकार करें।

भूर्भुआ बाबा कपाली बाबा को अपने साथ लेकर मंच पर आए, पास में ही श्रीमालीजी खड़े हुए थे। सारी सभा हतप्रभ और स्तब्ध थी। उनकी आंखों में आश्चर्यमिश्रित भय विद्यमान था।

तांत्रिक सम्मेलन के अध्यक्ष डॉ॰ श्रीमाली

क्षीण स्वर में कपाली बाबा ने अपनी पराजय स्वीकार की और कहा मैं हार गया हूं। मेरी सारी सिद्धियां और कृत्याएं आपके प्रयोग के सामने निष्फल सिद्ध हुई हैं। अतः मैं शिष्यत्व स्वीकार करता हूं।

श्रीमालीजी ने कहा, कपाली बाबा आयु में मुझसे बड़े हैं और वयोवृद्ध होने के कारण मैं उनका सम्मान करता हूं। फिर भी वे पराजित हैं और उन्होंने शिष्यत्व स्वीकार करने की प्रार्थना की है, मैं इस प्रकार के कार्यों में विश्वास नहीं रखता, फिर भी मैं मां कृपाली भैरवी की आज्ञा का उल्लंघन भी करना नहीं चाहूंगा, अतः मैं कपाली बाबा को शिष्य के रूप में स्वीकार करता हूं...और कहते-कहते प्रतीक रूप में श्रीमालीजी ने कपाली बाबा के सिर के सामने वाले कुछ बाल उखाड़ लिए।

सारी सभा प्रसन्नता और हर्ष से गूंज उठी, सभी अपने-अपने स्थान से उठ खड़े हुए, उनकी आंखों में एक आश्चर्यमिश्रित प्रसन्नता लहरा रही थी और उन्होंने श्रीमालीजी के चारों तरफ घेरा-सा डाल दिया। भूर्भुआ बाबा ने वृद्ध होते हुए भी श्रीमालीजी को अपनी बांहों में भर लिया, उनकी आंखों में प्रसन्नता के कण छलछला आए थे। सारी सभा एक स्वर से प्रसन्नता व्यक्त कर रही थी।

पंद्रह मिनट तक लगभग इसी प्रकार की प्रसन्नता मिश्रित ध्वनियां गूंजती रहीं। सभी ने एक स्वर से यह स्वीकार किया कि निःसंदेह सिद्धियों के क्षेत्र में श्रीमालीजी सर्वोपरि हैं और उनके पास जो अक्षय भंडार है, वह अपने आप में अद्वितीय है।

भूर्भुआ बाबा के बार-बार के अनुरोध से सभा शांत हुई और सभी अपने-अपने स्थान पर बैठे, सभा के वयोवृद्ध देवहुर बाबा अपने स्थान से उठे और अपने दाहिने हाथ के अंगूठे को चीरकर रक्त से श्रीमालीजी का सभापति के रूप में अभिनंदन किया।

भूर्भुआ बाबा ने सभा को संबोधित करते हुए कहा कि मैं आज अत्यंत प्रसन्न हूं, क्योंकि हमने एक जटिल समस्या का समाधान ढूंढ़ निकाला है। मैं श्रीमालीजी से और उनकी साधनाओं से परिचित रहा हूं, तंत्र-मंत्र और अन्य सभी प्रकार की साधनाओं में वे निष्णात हैं, निष्णात ही नहीं उन्होंने सर्वोपरि सिद्धियों को हस्तगत किया है, इसका प्रमाण अभी आप देख चुके हैं।

मेरी ही नहीं पूरी सभा की आंखें श्रीमालीजी के चेहरे पर टिकी हुई थीं। कुछ क्षणों पूर्व उनके चेहरे पर क्रोध की जो लालिमा थी, वह समाप्त हो गई थी और उनका चेहरा पुनः सामान्य-सा दिखाई देने लग गया था। पूरी सभा के हर्ष और प्रसन्नता का उन पर कोई प्रभाव दिखाई नहीं दे रहा था। इस अद्भुत और श्रेष्ठतम तांत्रिक सम्मेलन के सभापति पद को प्राप्त करके भी उनके चेहरे पर किसी भी प्रकार की अहं की रेखा दिखाई नहीं दे रही थी, इसके स्थान पर मुझे उनकी आंखों में स्नेह और करुणा का मिला-जुला रूप दिखाई दे रहा था।

श्रीमालीजी ने प्रारंभिक भाषण में अपने गुरु स्वामी (श्री) सच्चिदानंदजी का स्मरण करते हुए आगंतुक सभी साधकों और तांत्रिकों की अभ्यर्थना की और बताया कि युग परिवर्तन के साथ-साथ व्यक्ति को भी परिवर्तन के लिए तैयार रहना चाहिए। हम पूरे विश्व में तंत्र-मंत्र के क्षेत्र में सर्वोपरि हैं और विश्व की आदिम सभ्यता से अब तक इस भारत को विश्व के अन्य देश चैलेन्ज नहीं दे सके हैं। इस क्षेत्र में हम अब भी अग्रगण्य और सर्वोपरि हैं, परंतु धीरे-धीरे हम में संकुचितता आ रही है। हम अपने ज्ञान को अपनी ही बपौती समझ बैठे हैं और दूसरों को देने में कृपणता बरत रहे हैं, यह हमारी स्वार्थ प्रवृत्ति है, जो हमारे स्वयं के लिए और इस विद्या के विकास के लिए पूर्णतः घातक है।

समाज में हम अपना सम्मान उस रूप में कायम नहीं रख सके हैं, जिस रूप में रहना चाहिए, क्योंकि हमने तंत्र का प्रयोग केवल मारक कार्यों के लिए ही किया है, तंत्र का तो सबसे बड़ा उपयोग रचनात्मक कार्यों में है। यदि हम इस तंत्र का रचनात्मक कार्यों में उपयोग करें तो निश्चय ही सीमित समय में इस देश का काया पलट कर सकते हैं। हम इस क्षेत्र में सर्वोपरि होते हुए भी नगण्य हैं, क्योंकि हमने इस विद्या का प्रयोग या तो चमत्कार प्रदर्शन के लिए या व्यक्तिगत स्वार्थ के लिए ही किया। समाज के रचनात्मक उपयोग के लिए भी इस विद्या का उपयोग हो सकता है, ऐसा हमने सोचना ही छोड़ दिया है।

हमने तंत्र को एक अजीब रूप दे दिया है, विचित्र वेशभूषा को इसका प्रतीक बना दिया है, यह एक घातक प्रवृत्ति है। हमें चाहिए कि हम इस संकुचितता से बाहर आएं और अपने ज्ञान को पुस्तकों के माध्यम से, प्रयोगों के माध्यम से तथा समाज के रचनात्मक कार्यों के माध्यम से व्यक्त करें, जिससे कि यह विद्या जीवित रह सके, अन्यथा एक समय ऐसा भी आ सकता है, जब यह विद्या हमेशा-हमेशा के लिए समाप्त हो जाएगी।

आज 'परदेह प्रवेश' या 'परकाया प्रवेश' विद्या को जानने वाले कितने बचे हैं? 'आकाश गमन' और 'मनोनुकूल गमन' साधना इने-गिने लोगों के पास रह गई है। यदि हम इस विद्या को भावी पीढ़ियों के लिए सुरक्षित नहीं रख सके, तो यह विद्या इस विश्व से हमेशा-हमेशा के लिए लोप हो जाएगी।

यह सम्मेलन एक आश्चर्यजनक और ऐतिहासिक सम्मेलन है। जिसकी गरिमा और महत्ता को हमें अनुभव करना चाहिए। इस सम्मेलन में आपसी वाद-विवाद या अपनी अहम्मन्यता को ही बढ़ावा नहीं देना है, अपितु मिल-जुलकर एक-दूसरे की भावनाओं से, एक-दूसरे की कलाओं से और एक-दूसरे की साधनाओं से परिचित होना है, जिससे कि हम आने वाली पीढ़ियों के लिए निश्चित रूपरेखा बना सकें और धरोहर के रूप में उनको कुछ दे सकें।

श्रीमालीजी का भाषण नपा-तुला संयत और स्पष्ट था। उनके भाषण में लुप्त हो रही विद्या को जीवित रखने की ओर संकेत था, इसके साथ-ही-साथ उनकी यह चेतावनी भी थी कि यह विद्या केवल एक ही स्थान पर केन्द्रित होकर समाप्त न हो जाए, बल्कि इसे समाज के आधुनिक परिवेश में स्थान देना होगा और समाज के मन-मस्तिष्क से जो इसके प्रति भ्रांत धारणाएं हैं, उसे दूर करना होगा।

मैं श्रीमालीजी के भाषण से भी ज्यादा उनकी सादगी और विनम्रता से प्रभावित हो रहा था। मैं देख रहा था कि उन्होंने प्रायोगिक रूप से अपनी सर्वश्रेष्ठता सिद्ध की है फिर भी उनके मन में किसी भी प्रकार का अहं नहीं है। दूसरों के प्रति आदर, सम्मान और स्नेह में किसी प्रकार की न्यूनता नहीं है, जितना ही मैं उनको देख रहा था उतना ही ज्यादा उनके प्रति एक अजीब-सा अपनत्व महसूस कर रहा था। अपने अपको उनके व्यक्तित्व के प्रति सम्मोहित-सा अनुभव कर रहा था। मैंने यह निश्चय कर लिया कि इस अज्ञात व्यक्तित्व के बारे में ज्यादा-से-ज्यादा जानकारी प्राप्त करनी है, जिससे कि मैं इनसे लाभ उठा सकूं।

मैं उठकर त्रिजटा अघोरी के पास जाकर बैठ गया और अपना परिचय देते हुए श्रीमालीजी के बारे में चर्चा छेड़ी, तो मैंने देखा कि उनके चेहरे पर एक अपूर्व-सी चमक आ गई थी। उन्होंने बताया कि तंत्र के क्षेत्र में यह व्यक्ति सागर के समान है, जिसकी थाह पाना संभव नहीं है। मैं अपने आपको तंत्र के क्षेत्र में बहुत कुछ मानता था और श्रीमालीजी मेरे साथ कुछ समय तक पहाड़ी पर रहे भी थे और मुझसे दो-चार विद्याएं सीखी भी थीं, परंतु हक़ीक़त यह है कि मैंने जितनी विद्याएं उन्हें सिखाई हैं, उससे ज्यादा उनसे सीखी हैं। मैंने यह देखा कि यह व्यक्ति जितना दक्षिणमार्गी साधना में निष्णात है, उससे भी ज्यादा वाममार्गी साधना में संपन्न है। हमारे लिए यह गौरव की बात है कि यह व्यक्तित्व सिद्धाश्रम के सर्वोपरि योगीराज श्री सच्चिदानंदजी का परम प्रिय शिष्य है, जो कि अपने आपमें एक विशिष्ट गौरव है। योगीराजजी से बहुत कुछ प्राप्त किया है, मंत्र साधना के क्षेत्र में योगीराज विश्ववंद्य हैं और उनका शिष्य होना ही अपने आप में विशिष्ट गौरव माना जाता है, अलभ्य दुर्लभ और आश्चर्यजनक साधनाएं उनके द्वारा श्रीमालीजी ने प्राप्त की हैं—इसके अलावा यह व्यक्ति कई वर्षों तक अघोरियों के साथ रहा है, गौरक्ष साधना में आज के युग में यह सर्वोपरि है, ऐसा कहने में मुझे कोई संकोच नहीं।

त्रिजटा अपने आप में एक प्रामाणिक व्यक्तित्व है। सभा में उपस्थित कई श्रेष्ठ तांत्रिक किसी-न-किसी रूप में त्रिजटा के शिष्य रहे हैं, अतः त्रिजटा के शब्द अपने आप में प्रामाणिक हैं, इसमें संदेह करने की कोई गुंजाइश नहीं थी। जहां त्रिजटा ने श्रीमालीजी के बारे में इस प्रकार के शब्दों का प्रयोग किया है, तो निश्चय ही श्रीमालीजी तंत्र और मंत्र के क्षेत्र में सर्वोपरि होंगे।

मेरे कान त्रिजटा के शब्द सुन रहे थे और मेरी आंखें श्रीमालीजी के व्यक्तित्व पर अटकी हुई थीं। मैं आश्चर्यचकित था कि इतना श्रेष्ठ साधक किस प्रकार से बिना हो-हल्ले के, बिना प्रचार-प्रसार के, अपने कार्य में रत है, इससे भी बड़ी बात मैंने यह देखी कि यह व्यक्ति बहुत अधिक उदार और नम्र है, यदि इसके स्थान पर कोई दूसरा होता और इस प्रकार मृत्यु के संघर्ष में विजयी होकर सभापति बनता तो उसका अहंकार इस समय आसमान को छू रहा होता, इसकी अपेक्षा यह अपने आप में संकोचशील है और मृत्यु का फाग खेलने पर भी अपने प्रबल शत्रु कपाली बाबा को आदरपूर्वक अपने पास बैठा रखा है।

मैंने निश्चय किया कि आज की सभा समाप्त होने पर मैं श्रीमालीजी से अलग से मिलूंगा और उनके विचारों को जानने का प्रयत्न करूंगा।

अगले दिन की, और आगे के सम्मेलन समाप्त तक की रूप-रेखा और कार्य प्रणाली स्पष्ट करने के बाद आज सायंकालीन सभा समाप्त हो गई, क्योंकि कई साधक सूर्यास्त के समय की जाने वाली साधना में भाग लेने के इच्छुक थे, अतः सूर्यास्त से कुछ पूर्व ही सभा समाप्त कर दी गई।

सभा समाप्त होते ही अधिकांश तांत्रिकों और मांत्रिकों ने श्रीमालीजी को चारों तरफ से घेर लिया। सभी अपना-अपना परिचय देने की उतावली कर रहे थे, सभी तांत्रिक उनकी नजरों में आना चाहते थे और सभी साधक इस बात के लिए प्रयत्नशील थे कि उनकी कृपा का प्रसाद प्राप्त हो सके, जिससे कि वे अपनी अपूर्णता को पूर्णता में परिवर्तित कर सकें।

सभी अपने-अपने स्थान पर चले गए, जहां पर कि सभी को ठहरने की व्यवस्था की गई थी और जाते ही अधिकांश साधक अपनी साधनाओं में व्यस्त हो गए। मेरा मन अन्य किसी कार्य में नहीं लग रहा था। एक ही इच्छा हो रही थी कि किसी प्रकार श्रीमालीजी से समय प्राप्त कर सकूं, जिससे कि मैं अपनी बात को उनके सामने रख सकूं और उनके विचारों को जान सकूं।

पर उनके एक पुराने तांत्रिक शिष्य से ज्ञात हुआ कि रात्रि में उनसे मिलना संभव नहीं हो सकेगा, क्योंकि एक बार अपनी साधना में जाने के बाद सूर्योदय से कुछ पूर्व ही वे साधना पूर्ण कर बाहर आते हैं, अतः इस समय मिलना संभव नहीं हो सकेगा, यह शिष्य किसी समय श्रीमालीजी के साथ रहा था और उनसे काफी कुछ प्राप्त किया था। आज भी जब वह अपने होठों से श्रीमालीजी का नाम उच्चारित करता तो उसके चेहरे पर एक अपूर्व चमक आ जाती थी और प्रसन्नता से सीना फूल जाता था। वह इस बात में गौरव अनुभव कर रहा था, कि वह किसी समय श्रीमालीजी का शिष्य रहा है और आज भी उस पर उनकी पूर्ण कृपा है।

उससे मुझे श्रीमालीजी के बारे में काफी कुछ सुनने को मिला। मुझे ज्ञात हुआ कि लगभग 20 वर्षों तक श्रीमालीजी घर-गृहस्थी छोड़कर केवल तंत्र और मंत्र की पूर्णता को जानने के लिए जंगलों में भटकते फिरे थे, और इस अवधि में उन्होंने जो कुछ कष्ट उठाया उसकी अपने आपमें एक अलग कहानी है।

भारत के ऊंचे-से-ऊंचे साधकों के संपर्क में रहने का उन्हें अवसर मिला है और स्वामी सच्चिदानंदजी के वे परम प्रिय शिष्य हैं और योगीराज ने इनको ही अपना उत्तराधिकारी माना है, इसके अलावा अत्यंत दुर्लभ सिद्धाश्रम के वे सदस्य हैं और 'आकाश गमन' साधना के माध्यम से वे यदा-कदा सिद्धाश्रम आते-जाते रहते हैं।

उन्होंने अपने जीवन में जहां तंत्र की सर्वोच्चता प्राप्त की है, वहीं दूसरी ओर मंत्र के क्षेत्र में भी सर्वोपरिता प्राप्त करने में सफल हो सके हैं, वाममार्गी साधना के वे सर्वश्रेष्ठ साधक हैं, चौंसठ कृत्याओं को उन्होंने पूर्णतः सिद्ध किया है, और उन्होंने ऐसी कई साधनाएं सिद्ध की हैं जो दूसरों के लिए ईर्ष्या की वस्तु हो सकती हैं, अघोर साधना के क्षेत्र में उनकी अग्रगण्यता आज भी सभी लोग मानते हैं।

परंतु इतना होते हुए भी वह जरूरत से ज्यादा नम्र हैं और कभी भी चमत्कार प्रदर्शन या अपने अहं का प्रदर्शन करने में विश्वास नहीं रखते, उनका पूरा जीवन सरल, सात्विक और गौरवपूर्ण रहा है।

इससे भी आश्चर्यजनक बात मुझे यह सुनने को मिली कि श्रीमालीजी इन विद्याओं में सर्वश्रेष्ठ होने के साथ-साथ एक सफल गृहस्थ भी हैं, पूर्णतः भारतीय वातावरण में ढली हुई उनकी पत्नी है, पुत्र है, पुत्रियां हैं और अपने गृहस्थ को ठीक उसी प्रकार से निभाते हैं, जिस प्रकार से साधारण गृहस्थ अपने गृहस्थ जीवन को निभाता है।

इतना होने पर भी उनकी साधना पर कभी भी गृहस्थ हावी नहीं हो सका है और न गृहस्थ पर उनकी साधना हावी रहती है। दोनों में उचित समन्वय उनके जीवन की विशेषता है और दोनों ही क्षेत्रों में उन्होंने पूर्णता प्राप्त की है।

जिस समय वे अपनी साधना में रत होते हैं तो उनका रूप ही बदल जाता है, उस समय वे पूर्णतः साधक दिखाई देते हैं, गृहस्थ का किसी भी प्रकार से कोई प्रभाव उस समय उन पर नहीं रहता। इसके विपरीत जब हम उनको गृहस्थ रूप में देखते हैं तो यह विश्वास ही नहीं होता कि यह व्यक्ति साधक है या इस व्यक्ति ने साधना के क्षेत्र में सर्वोच्चता प्राप्त की है।

जितना ही मैं श्रीमालीजी के बारे में सुनता जा रहा था, उतनी ही ज्यादा मेरी उत्सुकता उनसे मिलने की हो रही थी। ऐसा अवसर मुझे सम्मेलन प्रारंभ होने

के पांचवे दिन मिला, जबकि वे दोपहर में विश्राम कर रहे थे। उस शिष्य के माध्यम से मैंने श्रीमालीजी से निवेदन किया था कि मैं एक साधारण साधक हूं और इस क्षेत्र में पिछले 15 वर्षों से भटक रहा हूं, यद्यपि मुझे कुछ प्राप्त हुआ है परंतु वह समुद्र में बूंद के समान है। मैं पिछले चार दिनों से आपसे मिलने के लिए प्रयत्न कर रहा हूं परंतु चौबीसों घंटे आप इस प्रकार से व्यस्त हैं कि मैं एक क्षण भी आपका ले नहीं पाया हूं। मैं कुछ क्षण आपसे लेना चाहता हूं, जिससे कि मैं आपसे कुछ मार्गदर्शन पा सकूं और अपने जीवन की साध को सफल बना सकूं।

तब दोपहर के विश्राम के समय श्रीमालीजी ने कुछ समय मुझे एकांत भेंट के लिए दिया। यह भेंट मेरे लिए आज भी स्मरणीय है, जबकि मैं पहली बार इस महापुरुष के सामने बैठकर अपनी बात को उनके सामने रख सका था और मार्गदर्शन पा सका था।

मैंने यह पाया कि निश्चय ही श्रीमालीजी अपने क्षेत्र में सर्वोपरि हैं और उनके पास जो सिद्धियां हैं, वे अपने आप में अन्यतम हैं, उनको चुनौती देने वाला या उनसे स्पर्धा करने वाला आज कोई भी अन्य नहीं है, फिर भी यह व्यक्ति अत्यधिक नम्र है और अपनी प्रशंसा सुनकर इसको जरूरत से ज्यादा संकोच अनुभव होता है। ज्यों ही प्रशंसा की चर्चा छिड़ती है, तो वे विषय को बदल देते हैं, उनके मन में सभी तांत्रिक, मांत्रिक, भैरवियों, अघोरियों आदि के बारे में स्नेह है और सभी को वे मार्गदर्शन देने में सफल हैं।

मैंने उनसे बातचीत में निवेदन किया कि मैं जीवन में कानून का सफल विद्यार्थी और न्यायपालिका का श्रेष्ठ सदस्य रहा हूं, इसके बाद मैंने पत्रकारिता के क्षेत्र में पूर्णता प्राप्त की थी, परंतु इस क्षेत्र में मेरी रुचि नहीं रही और मैंने अपने शेष जीवन को तांत्रिक साधना सीखने में ही व्यतीत करने का निश्चय किया है।

मैं पिछले पंद्रह वर्षों से इस क्षेत्र में सीखने का प्रयत्न कर रहा हूं, पर इस सम्मेलन में आने के बाद मुझे ज्ञात हुआ कि मेरा अस्तित्व तो नहीं के बराबर है। यदि मैं सौ वर्ष भी जीवित रह जाऊं फिर भी मैं कुछ भी प्राप्त नहीं कर पाऊंगा जितना कि चारों तरफ ज्ञान फैला हुआ है।

मैंने उनसे तंत्र के बारे में, मंत्र और वाममार्गी साधना के बारे में कई प्रश्न किए और उन्होंने जितने स्नेह और प्रामाणिकता के साथ मुझे समझाया वह आज भी स्मरणीय है, जितना मैं सुन रहा था उतना ही ज्यादा मुझे उनकी गहराई का एहसास हो रहा था। मैं देख रहा था कि यह व्यक्ति अपने आप में कितना महान है, परंतु साथ-ही-साथ कितना नम्र भी। ऐसा ही व्यक्ति आने वाली पीढ़ियों के लिए मार्गदर्शक बन सकता है।

मेरी आत्मा मुझे कह रही थी कि तू जिस मंजिल को पाना चाहता है, जो गुरु की धारणा तेरे मन मस्तिष्क में है– वह सामने है, तेरी जिज्ञासाओं का समाधान इसी व्यक्ति से हो सकता है, क्योंकि इस व्यक्ति में देने की क्षमता जरूरत से ज्यादा है।

डरते-डरते मैंने इच्छा प्रकट की कि मैं कुछ समय आपके साथ रहना चाहता हूं और यदि मुझमें पात्रता हो और आप उचित समझें, तो मैं शिष्य रूप में आपके चरणों में जीवन बिताना चाहता हूं।

श्रीमालीजी ने उत्तर दिया कि इतनी जल्दी शिष्य बनना संभव नहीं है, क्योंकि केवल होठों से ही गुरु या शिष्य शब्द उच्चारित करना ही सब कुछ नहीं है, जब तक पूर्ण मानसिक और हार्दिक रूप से समर्पण की भावना उजागर नहीं होती तब तक शिष्यत्व की पूर्ण भावना जाग्रत नहीं हो पाती, और जब तक ऐसी भावना जाग्रत नहीं होती तब तक शिष्य बनना व्यर्थ है। क्योंकि 'गुरु' शब्द एक सामान्य शब्द नहीं है, इसके पीछे बहुत बड़ी जिम्मेदारी है, बहुत बड़ा उत्तरदायित्व है, और जब तक वह गुरु उस शिष्य के प्रति पूर्ण क्षमता के साथ उत्तरदायित्व का निर्वाह नहीं कर सके तब तक उसका गुरु बनना या गुरु बनने की प्रक्रिया अपनाना व्यर्थ है।

मैं गुरुवाद में विश्वास नहीं करता। मैं नहीं चाहता कि मेरे पीछे शिष्यों की लंबी कतार या उनकी फौज हो। मैं तो जीवन में संकुचितता इस रूप में चाहता हूं कि चाहे कम ही शिष्य हों परंतु वे अपने आप में पूर्ण हों। मुझे शिष्य रूप में तुम्हें स्वीकार करने में कोई आपत्ति नहीं है, पर तुम्हारे होठों की अपेक्षा जब तुम्हारा हृदय इस बात की याचना करेगा तो मैं तुम्हें अवश्य शिष्य बना लूंगा।

होठों के शब्दों की अपेक्षा हृदय से जो शब्द उच्चरित होते हैं वे ज्यादा सही, प्रामाणिक और पवित्र होते हैं। मैं होठों से निकले हुए शब्दों की अपेक्षा हृदय से निकलने वाले शब्दों पर ज्यादा विश्वास करता हूं। जब भी तुम्हारी ऐसी स्थिति हो जाए, तब मेरा द्वार तुम्हें खुला मिलेगा और तुम मेरे पास आ सकोगे।

उनकी बात अपने स्थान पर सही थी, अभी तक मैं अपने आप को पूर्ण क्षमता के साथ शिष्य का रूप नहीं दे सका था, शिष्य का मूल समर्पण होता है और जब तक व्यक्ति में समर्पण की पूर्ण भावना स्पष्ट नहीं होती, तब तक 'शिष्य' शब्द सार्थक नहीं हो पाता। मैं अपने आपको पूर्णता के साथ शिष्य स्पष्ट करना चाहता था, और मैंने उसी क्षण निश्चय कर लिया था कि मैं एक दिन अवश्य ही श्रीमालीजी का शिष्य बनने का गौरव प्राप्त कर सकूंगा।

मैंने उनसे याचना की कि निश्चय ही मैं अभी आपका शिष्य बनने के योग्य नहीं हूं। अभी मुझमें उस पात्रता का अभाव है जो अपका शिष्य बनने के लिए आवश्यक है, परंतु फिर भी इस सम्मेलन के बाद कुछ समय आपके साथ रहना चाहता हूं, और मुझे विश्वास है आप मेरे इस अनुरोध को ठुकराएंगे नहीं, अपितु स्वीकृति देंगे, जिससे कि मैं अपने-आपको धन्य समझूंगा।

श्रीमालीजी ने तीक्ष्ण दृष्टि से मेरी आंखों में झांका और एक ही क्षण में उन्होंने मुझे अपनी कसौटी पर तोल लिया। मुझे कुछ ऐसा लगा जैसे कि वे मेरे पूर्ण अंतर को देख चुके हैं और मेरे अंतर में गहराई के साथ प्रवेश कर वह सब-कुछ जान चुके हैं, जिनको मैं गोपनीय रख रहा था। एक क्षण के लिए मैं पीपल के पत्ते की तरह कांप गया। वह क्षण मैं आशंका और प्रतिशंका के बीच इसलिए झूल रहा था कि श्रीमालीजी स्वीकृति देंगे या नहीं।

यदि उन्होंने मना कर दिया तो आगे के सारे रास्ते मेरे लिए अवरुद्ध हो जाएंगे। यदि उनकी स्वीकृति मिल गई तो मैं कुछ दिन उनके साथ रह सकूंगा और उसके जीवन की सुवास से अपने आपको सुवासित कर सकूंगा, और अपने कार्यों से यह स्थापित करने का सफल-असफल प्रयास कर सकूंगा कि मैं शिष्य बनने की योग्यता रखता हूं और आने वाले समय में मैं इस कसौटी पर खरा उतर सकूंगा।

श्रीमालीजी मेरे चेहरे पर नजर डालते हुए मुस्कराए और कुछ दिन साथ रहने की स्वीकृति दे दी। यह स्वीकृति मेरे लिए किसी श्रेष्ठ साधना की सफलता से कम नहीं थी। मुझे कुछ ऐसा लगा जैसे मैं कुछ-कुछ पा गया हूं, मुझे अपनी मंजिल मिल गई हो, मुझे कुछ ऐसा अनुभव हुआ कि जिस कार्य के लिए मैं भटक रहा था, उस की पूर्णता अब निकट भविष्य में हो सकेगी, हो सकता है मैं अपने जीवन में पूर्णता पा सकूं। मैंने अपने मन में जो लक्ष्य निश्चित किया था, वह लक्ष्य अब मुझे निकट आता अनुभव हो रहा था।

सम्मेलन में जाने का समय हो गया था। मैं उनसे विदा लेकर बाहर आया। उस समय मैं अपने आपको संसार का सबसे अधिक सौभाग्यशाली अनुभव कर रहा था, मेरा हृदय प्रसन्नता के कारण जोरों से धड़क रहा था। खुशी के मारे मेरे पांव जमीन पर नहीं पड़ रहे थे, पूरा शरीर रोमांचित हो गया था और मेरी आंखों में प्रसन्नता के आंसू छलछला रहे थे।

आज पहली बार मैंने अनुभव किया था कि सिद्ध पुरुष के समीप बैठने से ही कितना कुछ लाभ हो जाता है। उनके शरीर से निसृत गंध से जो मादक वातावरण बनता है, वह कितना अनुपम होता है।

सम्मेलन के दस दिन हंगामापूर्ण ही रहे, परंतु ये दस दिन अपने आप में अन्यतम थे, क्योंकि इन दस दिनों में श्रेष्ठतम साधकों ने श्रेष्ठतम प्रक्रिया से अपनी साधनाओं को स्पष्ट किया और उन साधनाओं में नवीनतम रहस्यों की खोज को भी सबके सामने स्पष्ट किया।

अभी तक 'श्यामा-साधना' अपने आप में अत्यंत जटिल और कठोर समझी जाती थी, परंतु वैचाक्षी बाबा ने इस प्रक्रिया को एक नवीन पद्धति से सिद्ध किया और उन्होंने उसके परिणाम भी सबके सामने रखे। इसी प्रकार ऊर्ध्वगमन प्रक्रिया की सरलतम विधि भी जिज्ञासुओं के सामने स्पष्ट हुई, त्रिजटा अघोरी ने व्यावहारिक रूप में 'संजीवनी-विद्या' को सबके सामने स्पष्ट किया। रामायण में मैंने पढ़ा था कि जब राम-रावण का युद्ध समाप्त हुआ तो राम ने इंद्र से प्रार्थना की कि आप मेरी सेना के जितने भी मृत वानर हैं या इस युद्ध में मारे गए हैं, उन्हें आप संजीवनी विद्या से जीवित कर दें। इंद्र ने प्रसन्न होकर उन सभी वानरों को पुनः जीवित कर दिया था, साथ ही वे रोग मुक्त भी हो गए थे।

इंद्र ने यह विद्या बृहस्पति से सीखी थी और मैंने यह पढ़ा था कि बृहस्पति और शुक्र दोनों ही इस विद्या के पारंगत ऋषि थे। मैंने इसको पढ़कर केवल अनुमान लगाया था कि किसी समय हमारे देश में यह विद्या जीवित रही होगी, परंतु काल-व्यवधान के कारण यह विद्या इस देश से लुप्त हो गई होगी, परंतु त्रिजटा ने सबके सामने इस प्रक्रिया को सिद्ध करके दिखाया। उन्होंने मृत व्यक्ति को जो कि पास के गांव में एक दिन पहले ही मरा था, उसे प्राप्त कर सम्मेलन में सबके सामने उसे जीवित कर दिखाया, यह मेरे लिए और अन्य साधकों के लिए आश्चर्यजनक था, परंतु जो कुछ था हमारे सामने था और प्रत्यक्ष था। वास्तव में अभी तक भारत इस प्रकार की विद्याओं से संपन्न है। त्रिजटा ने वाममार्गी साधना से 'संजीवनी प्रक्रिया' संपन्न की थी, बाद में मुझे ज्ञात हुआ कि इसकी एक और विधि मांत्रिक भी है और उसके माध्यम से भी यह क्रिया संपन्न की जाती है। त्रिजटा से ही मुझे ज्ञात हुआ कि श्रीमालीजी को दोनों ही प्रकार की विधियां ज्ञात हैं और उन्होंने इसका प्रयोग कई बार किया भी है।

'आकाश-गमन-प्रक्रिया' भी मैंने पहली बार इस सम्मेलन में देखी, जबकि साधक इस प्रक्रिया के माध्यम से हवा से भी हलका होकर आकाश में विचरण कर सकता है और एक स्थान से दूसरे स्थान पर सहज में ही आ-जा सकता है। भूर्भुआ बाबा ने इस प्रक्रिया को सबके सामने करके बताया और उन्होंने उन प्रश्नों के उत्तर भी दिए जो कि इस प्रक्रिया के पेचीदा अंग हैं। इस साधना के माध्यम से साधक हवा में पक्षी की तरह उड़ सकता है और उसका वेग वायुयान से भी

कई गुना तेज होता है। एक स्थान से दूसरे स्थान पर जाने के लिए और अगम्य पर्वतों को पार करने के लिए यह विधि सर्वाधिक उपयुक्त है।

पुराणों में नारद के बारे में विख्यात है कि वे निरंतर घूमते रहते थे और कुछ ही क्षणों में एक स्थान से दूसरे स्थान पर गमन कर सकते थे। उन्हें यही विधि ज्ञात थी, जिसके माध्यम से वे ब्रह्मांड के किसी भी स्थान पर सशरीर कुछ ही क्षणों में पहुंच जाते थे। यह मांत्रिक प्रक्रिया और इसकी एक वाममार्गी तांत्रिक प्रक्रिया भी है, जिसे मच्छिन्दरनाथ ने विकसित किया था, वे सशरीर एक स्थान से दूसरे स्थान पर जाने में सक्षम थे। भूर्भुआ बाबा ने मांत्रिक प्रक्रिया को सबके सामने स्पष्ट किया और प्राणायाम प्रक्रिया से अपने शरीर को वायु से भी हलका कर पृथ्वी से 10 फीट तक ऊपर उठाकर सब को बताया, साथ ही उन्होंने आकाश में विचरण करके भी इस प्रक्रिया को स्पष्ट किया। मां कृपाली भैरवी इस प्रक्रिया के वाममार्गी साधना की निष्णात साधिका हैं, उन्होंने भी कृपा कर इसकी तांत्रिक प्रक्रिया को सबके सामने स्पष्ट किया और सशरीर उन्होंने भूर्भुआ बाबा के समक्ष वायु और आकाश में विचरण कर सबको आश्चर्यचकित कर दिया। उन्होंने इस प्रक्रिया को प्रत्यक्ष रूप से समझा करके भी स्पष्ट किया। यह मूलतः श्मशान साधना है और इसके माध्यम से यह तुरंत सिद्ध होती है। मां कृपाली भैरवी को मनोनुकूल विचरण प्रक्रिया भी ज्ञात है और उन्होंने इस प्रकार की प्रक्रिया को सबके सामने स्पष्ट करके भी दिखाया था।

शाम को मैं मां कृपाली भैरवी के साथ काफी समय तक रहा और उन्हें इन रहस्यों को जानने के लिए साधुवाद दिया। बातचीत में उन्होंने बताया कि वे बचपन से ही संन्यासी हो गई थीं और तांत्रिक क्षेत्र में उन्होंने अपने जीवन को व्यतीत करने की भावना मन में धारण कर ली थी। कुछ समय तक वे हिमालय के 'सिद्धाश्रम' में भी रही थीं, जो कि अपने आप में श्रेष्ठतम उपलब्धि मानी जाती है।

बातचीत में मुझे यह भी ज्ञात हुआ कि जब श्रीमालीजी निखलेश्वरानंदजी के रूप में हिमालय पर स्थित थे, तब मां कृपाली भैरवी उनके साथ काफी समय तक रही थीं और इस प्रकार की साधनाएं उनसे ही प्राप्त की थीं। आज भी जब वे गुरु का नाम लेती हैं तो उनकी आंखें छलछला आती हैं। मां कृपाली भैरवी से ही मैंने अनुभव किया कि शिष्य का मुख्य गुण समर्पण होता है और उसके रोम-रोम से गुरु की ही ध्वनि निकलती है।

इस सम्मेलन की एक और उपलब्धि 'परकाया-प्रवेश' का दिग्दर्शन था। मैंने इस संबंध में कई स्थानों पर पढ़ा था कि साधक अपने शरीर को छोड़कर दूसरे मृत शरीर में प्रवेश कर लेता है और उस दूसरे शरीर से भी जीवन के क्रिया-कलाप

संपन्न कर लेता है, यह साधना भारत की सर्वश्रेष्ठ साधनाओं में से एक रही है, कुछ समय पूर्व शंकराचार्य इस विद्या के निष्णात साधक थे।

जब मंडन मिश्र और शंकराचार्य का शास्त्रार्थ हुआ तो निश्चय यह हुआ कि इन दोनों में से जो हारेगा वह जीते हुए व्यक्ति का शिष्य बन जाएगा। मंडन मिश्र भारत के विख्यात विद्वान् और गृहस्थ थे। उनकी विदुषी पत्नी भारती भी साक्षात सरस्वती का अवतार थी और दोनों पति-पत्नी भारत के श्रेष्ठतम विद्वान् थे।

शंकराचार्य मूलतः संन्यासी थे और उन्होंने शास्त्रार्थ के माध्यम से भारत विजय करने के उद्देश्य से यात्राएं की थीं। मगर वे सर्वश्रेष्ठ तभी माने जा सकते थे, जबकि वे मंडन मिश्र को शास्त्रार्थ में पराजित कर सकते।

इन दोनों के शास्त्रार्थ का निर्णय कौन करे यह एक पेचीदा प्रश्न था, क्योंकि कोई सामान्य विद्वान् तो निर्णय करने में सक्षम था नहीं, अतः शंकराचार्यजी के अनुरोध से इस शास्त्रार्थ के निर्णायक के रूप में मंडन मिश्र की पत्नी का चयन किया गया। शास्त्रार्थ इक्कीस दिन चला और आखिर में मंडन मिश्र शंकराचार्य से हार गए। यह देखकर मंडन मिश्र की पत्नी ने निर्णय दिया कि मंडन मिश्र हार गए हैं, अतः वे शंकराचार्य का शिष्यत्व स्वीकार करें और संन्यास दीक्षा लें।

यह कहकर वह विदुषी पत्नी निर्णायक पद से नीचे उतरी और शंकराचार्य से कहा कि मैं मंडन मिश्र की अर्द्धांगिनी हूं, अतः अभी तक आधा अंग ही पराजित हुआ है, जब आप मुझे भी पराजित करेंगे तभी मंडन मिश्र पराजित माने जाएंगे, युक्ति के अनुसार बात सही थी। मंडन मिश्र निर्णायक बने और भारती तथा शंकराचार्य में शास्त्रार्थ प्रारंभ हुआ।

इक्कीसवें दिन जब मंडन मिश्र की पत्नी ने यह भली भांति अनुभव कर लिया कि मेरा पराजित होना निश्चित है, तब उसने शंकराचार्य से कहा कि मैं एक अंतिम प्रश्न पूछती हूं और यदि इस प्रश्न का भी उत्तर आपने भली प्रकार से दे दिया तो हम दोनों अपने आपको पराजित अनुभव करेंगे और आपका शिष्यत्व स्वीकार कर लेंगे।

शंकराचार्य की स्वीकृति प्राप्त होने पर सरस्वती ने प्रश्न किया कि संभोग क्या है? यह कैसे किया जाता है? और इससे संतान का निर्माण किस प्रकार से हो जाता है?

प्रश्न सुनते ही उसकी गहराई शंकराचार्य समझ गए। यदि वे इसका उत्तर देते हैं तो उनका संन्यास धर्म खंडित होता है, क्योंकि संन्यासी को संभोग का ज्ञान संभव ही नहीं है, और जिसका ज्ञान व्यावहारिक रूप में ज्ञात नहीं है, उसका उत्तर देना कैसे संभव है? अतः संन्यास धर्म की रक्षा के लिए उत्तर देना संभव

नहीं था और यदि उत्तर नहीं देते हैं तो पराजित माने जाते हैं, दोनों दृष्टियों से वे पराजित होते हैं।

शंकराचार्य ने प्रश्न किया कि क्या इस प्रश्न का उत्तर पढ़े हुए ज्ञान के आधार पर दे सकता हूं या इसका उत्तर तभी आप प्रामाणिक मानेंगी, जबकि उत्तरकर्ता इस प्रक्रिया से गुजर चुका हो।

भारती ने उत्तर दिया कि व्यावहारिक ज्ञान ही वास्तविक ज्ञान होता है, यदि आपने इसका व्यावहारिक ज्ञान प्राप्त किया है तो आप उत्तर देने में स्वतंत्र हैं।

शंकराचार्य जन्म से ही संन्यासी रहे थे, अतः उनके जीवन में संभोग का व्यावहारिक ज्ञान धर्म और संन्यास के सर्वथा विपरीत था, अतः उन्होंने पराजय स्वीकार करते हुए कहा कि मैं इसका उत्तर छह महीने बाद दूंगा।

इसके बाद शंकराचार्य किसी अज्ञात स्थान पर चले गए। संयोगवश उस शहर के राजा की मृत्यु हो गई, तब शंकराचार्य अपने शरीर को छोड़ राजा के शरीर में प्रवेश कर गए, फलस्वरूप राजा कुछ समय बाद ही पुनः जीवित हो गया, संबंधियों ने राजा को पुनः जीवित देख हर्ष ध्वनि की। राजा के माध्यम से रानियों के साथ जो संभोग हुआ, उसका व्यावहारिक ज्ञान शंकराचार्य लेकर पुनः अपनी काया में प्रवेश कर गए, इस प्रकार व्यावहारिक ज्ञान भी प्राप्त कर लिया और जिस शरीर से संन्यास धर्म स्वीकार किया था, उसको भी खंडित नहीं होने दिया।

इसके बाद वे पुनः मंडन मिश्र की पत्नी को उसके प्रश्न का व्यावहारिक ज्ञान देकर विजय प्राप्त की और उन दोनों पति-पत्नी को शिष्यता प्रदान की, इस प्रकार उन्होंने अपने आपको भारत का शास्त्रार्थ विजेता सिद्ध किया।

मेरे कहने का तात्पर्य यह था कि यह विद्या हमारे भारत में शंकराचार्य के समय तक रही है, पर उसके बाद यह विद्या धीरे-धीरे लुप्त होती गई। मेरे जैसे अधिकांश साधकों को यह विश्वास था कि इस साधना पर भी सम्मेलन में चर्चा होगी और संभवतः इस साधना को व्यावहारिक रूप में देख सकेंगे।

सम्मेलन के आठवें दिन श्रीमालीजी ने इस साधना को सबके सामने व्यावहारिक रूप में करके दिखाया। मुझे यह भी ज्ञात हुआ कि इस समय भारत में मात्र चार या छह साधकों को ही इस विधि का ज्ञान है, और इनमें से भी अधिकांश सिद्धाश्रम के स्थायी साधक हैं, जो कि वहां से नीचे आते ही नहीं, सैकड़ों साधकों के प्रबल अनुरोध और आग्रह को रखने के उद्देश्य से बड़ी ही अनिच्छा से श्रीमालीजी ने इस साधना को सबके सामने व्यावहारिक रूप में करके दिखाया। यह अनुभव मेरे लिए आश्चर्यजनक था, सुखदायक था और मन संतुष्टिदायक था।

सम्मेलन में इसके अलावा कई साधनाएं सबके सामने स्पष्ट की गईं। इन साधनाओं में जो बाधाएं आती हैं, उनको भी सबके सामने रखा गया, साथ ही इन बाधाओं का निराकरण किस प्रकार से हो सकता है या क्या कोई अन्य सरल विधि है, जिसके माध्यम से इस प्रकार की विधियां प्राप्त की जाएं, इस पर भी विचार-विमर्श हुआ।

सम्मेलन के अंत में भूर्भुआ बाबा के अनुरोध से श्रीमालीजी ने 'कात्यायनी-प्रयोग' करके बताया। यह प्रयोग अत्यधिक जटिल और कठिन माना जाता है। इसके द्वारा एक ही क्षण में कई व्यक्तियों से अलग-अलग रूपों में एक साथ मिलना हो सकता है, अर्थात् जो साधक इस साधना में निष्णात होता है, वह किसी एक निश्चित समय में दस अलग-अलग स्थानों में दस अलग-अलग व्यक्तियों से सशरीर भेंट कर सकता है अर्थात् वह अपने शरीर के कई शरीर बना सकता है। मैंने सुना था कि स्वामी विशुद्धानंदजी और उड़िया बाबा को यह साधना ज्ञात थी, जो भी व्यक्ति उनके संपर्क में रहे हैं, उन्होंने इसका अनुभव भी किया है।

यह विद्या पूर्णतः 'लोप-विद्या' मानी जाती थी और सभी का लगभग ऐसा अनुमान था कि यह विद्या भारत से अब लुप्त हो चुकी है, क्योंकि पिछले 100 वर्षों में इस प्रकार की विद्या जानने वाले के बारे में ज्ञात नहीं हो सका था, परंतु जब इस सम्मेलन में सभापति के द्वारा इस प्रकार की साधना को सफलतापूर्वक संपन्न करके दिखाया गया तो पूरी सभा में आश्चर्यमिश्रित हर्ष ध्वनि की गई।

दस दिन का यह सम्मेलन अपने आप में अन्यतम था। जहां तक मेरी धारणा है, पिछले पांच हजार वर्षों में भी इस प्रकार का सम्मेलन नहीं हो सका था।

यह सभापति की प्रबंधदक्षता का एक ज्वलंत उदाहरण था कि उन्होंने अपने ज्ञान से, अपनी प्रतिभा से और अपने व्यक्तित्व से इन सभी साधकों को बांधे रखा, अन्यथा विभिन्न साधनाओं से संपन्न साधक एक स्थान पर एकत्र हों और परस्पर मतभेद और समस्याएं पैदा न हों, यह आश्चर्यजनक बात थी, इसकी ध्वनि भूर्भुआ बाबा के समापन भाषण में भी सुनाई दी, उन्होंने कहा कि मैं अत्यधिक परेशान था कि यह सम्मेलन किस प्रकार से संपन्न हो सकेगा जबकि सभी साधक एक-दूसरे से बढ़-चढ़कर हैं और सभी साधक एक-दूसरे पर हावी होने की प्रक्रिया में रत हैं। इसलिए भी चिन्तित था कि कहीं कोई किसी पर मारक प्रयोग न कर दे और समस्या पैदा न हो जाए, पर इस सम्मेलन का पूर्ण श्रेय साधक श्रीमालीजी की प्रबंधदक्षता को है, जिनके प्रबंध से यह सम्मेलन सफलतापूर्वक संपन्न हो सका।

इस सम्मेलन की सबसे बड़ी उपलब्धि यह रही है कि हम एक-दूसरे के संपर्क में आ सके हैं, एक दूसरे के बारे में भली प्रकार से जान सके हैं और एक-दूसरे

के विचारों से, उनकी साधनाओं से, उनके ज्ञान और उनकी भावनाओं से परिचित हो सके हैं, यह आदान-प्रदान इस सम्मेलन के द्वारा ही संभव हो सका, जो कि अपने आप में अन्यतम उपलब्धि है।

इसके साथ-ही-साथ हम उन सर्वश्रेष्ठ साधनाओं के संपर्क में आ सके हैं, जो लुप्त साधनाएं कही जाती हैं, उन साधनाओं का हमने व्यावहारिक पक्ष इस मंत्र पर देखा और आज हम यह कहने में समर्थ हैं कि हमारी प्राचीन धरोहर आज भी योग्य साधकों के हाथों में सुरक्षित है, आज भी हम उतने ही संपन्न हैं जितने कि प्राचीन समय में थे, हम कई वर्षों तक विश्व को ज्ञान देने में समर्थ हैं, हम इस क्षेत्र में अग्रगण्य हैं और हमारे पास जो कुछ भी पूर्वजों का ज्ञान है, वह आज भी सुरक्षित रूप में है।

श्रीमालीजी ने समापन भाषण में सभी साधकों के प्रति आभार प्रकट किया, जिनकी वजह से यह सम्मेलन पूर्णतः सफल हो सका, विशेष रूप से सिद्धाश्रम से आने वाले साधकों के प्रति उन्होंने विशेष आभार प्रकट किया।

उन्होंने भाषण के अंत में चेतावनी भी दी कि हम अपने ही घेरे में आबद्ध न रहें, हमारे पास जो ज्ञान है उस पर सभी का अधिकार है, इस ज्ञान को ज्यादा-से-ज्यादा वितरित किया जाए, तभी हमारे जीवन की सार्थकता है।

उन्होंने साधकों का आह्वान किया कि उन्हें अपना जीवन साधना में समर्पित भाव से लगा देना चाहिए, उनको चाहिए कि वे योग्य शिष्यों की खोज करें और उन्हें अपना संपूर्ण ज्ञान साधना दें, जिससे कि यह विद्या आगे के जीवन में बनी रह सके और गतिशील बनी रहे।

उन्होंने उच्चतम साधकों से भी प्रार्थना की कि समय गतिशील है और यदि इसी गति के साथ अपने आपको परिवर्तित नहीं कर सके तो हम सामाजिक धारा से कट जाएंगे और हमारी सारी साधना एक प्रकार से निष्फल हो जाएगी।

उन्होंने बताया कि प्राचीन काल में जंगलों में जो गुरुकुल होते थे, उनके संचालक जंगलों में रहते हुए भी समाज से पूरी तरह संबंधित रहते थे, अतः उनके ज्ञान की गंगा समाज में प्रवाहशील रहती थी, परंतु धीरे-धीरे साधकों ने अपने आपको समाज से परे कर दिया और जंगलों में रहने को ही साधना की पूर्णता मान ली, जबकि यह अनुचित है, क्योंकि इससे हम समाज से कट गए हैं, समाज विश्वास नहीं करता कि साधना अपने आप में इतनी उच्च होती है जो कि आज के इस वैज्ञानिक युग में भी अपनी श्रेष्ठता और उच्चता सिद्ध कर सकती है। जिन स्थानों पर विज्ञान निष्फल है, निरुपाय है, पराजित है, वहां पर साधना सफलता दे सकती है, इसीलिए विज्ञान से कई गुना ज्यादा बढ़-चढ़कर इस साधना का महत्त्व है।

हमको चाहिए कि हम इस प्रकार के साधक तैयार करें जो समाज से जुड़े हुए हों। उन साधकों को हम अपने ज्ञान की गंगा से आप्लावित करें, जिससे कि उसकी सुखद फुहार से जनमानस आनंद प्राप्त कर सके। यदि रामकृष्ण अपने शिष्य विवेकानंद को तैयार नहीं करते तो संसार एक बहुत बड़े ज्ञान से वंचित रह जाता, अतः आज इस प्रकार के कई विवेकानंदों की जरूरत है, जो अपने आपको समाज से जोड़ सकें।

अंत में उन्होंने कहा, मेरी यह धरणा है कि आपमें से अधिकांश मेरी भावनाओं को समझेंगे और आपके पास जो साधनाएं हैं, जो सिद्धियां हैं, उन्हें जनमानस से जोड़ेंगे, जिससे कि समाज इससे लाभ उठा सके।

श्रीमालीजी ने कहा कि मेरा द्वार प्रत्येक साधक के लिए खुला है फिर वह चाहे संन्यासी हों या गृहस्थ, मेरा प्रत्येक क्षण उनके लिए समर्पित है। वे जिस रूप में भी मुझसे साधना का ज्ञान जानना चाहें, मैं उनके लिए तैयार हूं। मैं चाहता हूं कि इस प्रकार जीवट वाले युवक आगे आएं, जिनके हृदय में कुछ सीखने की प्रबल चाह हो, जिनकी आंखों में लपट हो, जिनके हृदय में कुछ कर गुजरने की क्षमता हो, जो विपरीत परिस्थितियों में भी अपने आपको संतुलित और संयमित रख सकें, उनका स्वागत है। उनके लिए मेरा प्रत्येक क्षण और यह जीवन समर्पित है।

समापन दिवस अपने आप में ऐतिहासिक था, जबकि प्रत्येक साधक एक-दूसरे से मिल रहा था, एक-दूसरे को ज्ञान का आदान-प्रदान कर रहा था। पहले दिन जो फूट या अहं का दिग्दर्शन हुआ था, वह समाप्त हो गया था और इन 10 दिनों में सभी साधक एक-दूसरे के अत्यंत निकट आ चुके थे। प्रत्येक की आंखों में आंसू छलछला रहे थे, प्रत्येक की आंखें नम थीं और प्रत्येक बिछुड़ते समय ऐसा अनुभव कर रहे थे जैसे उनके शरीर से प्राण बिछुड़ रहे हों।

इन दस दिनों में श्रीमालीजी ने जितना अथक श्रम किया, वह मेरे लिए आश्चर्यचकित था। मैंने उन्हें एक क्षण भी सोते हुए नहीं देखा, चौबीसों घंटे निरंतर कार्य में व्यस्त होते हुए भी उनके चेहरे पर थकावट की कोई रेखा नहीं देखी, उनका चेहरा प्रत्येक क्षण प्रफुल्लित था, उनकी आंखें हर क्षण मार्ग दर्शन देती थीं, उनके मन में ऐसा कोई अहं नहीं था कि छोटे साधक से बातचीत न की जाए या व्यस्तता का लबादा ओढ़े रहें, जो भी उनसे मिलता वह अपने आपको धन्य समझता और अपने मन में पूर्णतः तुष्टि अनुभव करता।

अंतिम दिन सभी साधक, योगी, तांत्रिक, हठ योगी, अघोरी, मांत्रिक और भैरवी साधिकाएं श्रीमालीजी से मिलने के लिए व्यग्र थीं। सभी उनसे मिल रहे थे और सभी

उनसे विदा लेते समय सिसक रहे थे, ऐसा लग रहा था जैसे वे अपने प्राणों को छोड़ रहे हों। सबसे ज्यादा आंसू कपाली बाबा की आंखों में थे, पश्चात्ताप से उनका सारा शरीर थरथरा रहा था और जब श्रीमालीजी विदा हुए तो वह वृद्ध-साधक भीड़ को चीरता हुआ आकर श्रीमालीजी के चरणों में गिर पड़ा, उसकी आंखों से आंसू की अजस्त्र धारा बह रही थी और सारा शरीर थरथरा रहा था। श्रीमालीजी ने उसे उठाकर अपने सीने से लगाया, उनकी आंखों में भी आंसू छलछला आए थे।

यह सारा दृश्य अपने आप में अद्भुत था, इस प्रकार के दृश्य को शब्दों में कैद किया ही नहीं जा सकता। वास्तव में ही एक ऐसा वातावरण बन गया था कि कोई आंख बिना भीगे न रही थी। कोई भी चेहरा बिना गमगीन हुए नहीं रहा था, सभी अश्रुपूरित थे, सभी सिसक रहे थे, सभी के चेहरे उदास थे और सभी ऐसा अनुभव कर रहे थे, जैसे वे अपने प्राणों को देह से जाते हुए देख रहे हों।

यह मेरा सौभाग्य था कि श्रीमालीजी ने मुझे साथ चलने की स्वीकृति दे दी थी, हम उन बिलखते हुए साधकों से आगे बढ़े परंतु जितना ही हम आगे बढ़ते उतने ही साधक आ-आकर वापस घेर लेते। आगे बढ़ना दुष्कर-सा हो गया था।

मैं सोच रहा था साधकों के बारे में तो यह प्रचलित है कि वे बड़े निर्मम होते हैं, असामाजिक होते हैं, उनके हृदय पर कोई प्रभाव ही नहीं होता, उनका हृदय मांस-पिण्ड न रहकर पत्थर हो जाता है, परंतु आज मेरी धारणा खंडित हो रही थी। मैं उन साधकों को सिसकते हुए, बिलखते हुए, रोते हुए और सिसकारियां भरते हुए देख रहा था।

राक्षस की तरह विशालकाय त्रिजटा अघोरी बच्चों की तरह फूट-फूटकर रो रहे थे, भूर्भुआ बाबा की आंखों में आंसू छलछला रहे थे, देवहुर बाबा आसुओं के वेग को रोक नहीं पा रहे थे और पूरा वातावरण ऐसा हो गया था कि सभी श्रीमाली से बिछुड़ते हुए अपने आपको निरुपाय अनुभव कर रहे थे।

मैंने पहली बार श्रीमालीजी की आंखों में आंसू देखे। वे स्वयं गमगीन थे, परंतु फिर भी उनकी आंखों में सांत्वना थी, स्नेह था, अपनत्व और प्रेम था और इसी भीगे हुए वातावरण से श्रीमालीजी आगे बढ़ गए।

श्रीमालीजी के साथ दो शिष्य और थे जो सम्मेलन से ही उनके साथ हो गए थे। ये दोनों ही शिष्य उच्च कोटि की साधना से संपन्न थे और किसी समय श्रीमालीजी के चरणों में बैठकर उन्होंने उच्च मांत्रिक और तांत्रिक साधनाएं संपन्न की थीं, उनके साथ तीसरा मैं था, जिन्हें कुछ दिन साथ रहने की स्वीकृति मिली थी। इस यात्रा में मैंने अनुभव किया कि महापुरुष के साथ यात्रा करने में यात्रा का अर्थ ही बदल जाता है, जो यात्रा हमें नीरस और निष्फल लगती है, वही यात्रा

किसी साधक के सान्निध्य में प्राणवंत और जीवंत हो जाती है, यह यात्रा मेरे लिए अन्यतम थी, अद्भुत थी।

मार्ग में कई स्थानों पर श्रीमालीजी रुके थे, और संभवतः ग्यारहवें रोज वे जोधपुर पहुंचे थे।

जोधपुर में उनके साथ मुझे लगभग तीन महीने रहने का सौभाग्य मिला। जोधपुर आकर मैंने उनके एक अलग रूप में ही दर्शन किए। यहां आकर वे पुनः एक सामान्य गृहस्थ व्यक्ति बन गए थे और ऐसा प्रतीत ही नहीं हो रहा था कि यह वही व्यक्तित्व है, जिसने विश्व के सर्वश्रेष्ठ साधकों के सम्मेलन का सभापतित्व किया था।

जिन्होंने श्रीमालीजी का वह रूप देखा है, उन्हें इस रूप में श्रीमालीजी को देखकर विश्वास ही नहीं होगा कि यह व्यक्ति साधना के क्षेत्र में सर्वोपरि है, विशिष्ट सिद्धियों का स्वामी है। जिसने श्रीमालीजी के गृहस्थ रूप को देखा है, वह उस रूप की कल्पना ही नहीं कर सकता, इन दोनों ही रूपों में जमीन आसमान का अंतर है और दोनों ही रूप अपने आप में सर्वथा अलग हैं।

गृहस्थ रूप में श्रीमालीजी पूर्णतः सामान्य गृहस्थ के रूप में मुझे दिखाई दिए जो प्रसन्नता की बात सुनकर खिलखिला पड़ते हैं, किसी के कष्ट और दुःख की बात सुनकर उदास हो जाते हैं, वे सामान्य आगंतुक को भी उतना ही महत्त्व देते हैं, जितना एक विशिष्ट व्यक्ति को दिया जाता है। उनके साथ बिना किसी औपचारिकता के बैठ जाते हैं, उनकी बात को ध्यानपूर्वक सुनते हैं, उनकी समस्याओं का समाधान करते हैं और वे इस प्रकार व्यवहार करते हैं, जैसे पूर्णतः सामान्य गृहस्थ व्यक्ति हों।

मैं उनके इस रूप को देखकर आश्चर्यचकित रह गया था और आज भी आश्चर्यचकित हूं कि अगर इतनी सिद्धियों की अपेक्षा एक-आध सिद्धि भी किसी के पास होती तो वह जमीन पर पांव तक नहीं रखता, घमंड से वह साधारण जन की ओर देखता तक नहीं और अपने अहं में चौबीसों घंटे डूबा रहता, जबकि इसके सर्वथा विपरीत श्रीमालीजी अत्यंत साधारण रूप में सबके सामने प्रस्तुत होते हैं, उनसे बातचीत करते हैं और जहां तक हो सकता है, अपने विचारों से उन्हें संतुष्ट करते हैं। मेरा ऐसा अनुभव है कि उनके द्वार से कभी कोई खाली नहीं लौटता, जो भी व्यक्ति जिस भावना से आता है, उसी भावना से संतुष्ट होकर लौटता है।

मैंने श्रीमालीजी के कई रूप देखे हैं, उनका ज्योतिष रूप अलग है, साठ से ज्यादा ग्रंथों के वे रचयिता हैं और पूरे भारत में ज्योतिष को लोकप्रिय और जन-साधारण के लिए उपलब्ध बनाने में उनका सर्वाधिक योगदान रहा है। आज

भी वे निरंतर ज्योतिष से संबंधित शोध करते रहते हैं और अपने ज्ञान को पुस्तकों के माध्यम से समाज को भेंट करते रहते हैं।

मुझे लगभग तीन महीने श्रीमालीजी के साथ रहने का सौभाग्य प्राप्त हुआ। मैं तो अपना पूरा जीवन उनके चरणों में बिता देना चाहता था। यह मेरे जीवन का सौभाग्य ही होता कि मेरा आगे का पूरा जीवन उनके चरणों में बीतता, परंतु कुछ विशेष कारणों से और उनकी आज्ञा से मुझे नए कार्य क्षेत्र को संभालना पड़ा। पर आज भी मैं मानसिक रूप से श्रीमालीजी से अपने आपको जुड़ा हुआ अनुभव करता हूं।

मैं उन तीन महीनों का जब स्मरण करता हूं तो कई घटनाएं मेरी आंखों के सामने घूम जाती हैं, एक प्रकार से देखा जाए तो उनके साथ रह कर जो व्यावहारिक ज्ञान प्राप्त होता है, वह अन्यत्र दुर्लभ है।

मैंने उन्हें निरंतर श्रम करते हुए देखा है। यदि इस आयु का कोई दूसरा व्यक्ति होता तो निश्चय ही वह थक कर चूर हो जाता। परंतु मैंने उन्हें बीस-बीस घंटे निरंतर श्रम करते हुए देखा है, और जब तक मैं वहां रहा हूं, उनको इसी रूप में काम करते देखा है।

प्रातः चार बजे ही उनका शैया-त्याग हो जाता है और लगभग पांच बजे वे पूजा कक्ष में चले जाते हैं, सात बजे से ग्यारह बजे तक वे आगंतुकों से घिरे रहते हैं, इन आगंतुकों में साधारण जन से लेकर उच्च कोटि के नेता और अभिनेता होते हैं, वे न तो किसी से प्रभावित होते हैं और न किसी के प्रति उनके मन में दुर्भावना होती है, सभी को समान रूप से आतिथ्य देना और उनकी समस्याओं का समाधान करना उन्होंने अपना कर्तव्य समझ रखा है, जहां तक मैं समझता हूं, उनके द्वार से आज तक कोई खाली हाथ नहीं लौटा। लोग अपनी समस्याओं से ग्रस्त होकर उनके पास जाते हैं और प्रसन्नता के साथ हंसते हुए वापस लौटते हैं। उस समय उनके चेहरे पर संतोष की पूर्ण छाप होती है, क्योंकि उनको जो समाधान मिलता है, वह अपने आप में पूर्ण होता है।

ग्यारह बजे से दो बजे तक वे भारतीय ज्योतिष अध्ययन अनुसंधान केन्द्र का कार्य देखते हैं, इस संबंध में निर्देश देते हैं तथा व्यक्तिगत पत्रों के जवाब भिजवाते हैं, इसके बाद उनकी मध्याह्न-संध्या होती है, फिर भोजन होता है। इस समय उनके घर में जो मेहमान होते हैं, उनसे बातचीत होती है और उनकी समस्या का समाधान इसी समय होता है।

इसके बाद में मध्याह्न साधना के लिए भूगर्भ गृह में चले जाते हैं, शाम को पांच बजे से आठ बजे तक पुनः आगंतुकों से भेंट करते हैं और उनकी इच्छाओं

की पूर्ति इसी समय होती है। संध्या में अधिकतर बाहर से आने वाले उनके शिष्य, संन्यासी साधु और साधक होते हैं, जो उनसे प्रेरणा ग्रहण करने आते हैं या उनसे मार्गदर्शन प्राप्त करते हैं। इस प्रकार यह पूरा समय उनका प्रेरणा रूप ही रहता है, उनके द्वार प्रत्येक साधक, साधु और संन्यासी के लिए खुले हैं, बिना हिचकिचाहट के उनको समाधान मिलता है, इस समय उनका गुरु का रूप न होकर एक मित्र का-सा रूप बन जाता है।

आठ बजे से ग्यारह बजे तक वे दिन भर की डाक देखते हैं जो कि उनकी व्यक्तिगत डाक होती है, यूं तो केन्द्र में नित्य सैकड़ों पत्र आते हैं परंतु नीति संबंधी पत्र या उनके व्यक्तिगत पत्र इसी समय वे पढ़ते हैं और सचिव को निर्देश देते रहते हैं।

साढ़े ग्यारह बजे के लगभग पुनः भोजन होता है और इस समय घर के सारे सदस्य और आगंतुक मेहमान एक स्थान पर बैठकर भोजन करते हैं, इस समय किसी प्रकार का भेदभाव नहीं रहता है, वास्तव में ही इस समय का वातावरण और माहौल एक अलग-सा हो जाता है, क्योंकि इस समय घर के सदस्य होते हैं और भोजन में केवल वे आगंतुक मेहमान होते हैं जो कि उनके परिवार से संबंधित होते हैं या उनके प्रिय अथवा शिष्य या कोई महात्मा आदि होते हैं, इस समय का वर्णन अपने आपमें अन्यतम है। यह सौभाग्य बहुत ही कम लोगों को प्राप्त होता है और जिसने भी इस वातावरण में इनके साथ भोजन किया होगा, वह कभी भी उन क्षणों को भुला नहीं पाएगा।

भोजन के बाद वे सीधे साधना कक्ष में चले जाते हैं और अपनी साधना में रत हो जाते हैं, सुबह चार बजे उनके मुंह से निःसृत वेद ध्वनि पुनः सुनाई देती है जब वे उठ जाते हैं, इस अवधि में अर्थात् साढ़े ग्यारह से चार बजे तक उन्हें साधना कक्ष में ही देखा जा सकता है, पता नहीं वे कब सोते हैं, कब नींद लेते हैं, कब वापस उठ जाते हैं इसके बारे में कुछ भी नहीं कहा जा सकता, वास्तव में ही योगियों की माया योगी ही जान सकते हैं।

परंतु इतने श्रेष्ठ योगी होते हुए भी वे घर में अत्यंत गृहस्थ दिखाई देते हैं, धोती और कुरता उनका परिधान है, वे हर क्षण व्यस्त रहते हैं, दिनभर सैकड़ों लोगों से मिलना, उनका आतिथ्य सत्कार करना, उनका मार्गदर्शन करना, ज्योतिष से संबंधित कार्य करना, अपनी साधना में और पूजा में रत रहना तथा शिष्यों को बराबर मार्गदर्शन देते रहना आदि कार्यों के साथ वे अपने गृहस्थ स्वरूप को भी बराबर बनाए रखते हैं। उनको गृहस्थ रूप में देखकर विश्वास ही नहीं किया जा सकता कि यह व्यक्ति तंत्र और मंत्र के क्षेत्र में अद्वितीय है। इस व्यक्तित्व के

पास जो सिद्धियां हैं, वे अन्यतम हैं या यह भारत के श्रेष्ठतम मांत्रिकों और तांत्रिकों में से एक है।

उनकी वाणी में पूर्णतः नम्रता रहती है। मैंने तीन महीने की अवधि में एक बार भी उन्हें उदास या चिन्तित नहीं देखा, हर समय उनका चेहरा प्रफुल्लित रहता है और सामने वाले व्यक्ति को भी अपने आनंद में भागीदार बनाए रखता है, सामने वाला व्यक्ति अपनी परेशानियों को बढ़ा-चढ़ाकर कहता है पर श्रीमालीजी ऊबते नहीं, अपितु धैर्यपूर्वक उसकी बात सुनते हैं, सुनने के बाद वे अपनी सामर्थ्य से जो कुछ भी सहायता कर सकते हैं, करते हैं, साथ ही उसे मार्गदर्शन भी देते हैं, जिससे कि उसकी समस्या का निराकरण हो सके और वह अपने जीवन में सफलता प्राप्त कर सके।

इसके अतिरिक्त मैंने उन्हें इन तीन महीनों में एक क्षण के लिए भी विश्राम करते हुए नहीं देखा। हर समय वे अपने रचनात्मक कार्यों में संलग्न रहते हैं, उनके जीवन के प्रत्येक क्षण का महत्त्व है और वे उस महत्त्व को भली-भांति पहचानते हैं।

मैंने सुना था कि उनके गुरु स्वामी सच्चिदानंदजी ने जब उन्हें पुनः गृहस्थ जीवन में भेजा तो उन्होंने आग्रह किया कि मैं पुनः गृहस्थ जीवन में जाने का इच्छुक नहीं हूं, मेरा विवाह हो चुका है पर मैं अपनी धर्मपत्नी के स्वभाव से परिचित हूं और वह भी मेरी ही तरह साधना पथ अपना सकेगी, अतः गृहस्थ जीवन में जाने से कोई लाभ नहीं है, मैं आपके ही चरणों में बैठकर जीवन के उन रहस्यों को खोजना चाहता हूं जो कि अगम्य और अप्रत्यक्ष हैं।

परंतु सच्चिदानंदजी के सामने एक अलग ध्येय था, उनका चिन्तन यह था कि इस साधना और ज्योतिष को पुनः विश्व में स्थापित करना है और भारत की खोई हुई इस संपदा से पुनः भारतीय जनजीवन को अवगत कराना है। अतः इसी कार्य की पूर्णता के लिए उनका आग्रह वापस उन्हें गृहस्थ जीवन में भेजना था।

परंतु उन्होंने एक अवधि दे दी थी कि इस अवधि तक ही तुम्हें गृहस्थ जीवन में रहना है और तब तक जो कार्य तुम्हें सौंपा गया है, उसे पूर्णता प्रदान करना है, इसके बाद तुम्हें पुनः गृहस्थ जीवन छोड़कर संन्यास जीवन धारण कर लेना है और शेष जीवन 'सिद्धाश्रम' में ही व्यतीत करना है।

सिद्धाश्रम एक अगम्य और दुर्गम स्थान है जो कि हिमालय में कहीं अत्यंत ऊंचे स्थान पर स्थित है, जहां पर सामान्य मानव का पहुंचना संभव नहीं है। सिद्धाश्रम के बारे में कई भारतीय योगियों ने विवरण दिया है और अंग्रेज लेखकों ने भी इस बारे में काफी कुछ लिखा है, तिब्बत के लामा ग्रंथों में भी इस बारे में काफी कुछ पढ़ने को मिलता है।

कहा जाता है कि साधना की उच्चतम स्थिति आने के बाद ही वह साधक सिद्धाश्रम में जाने के लिए योग्य माना जाता है, जिसका सहस्रार कमल खुल चुका होता है और जो तंत्र या मंत्र अथवा अध्यात्म के क्षेत्र में सर्वोच्च स्थिति को पहुंच चुका होता है, इसके साथ ही कुंडलिनी जागरण का वह पूर्ण अध्येता होता है, इसके बाद उसके संबंध में ज्ञात किया जाता है और फिर उसे सिद्धाश्रम में प्रवेश की अनुमति मिलती है। बहुत ही कम साधक ऐसे होते हैं जो सिद्धाश्रम में जाने के बाद पुनः जनजीवन में आ पाते हैं।

सिद्धाश्रम में अत्यंत उच्चकोटि के योगी और साधक अपनी साधना में रत हैं और यह सुना गया है कि कुछ योगी तो 2000 वर्षों से निरंतर साधना में रत हैं, कुछ योगियों की उम्र 5000 वर्ष से भी ज्यादा बताई जाती है।

उन योगियों के लिए भूत, भविष्य कुछ भी अगम्य नहीं, वे आकाश गमन प्रक्रिया के सिद्धहस्त साधक होते हैं और मन के वेग से वे किसी भी स्थान पर आ-जा सकते हैं, उच्च कोटि की साधना उनके जीवन का उद्देश्य होता है, परंतु इस सिद्धाश्रम में प्रवेश की कसौटी अत्यंत कठोर और कठिन होती है। वह साधक निश्चय ही संसार के सौभाग्यशाली साधकों में गिना जाता है, जिनको सिद्धाश्रम में प्रवेश की अनुमति मिल जाती है।

ऐसे तो विरले ही साधक होते हैं, जिन्हें सिद्धाश्रम में जाकर पुनः जनजीवन में आने की अनुमति मिलती है। त्रिजटा अघोरी और भूर्भुआ बाबा से मुझे ज्ञात हुआ था कि श्रीमाली कई बार वहां जा चुके हैं और अब भी रात्रिकालीन साधना में वे वहां जाते रहते हैं।

मैंने जब यह जिज्ञासा श्रीमालीजी के सामने रखी तो वे हंसकर टाल गए। उनकी यह प्रवृत्ति है कि जिस प्रश्न का उत्तर नहीं देना चाहते उस प्रश्न को सुनकर सहज में ही टाल देते हैं और बातचीत को किसी और मोड़ पर बदल देते हैं, पर जिन्होंने श्रीमालीजी के प्रातःकालीन दर्शन किए हों तो वह उस समय उनके चेहरे की दिव्यता देखकर प्रभावित हो जाते हैं और मन यह मानने के लिए बाध्य होता है कि निश्चय ही श्रीमालीजी रात्रि साधना में किसी ऐसे स्थान पर सशरीर रूप से अवश्य जाते हैं जो कि दिव्य होता है और उसी दिव्यता की छाप उनके प्रातःकालीन क्षणों में देखी जा सकती है।

एक बार मैंने उनसे यह प्रश्न किया था कि आप अद्वितीय साधनाओं के सफल साधक हैं फिर भी आप अत्यंत सामान्य तरीके से रहते हैं, साधारण गृहस्थ के रूप में आचरण और व्यवहार प्रदर्शित करते हैं। आपके इस रूप को देखकर आभास ही नहीं होता कि आप इतनी सिद्धियों के स्वामी हैं, इससे कई बार साधारण

आगंतुक भ्रम में पड़ जाता है, वह पुस्तकों के माध्यम से आपके बारे में जब पढ़ता है तो उसके मानस में एक अलग ही बिम्ब उभरता है, वह बिम्ब एक असाधारण व्यक्ति का होता है–लंबा-चौड़ा शरीर, गौर वर्ण, लंबी सफेद दाढ़ी, उम्र लगभग 80-90 के आस-पास, और एक अद्वितीय व्यक्तित्व, इस बिम्ब को लेकर साधारण मानव आपसे मिलने के लिए इतनी दूर की यात्रा करके आता है तो वह मन-ही-मन आशंकित रहता है कि श्रीमालीजी के दर्शन होंगे भी या नहीं? उनसे मिलना संभव हो सकेगा या नहीं? वे बातचीत करेंगे भी या नहीं? या कई दिनों तक प्रतीक्षा करनी पड़ेगी तब जाकर उनके दर्शन हो सकेंगे? आदि कई कल्पनाएं उनके मानस में इस प्रकार की रहती हैं।

परंतु जब वह आपके द्वार पर आता है, तो उसे भीड़-भाड़ दिखाई नहीं देती, आडंबर और छल अनुभव नहीं होता, कोई नौकर द्वार नहीं खोलता, दरवाजे पर कोई पहरेदार नहीं मिलता और सीधे आपसे ही भेंट हो जाती है, द्वार आप स्वयं खोलते हैं और आपका व्यक्तित्व एक सामान्य गृहस्थ व्यक्ति के समान दिखाई देता है, तब वह आगंतुक हतप्रभ हो जाता है, उसका बिम्ब खंड-खंड हो जाता है, वह सहज ही विश्वास नहीं कर पाता कि जो कल्पना श्रीमालीजी के बारे में उसके मानस में थी, उसके स्थान पर जो साधारण व्यक्ति उसके सामने खड़ा है, वही आज के युग का सर्वश्रेष्ठ साधक और ज्योतिर्विद श्रीमाली हैं।

प्रश्न सुनकर श्रीमालीजी जोरों से हंस पड़े, उन्होंने कहा तो क्या मैं आडंबर से रहना प्रारंभ कर दूं? अपने चारों ओर एक ऐसी दीवार खड़ी कर दूं जो कि मेरे और जनमानस के बीच में हो। मैं ऐसा नहीं कर सकता, लोगों का बिम्ब यदि खंडित होता है तो होने दिया जाए, मेरे स्वरूप या मेरी आकृति से व्यक्ति प्रभावित होता है या नहीं, इसकी मुझे चिन्ता नहीं है। जो व्यक्ति मेरे कपड़ों और मेरे शरीर को देखने के लिए आएगा उसको अवश्य ही निराशा मिल सकती है, परंतु जो मूल रूप से श्रीमालीजी से मिलने के लिए आएगा वह मेरे कपड़ों की तरफ नहीं झांकेगा अपितु वह मेरे मानस से साक्षात्कार करेगा। तब अवश्य ही उसको वह सब कुछ प्राप्त हो सकेगा जिसके लिए वह आया है।

एक अन्य चर्चा के दौरान उन्होंने बताया कि मैं चमत्कार में विश्वास नहीं करता। चमत्कार वे बताते हैं जो अंदर से खोखले होते हैं, जो समाज में अपना उल्लू सीधा करना चाहते हैं, जो इस प्रकार का चमत्कार दिखाकर धनवान बनना चाहते हैं या अपना सम्मान चाहते हैं, क्योंकि उनके पास चमत्कार के अलावा ठोस रूप में और कुछ नहीं होता, जो घड़ा भरा हुआ होता है वह छलकता नहीं, वही घड़ा छलकता है जो पूरी तरह से भरा हुआ नहीं होता।

मुझे न तो सम्मान की भूख है, और न मैं अपना सम्मान चाहता हूं, मैं मानव हूं और केवल मानव बना रहना चाहता हूं। न मुझे धन-संपदा की लालसा है और न मैं धनवान कहलाना चाहता हूं, इसलिए न तो मैं चमत्कार दिखाता हूं और न चमत्कार दिखाना पसंद करता हूं।

यह अवश्य है कि लोग जब मेरे सामने आते हैं तो उनके दिमाग में कल्पना सृजित कुछ और बिम्ब रहता होगा और उसकी हार्दिक इच्छा यही रहती होगी कि श्रीमालीजी के सामने जाते ही कुछ अद्भुत अलौकिक चमत्कार देखने को मिलेगा, परंतु बातचीत के दौरान जब उन्हें ऐसा कुछ भी चमत्कार देखने को नहीं मिलता तो वे अवश्य ही निराश हो जाते होंगे। इतना होने पर भी मैं अपने वसूलों से हटना नहीं चाहता। मेरे जीवन का यह निश्चित ध्येय है कि मुझे न तो चमत्कार दिखाना है और न मैं इस प्रकार के कार्य को पसंद करता हूं, फिर भले ही सामने वाला व्यक्ति मुझमें आस्था रखे या न रखे, मुझ पर विश्वास करे या न करे, मैं इस बात की कतई चिन्ता नहीं करता।

उनका जीवन दर्शन अपने आप में विशिष्ट है, और मैं समझता हूं कि इसी विशिष्टता के कारण वे आज उस स्तर तक पहुंच सके हैं जो कि अपने आप में अन्यतम है। यदि वे प्रारंभ से ही चमत्कार दिखाने के फेर में पड़ जाते तो उनका अधिकांश समय इसी प्रकार के कार्यों में व्यतीत हो जाता और जो कुछ वे ठोस रूप में कार्य कर सके हैं वे नहीं कर पाते, आज उन्होंने साधना के क्षेत्र में जो उपलब्धियां प्राप्त की हैं; वे तभी संभव हो सकी हैं, जब उन्होंने सस्ती लोकप्रियता नहीं चाही और अपने जीवन के प्रत्येक क्षण को ठोस कार्य में परिणत करने में विश्वास रखा।

यह अवश्य है कि यदि वे चमत्कार दिखाते तो आज बहुत अधिक संपन्न और धनी हो सकते थे, उनके पीछे हजारों शिष्यों की फौज हो सकती थी और अखबारों के माध्यम से विज्ञापित कर अपने आपको दूसरा भगवान सिद्ध कर सकते थे, परंतु यह उनके जीवन की मान्यता नहीं है। वे इस प्रकार की धारणा के सर्वथा विपरीत हैं, उनका जीवन दर्शन मानव बने रहना है और मानवता को ही उन्होंने अपने जीवन में सबसे अधिक स्थान दिया है।

सामान्यतः सहजता, सुगमता, सरलता आदि मानवता के गुण हैं और इन गुणों से श्रीमालीजी पूर्ण हैं, उनके द्वार पर कोई भी व्यक्ति किसी भी समय आ सकता है और अपनी जिज्ञासा को शांत कर सकता है। उनके मन में न तो किसी के प्रति प्रशंसा का भाव है और न नफरत, वे विरोधी को भी उतने ही प्रेम के साथ अपने साथ बैठाकर बात करते हैं, जितना अपने परम प्रिय शिष्य से करते

हैं, यह उनकी महानता है, और मैं जितना ही गहराई में जाता हूं उतना ही उनके प्रति मेरा सिर नमन हो जाता है।

उनके सान्निध्य में कई शिष्य साधनारत हैं, सुना है कि जोधपुर के पास किसी पहाड़ी में कई गुफाएं बनी हुई हैं जो कि श्रीमालीजी की व्यक्तिगत हैं और उन गुफाओं में साधक साधनारत हैं, उन साधकों में कुछ साधक तो अत्यंत उच्च साधना से भी संपन्न हो सके हैं और आज उनका नाम श्रेष्ठ साधकों में गिना जाने लगा है, मैंने एक-दो बार उन गुफाओं को खोजने का प्रयत्न भी किया था, परंतु मैं उसमें सफल नहीं हो सका, साथ ही मैं यह काम चोरी से कर रहा था, क्योंकि श्रीमालीजी से यदि मैं इस प्रकार की अनुमति लेता भी, तो वे संभवत: अनुमति नहीं देते, उन गुफाओं में वही साधक प्रवेश करने का अधिकारी होता है जो श्रीमालीजी का शिष्य होता है और शिष्यता के मापदंड पर खरा उतरता है।

जहां तक शिष्यता का प्रश्न है, श्रीमालीजी इस मामले में अत्यंत कठोर हैं, वे तो स्पष्ट कहते हैं कि मुझे शिष्यों की फौज खड़ी नहीं करनी है, मैं चुनकर शिष्य बनाता हूं और शिष्य बनाने से पूर्व उनकी कड़ी परीक्षा लेता हूं। हलका-फुलका व्यक्ति सहज में ही उड़ जाता है, आधे मन का व्यक्ति महीने-दो महीने में भाग खड़ा होता है, कुछ ही ऐसे सौभाग्यशाली होते हैं, जो उनकी कसौटी पर खरे उतरते हैं, और जो शिष्य उनकी कसौटी पर खरा उतर जाता है, वह अपने आप में अद्वितीय हो जाता है, क्योंकि उसके आगे के सारे रास्ते खुल जाते हैं और वह अपने पथ पर तीव्रता से बढ़ने में सक्षम हो जाता है।

मैंने इन तीन महीनों में देखा कि बाहर से जितने व्यक्ति मिलने के आते हैं, उनमें से कई व्यक्ति या नवयुवक उनके शिष्य बनने के लिए आते हैं, उनके मन में एक ही भाव होता है कि उसे श्रीमालीजी तुरंत शिष्य बना लेंगे और कुछ ही दिनों में वह सिद्धियों का स्वामी हो सकेगा। आते ही उनके मुंह से यही भाव निकलता है कि मैं तो पिछले पांच या सात या दस वर्षों से मन-ही-मन आपका शिष्य रहा हूं और एकलव्य की तरह आपको गुरु मानकर साधना के लिए प्रयत्न करता हूं, परंतु मुझे सफलता नहीं मिल पाई है, इसलिए आपके चरणों में उपस्थित हुआ हूं।

श्रीमालीजी उसकी बात सुनकर हंस पड़ते हैं और साधना के बारे में कुछ ऐसा डरावना माहौल उसके सामने उपस्थित करते हैं कि वह अज्ञात भय से घबरा जाता है, साधना का जो भूत उसके सिर पर होता है, वह उतर जाता है और अपने घर के लिए प्रस्थान कर लेता है। इस प्रकार के नवयुवकों को वे एक ही नजर में परख लेते हैं कि यह युवक ज्यादा समय तक संघर्ष नहीं कर पाएगा, यह केवल

दिवास्वप्न लेकर आया है, अतः उसे समझा-बुझाकर वापस घर भेज देते हैं और उसे यही सलाह दी जाती है कि तुम दो या तीन वर्ष बाद वापस आना। यदि उस समय भी तुम्हारे मन में साधना की आग सुलगती हुई देखी तो मैं अवश्य ही तुम्हें इस पथ पर बढ़ा दूंगा।

कुछ ही नवयुवक या साधक जीवट वाले होते हैं, जो हर प्रकार की परीक्षा और कठिनाई झेलने के लिए तैयार होते हैं। उनकी आंखों में एक विशेष प्रकार की चमक होती है। उनके हृदय में एक कठोर और दृढ़ निश्चय होता है और वे किसी भी प्रकार की बाधाओं का सामना करने के लिए तैयार दिखाई देते हैं। ऐसे साधकों को देखते ही श्रीमालीजी पहचान लेते हैं कि यह हीरा बन सकता है, अभी इस पर काफी गर्द जमी हुई है, यदि यह गर्द दूर की गई और पालिश की गई तो आगे चलकर यह अमूल्य हीरा बन सकता है।

पर इतना होते ही उसको शिष्य नहीं बना लिया जाता, अपितु उसे घर के काम-काज के लिए रख लिया जाता है, यदि वह युवक होता है, तो उसे यह आज्ञा होती है कि वह अपने माता-पिता की स्वीकृति लेकर आए।

इसके बाद उसे आज्ञा होती है कि तुम यहीं पर कहीं ठहरने का प्रबंध करो और कुछ ऐसा भी प्रबंध करो जिससे कि तुम्हारे भोजन का निर्वाह हो सके, इसके बाद जो समय बचे वह समय मेरे साथ व्यतीत कर सकते हो, यदि तुम बिना किसी से याचना किए बगैर इस शहर में रहने और अपने भोजन की व्यवस्था कर लोगे तो आगे रास्ता तुम्हें मिल जाएगा।

बहुत ही कम ऐसे सौभाग्यशाली होते हैं, जिनका श्रीमालीजी के घर में रहने का सौभाग्य मिलता है, पर उसे पहले ही दिन काफी बढ़ा-चढ़ाकर परेशानियों और कष्टों का जिक्र किया जाता है कि यदि तुझे मेरे घर में रहना है तो घर का बहुत-सा काम करना होगा और कभी-कभी तो बीस-बीस घंटे भी काम करना पड़ेगा, इस प्रकार के कामों में घर का फूस निकालने से लेकर बाथरूम साफ करने तक का काम भी हो सकता है, इस प्रकार के कामों में थकावट या निराशा मैं नहीं देखना चाहूंगा। सालभर न तो मैं तुम्हें किसी प्रकार की साधना सिखाऊंगा और न किसी प्रकार की धनराशि काम के बदले में दे सकूंगा।

पर, जो जीवट के धनी होते हैं, वे इस प्रकार की शर्तों से घबराते नहीं हैं, अपितु सहर्ष इस प्रकार की चुनौती स्वीकार कर लेते हैं, जान-बूझकर पंडितजी उनकी परीक्षा लेने के लिए प्रारंभ में जरूरत से ज्यादा काम सौंप देते हैं या जान-बूझकर बातचीत नहीं करते या जान-बूझकर जरूरत से ज्यादा उसे फटकार देते हैं, जिससे कि वह यदि कमजोर होता है, तो भाग खड़ा होता है। परंतु मैंने देखा कि जो

एक बार उनके घर में प्रवेश पा लेता है, वह न घबराता है, न परेशान होता है और न किसी प्रकार की तकलीफ उसके सामने आती है।

क्योंकि उस घर में मात्र पंडितजी ही नहीं हैं, अपितु एक वात्सल्यमयी मां भी हैं, जो कि पंडितजी की पत्नी हैं, उनका स्वरूप पूर्ण गृहस्थ रूप है। सुबह चार बजे से रात बारह बजे तक वे निरंतर घर के कार्यों में लगी रहती हैं, घर में मेहमानों का तांता लगा ही रहता है, उन सबका स्वागत-सत्कार करना, उनके लिए भोजन-पेय आदि की व्यवस्था करना आदि सारा कार्य उनके जिम्मे रहता है और किसी को भी आज तक किसी प्रकार की शिकायत करने का मौका नहीं मिल पाया है।

उनका स्नेह-अमृत-वर्षण बराबर शिष्यों पर बना रहता है। उनकी छत्र-छाया में न तो किसी प्रकार का अभाव महसूस होता है और न किसी प्रकार की कठिनाई आती है, वे स्वयं अधिक काम होने पर शिष्य से काम न लेकर खुद कर लेती हैं, समय पर उसके भोजन की व्यवस्था करती हैं और ठीक उसी प्रकार से भोजन कराती हैं, जिस प्रकार से एक मां अपने अबोध बच्चे को कराती है, जबर्दस्ती से ज्यादा भोजन कराना या उसे सौगंध दिलाकर ज्यादा ही खाने के लिए प्रेरित करना उनका स्वभाव है। उनको यह आशंका बराबर बनी रहती है कि कहीं यह बच्चा संकोच के मारे भूखा न रह जाए या किसी प्रकार की इसको तकलीफ न हो जाए।

थोड़ी-सी भी लापरवाही श्रीमालीजी को सहन नहीं होती और यदि कभी लापरवाही बरतने पर किसी को डांट मिल जाती है तो तुरंत दूसरे ही क्षण उसको मां का स्नेह मिल जाता है, वह उसको पुचकारती है और उसके लिए खुद श्रीमालीजी का उपालंभ दे देती हैं कि इस बालक पर इतना कुछ करना कहां तक उचित है।

उनके घर में जो शिष्य रहते हैं, वे उस वात्सल्यमयी मां का स्नेह निरंतर प्राप्त करते रहते हैं और उन्हें कुछ ऐसा अनुभव होता है जैसे वे स्वर्ग में हों और जीवन के मधुरतम क्षण वहीं पर उनको प्राप्त होते हैं।

मैंने इस ममतामयी मां का स्नेह देखा है, उनके प्रेम से मैं आप्लावित रहा हूं और आज जब मैं उनसे काफी दूर हूं, फिर भी जब उस मां का स्मरण होता है तो मेरी आंखों में आंसू छलछला आते हैं। काश! मुझे एक बार फिर उनके घर में रहने का अवसर मिले और मैं उस मां का स्नेह प्राप्त कर सकूं। काश! मैं इस मां की कोख से पैदा हुआ होता।

श्रीमालीजी का एक गृहस्थ रूप भी है, जिसे बहुत ही कम लोगों ने देखा होगा, वे अपने आप में पूर्ण गृहस्थ हैं और शास्त्रों में सद्गृहस्थ की जो व्याख्या है, उस कसौटी पर वे खरे उतरते हैं। लोगों ने इनके योगी रूप या ज्योतिषी का रूप देखा होगा, परंतु जिस किसी ने भी इनके गृहस्थ रूप को देखा है, वह आश्चर्यचकित

रह जाता, है, क्योंकि इस रूप में वे उन सारी समस्याओं को और कठिनाइयों को ध्यानपूर्वक सुनते हैं, जिस प्रकार से एक गृहस्थ अपनी पारिवारिक समस्याओं को सुनता है।

  छोटे बच्चों के साथ बात करते समय ऐसा लगता ही नहीं कि यह व्यक्ति प्रौढ़ है या इसने जिन्दगी के बहुत अधिक उतार-चढ़ाव देखे हैं। उस समय उनका स्वभाव बिल्कुल छोटे शिशु की तरह हो जाता है, उनके साथ वे खेलते हैं और खेल-खेल में स्वयं हार जाते हैं। ऐसा वातावरण बन जाता है कि बच्चे उनको एक क्षण के लिए भी छोड़ना पसंद नहीं करते, पर पूरे चौबीस घंटों में ऐसा समय आधा घंटा ही होता होगा, जब वे उन बालकों के बीच खो जाते हैं, मैंने उन्हें इस रूप में देखा है और मैं सोचता हूं कि यह कितना सरल और सात्विक हृदय है जो बच्चों के बीच ठीक उसी प्रकार से बच्चा बन जाता है जैसे कि कोई अन्य बालक हो। उस समय उनके पास पौत्र आकर अपनी मां की शिकायत करता है, बड़े भाई की शिकायत की जाती है और वे उन सारी शिकायतों को ध्यानपूर्वक सुनते हैं और उसी समय संबंधित व्यक्ति को बुलाकर फटकार भी दे दी जाती है और ऐसा होते समय उस बालक का सीना फूल जाता है कि मैंने बाबा से फटकार दिला दी है, बालकों की सुप्रीम अदालत यही है और यहां पर वे पूर्णतः संतुष्ट होते हैं, दिनभर का जो कुछ गुबार होता है, वह इस समय निकलता है और वे हमेशा बालकों का ही पक्ष लेते हैं।

  ज्योतिष के क्षेत्र में इस अकेले व्यक्तित्व ने इतना अधिक कार्य किया है जितना एक पूरी संस्था भी नहीं कर पाती। जिस समय इन्होंने निश्चय किया था, उस समय भारत में ज्योतिष मात्र पंडितों की धरोहर बन गई थी और वे जो कुछ भी उलटा-सीधा कह देते थे, वही आंख मूंदकर मान लिया जाता था, परंतु उन पंडितों की ज्योतिष में गहराई न होने के कारण फलादेश अप्रामाणिक होता था, फलस्वरूप लोगों की आस्था ज्योतिष से हटने लग गई थी, एक प्रकार से ज्योतिष जन-समाज से कट गई थी, ऐसी स्थिति में श्रीमालीजी ने ज्योतिष को जन-साधारण में सुलभ करने के लिए अल्पमोली पुस्तकें लिखीं और समाज में वितरित कीं, कम मूल्य की होने के कारण आम आदमी इस प्रकार की पुस्तकों में रुचि ले सका, पुस्तकों की भाषा इतनी सरल है कि वे ज्योतिष में कुछ ज्ञान प्राप्त कर सकें, इस वजह से देश में पुनः ज्योतिष की धारणा और इसके प्रति चेतना बनी और आज भारत में जिस प्रकार से ज्योतिष पुनः लोकप्रिय हो रही है, उसका बहुत बड़ा श्रेय इस व्यक्तित्व को जाता है।

  छोटी-छोटी पुस्तकों के अलावा इन्होंने ग्रंथों की भी रचना की है और उसमें ज्योतिष के मूल सिद्धांतों को स्पष्ट किया है, उन खोई हुई कड़ियों को पुनः इन

पुस्तकों के माध्यम से पंडितों को सुलभ किया है, जिससे कि ज्योतिष अपने आप में पूर्णतः प्रामाणिक बन सके, आज पूरे भारत में ज्योतिष को पुनः वही स्थान प्राप्त हो सका है जो कि प्राचीन समय में था।

ज्योतिषियों और विद्वानों ने श्रीमालीजी की आधुनिक 'वराह मिहिर' की संज्ञा से विभूषित किया है, वास्तव में ही आधुनिक ज्योतिष को जिस प्रकार से इन्होंने लोकप्रिय बनाया है और ज्योतिष के लुप्त रहस्यों को उजागर किया है, उस दृष्टि से यदि इन्हें 'वराह मिहिर' कहा जाता है तो वह उचित ही है।

पंडितजी को मैंने कई रूपों में देखा है और प्रत्येक रूप अपने आप में बढ़-चढ़कर है। ज्योतिष के क्षेत्र में उन्होंने अद्वितीय कार्य किया है और जो कुछ ठोस कार्य हुआ है, उससे आने वाली पीढ़ियां मार्गदर्शन प्राप्त कर सकेंगी, इसके अलावा ज्योतिष के गणित और फलित विषयों में समन्वय स्थापित किया है, पंचांगों में जो विविधता और त्रुटियां थीं, उन्हें संशोधित कर सही ग्रह पथ को स्पष्ट किया है। तांत्रिक क्षेत्र में यह व्यक्तित्व अद्वितीय है, मंत्र शास्त्र के क्षेत्र में इन्होंने उसकी मूल ध्वनि को स्पष्ट किया है, क्योंकि मंत्र का मुख्य आधार उसकी ध्वनि और संबंधित आरोह-अवरोह है, जब तक मंत्र के इस मूल रहस्य को प्राप्त नहीं किया जाता तब तक मंत्र का प्रभाव नहीं हो पाता। इन्होंने मंत्र की मूल आत्मा, उसका कीलन, उत्कीलन तथा उसकी मूल ध्वनि को स्पष्ट किया है, जिससे कि मंत्र मूल रूप से पुनः साधकों को प्राप्त हो सके। मंत्र के क्षेत्र में जो कुछ योगदान श्रीमालीजी का रहा है, वह अपने आप में अद्वितीय है और इसका मूल्यांकन मंत्र शास्त्री तथा तंत्र मर्मज्ञ ही कर सकते हैं। आज भी मंत्र अध्येता श्रीमालीजी को मंत्र के संबंध में पूर्णता मानते हैं और उनकी राय में श्रीमालीजी का कथन अंतिम निर्णीत होता है।

वाममार्गी साधना अत्यंत दुष्कर और कठिन होती है, क्योंकि इसका अधिकांश भाग 'श्मशान-साधना' से प्रभावित होता है, इस साधना में भी इन्होंने सर्वोच्चता प्राप्त की है जो कि बहुत ही कम साधक प्राप्त कर सकते हैं। 'अघोर-सिद्धांत' में जो उन्होंने नवीनता दी है, वह अपने आप में अन्यतम है, क्योंकि इसके माध्यम से यह साधना सहज और सुगम हो सकी है।

पंडितजी का एक और रूप मैंने आयुर्वेद विज्ञान में देखा है, बहुत ही कम लोगों को यह ज्ञात होगा कि आयुर्वेद के क्षेत्र में भी इन्होंने बहुत कुछ प्राप्त किया है जो कि अन्यतम है। किसी पुस्तक में मैंने पढ़ा था कि सीताराम स्वामी जो कि आयुर्वेद के क्षेत्र में पूरे विश्व में सम्मान के साथ स्मरण किए जाते हैं, उनसे इन्होंने आयुर्वेद का ज्ञान प्राप्त किया था और कुछ विशेष बीमारियों की चिकित्सा में तो

ये सिद्धहस्त माने जाते हैं। दमा, क्षय आदि रोग और उनकी चिकित्सा के बारे में इन्हें अन्यतम ज्ञान है, कई साधुओं, संन्यासियों, नागाओं और अघोरियों के साथ रहने और उनके साथ काफी समय व्यतीत करने के कारण उनसे इस संबंध में जो कुछ भी ज्ञान प्राप्त हो सका वह अद्भुत और आश्चर्यचकित है, क्योंकि कई जड़ी-बूंटियां ऐसी हैं, जिनका प्रभाव तुरंत और निश्चित होता है, इन जड़ी-बूटियों का श्रीमालीजी को पूर्ण ज्ञान है, और इनके माध्यम से इन्होंने कई दुष्कर रोगों का निदान किया है तथा उसमें उन्हें आश्चर्यजनक सफलता प्राप्त हुई है।

परंतु इन्होंने अपने आयुर्वेद रूप को कभी भी ज्यादा प्रकट नहीं किया, जिन लोगों को ज्ञात है वे जानते हैं कि ऐसे कई रोगी निरंतर आते रहते हैं जो सभी वैद्यों और डॉक्टरों से थक जाते हैं। इस प्रकार के रोगियों को स्वस्थ करने में इन्हें विशेष आनंद प्राप्त होता है, इतना होने पर भी उनसे किसी भी प्रकार का व्यय नहीं लिया जाता है, अपितु कई बार तो अपने पास से व्यय करके भी उन्हें स्वस्थ होता देख आनंद अनुभव करते हैं।

पिता को उस समय प्रसन्नता होती है, जब वह जीवन के क्षेत्र में अपने पुत्र से पीछे रह जाता है या हार जाता है, यदि व्यापार में पुत्र, पिता से भी बढ़-चढ़कर होता है तो यह अप्रत्यक्ष रूप से पिता को ही गौरव मिलता है, इसी प्रकार गुरु अपने शिष्य से हारने में ज्यादा खुशी अनुभव करता है, यदि गुरु से ही शिष्य आगे बढ़ जाता है या उनसे ज्यादा सफलता अथवा लोकप्रियता अर्जित करता है तो यह अप्रत्यक्ष रूप से उस गुरु का ही सम्मान और गौरव होता है।

इसीलिए मैं अपने शिष्यों के प्रति कठोर रहता हूं, जिससे कि वे अपने जीवन को संयमित रख सकें, नैतिक मूल्यों में उनकी आस्था बनी रह सके और मानवता के गुणों से वे परिपूर्ण हो सकें। ऐसा होने पर ही वे आने वाली पीढ़ियों के लिए ज्योति-स्तंभ का कार्य कर सकेंगे।

मैं अपूर्णता में विश्वास नहीं करता, मैं यह भी नहीं चाहता कि मेरा शिष्य अपूर्ण हो, अपितु मैं उसमें पूर्णता चाहता हूं और इसीलिए कम-से-कम समय में उसको ज्यादा-से-ज्यादा ज्ञान और साधना देने में तत्पर रहता हूं, ऐसी स्थिति में उसको ज्यादा परिश्रम करना ही पड़ता है। जो परिश्रम से घबरा जाएगा वह मेरा शिष्य बनने के योग्य ही नहीं है।

श्रीमालीजी का साधक रूप अपने आप में विलक्षण है, उनके भूगर्भ गृह में एक अलग ही साधना कक्ष है, जिसमें अन्य किसी का भी प्रवेश पूर्णतः वर्जित है, मुझे केवल दो मिनट के लिए श्रीमालीजी के साथ उस साधना कक्ष में जाने का सौभाग्य प्राप्त हुआ था और मैंने एक विचित्र विद्युत-तरंगें उस कक्ष में अनुभव

की थीं, उनके तेजस्वी रूप से या मंत्रात्मक ध्वनि रूप के कारण वह कक्ष अपने आप में विद्युतमय है और सामान्य मानव तो अंदर जा ही नहीं सकता, क्योंकि अंदर कदम रखते ही उसे ऐसा झटका लगता है, जैसे कि उसने बिजली के नंगे तार को छू लिया हो।

विशिष्ट साधना से संपन्न व्यक्ति ही उस कक्ष में जाने का अधिकारी माना जाता है, या उनके वे शिष्य जो विशिष्ट साधना में प्रवेश करते हैं, वह कक्ष अपने आप में पूर्णतः मंत्रमय, चैतन्य और विद्युत ऊर्जा से स्फुलिंगित है। वास्तव में ही वह साधक धन्य है, जिसने उस कक्ष में प्रवेश किया है या वहां पर बैठकर कुछ प्राप्त किया है, मैंने यह देखा है कि कोई भी साधक जब उस कक्ष में बैठता है तो स्वतः ही उसकी कुंडलिनी जाग्रत हो जाती है और पूर्ण समाधि लग जाती है जो कि अपने आप में अनिर्वचनीय होती है।

श्रीमालीजी के मकान के भूगर्भ गृह में एक विशाल पुस्तकालय है, जिसमें कई हस्तलिखित ग्रंथ हैं जो कि तंत्र, मंत्र और आयुर्वेद से संबंधित हैं, ज्योतिष से संबंधित और साधना से संबंधित भी सैकड़ों पुस्तकें हैं, वास्तव में ही साधना से संबंधित ग्रंथों का जो खजाना इस गर्भगृह में है, वह अन्यत्र दुर्लभ है।

इस पुस्तकालय में मुझे कुछ फाइलें मिलीं, जिनमें प्राचीन पत्रों का संग्रह था। इन पत्रों में कुछ संस्कृत में थे, कुछ हिन्दी और कुछ बंगला भाषा में।

इसमें से वे पत्र भी मुझे पढ़ने को मिले जो कि श्रीमालीजी ने अपने साधना-काल में माताजी को लिखे थे। माताजी ने वे पत्र सहेज कर रख दिए थे, जो कि फाइल में बंद थे, वे पत्र वास्तव में ही अन्यतम और दुर्लभ हैं, क्योंकि इन पत्रों से श्रीमालीजी के प्रारंभिक जीवन पर प्रकाश पड़ता है और उस समय उनकी मनःस्थिति का ज्ञान इन पत्रों के माध्यम से होता है।

कुछ पत्र श्रीमालीजी के गुरु योगीराज श्री स्वामी सच्चिदानंदजी के भी थे, जो कि वास्तव में ही अन्यतम और दुर्लभ हैं, कुछ पत्र श्रीमालीजी के शिष्यों के भी थे, जो उन्होंने मार्गदर्शन प्राप्त करने के लिए भेजे थे।

मैंने इन पत्रों की महत्ता और दुर्लभता अनुभव की और इस संबंध में एक दिन श्रीमालीजी को प्रसन्न चित्त देखकर याचना की कि इस प्रकार के पत्रों का संपादन कर यदि प्रकाशित किया जाए तो यह अपने आप में अन्यतम कार्य होगा और हम जैसे युवकों को इससे प्रेरणा और मार्गदर्शन मिल सकेगा।

तीन महीनों में मैंने श्रीमालीजी से जो कुछ सीखा वह मेरे जीवन की श्रेष्ठतम निधि है, उसके बाद समय आने पर उन्होंने मुझे शिष्य रूप में भी स्वीकार किया और दीक्षा दी, मैं उनका चिर ऋणी हूं और मेरा पूरा जीवन उनका ऋणी रहेगा।

मैं ये पत्र प्रकाशित करवा रहा हूं, मेरा उद्देश्य मात्र हम शिष्यों को इन पत्रों से प्रेरणा प्राप्त करना है, श्री सच्चिदानंदजी के पत्र अन्यतम हैं, यह श्रीमालीजी का ही गौरव है कि उन्हें उनके हाथ के लिखे पत्र प्राप्त हो सके, श्रीमालीजी ने भी कुछ पत्र लिखे थे उनकी प्रतिलिपियां भी मुझे कुछ शिष्यों से प्राप्त हुईं। उन शिष्यों ने मुझे वे पत्र तो नहीं दिए, क्योंकि गुरुजी के हाथ के लिखे वे पत्र उनके लिए सौभाग्यदायक हैं, परंतु उन्होंने मुझे प्रतिलिपि करने की स्वीकृति अवश्य दे दी।

इस प्रकार मैं कुछ पत्र प्रकाशित कर रहा हूं जो कि अन्यतम और दुर्लभ हैं, यद्यपि मैंने गुरुजी से स्वीकृति प्राप्त नहीं की है और अनजाने ही मूल पत्रों की प्रतिलिपियां प्राप्त की हैं, यह एक प्रकार का चौर्य कार्य है, परंतु यह चोरी भी मेरे लिए गौरव की बात है। मैं गुरुजी के प्रति इस कार्य के लिए अपराधी हूं और इस चोरी के लिए वे जीवन में मुझे जो भी सजा देंगे मैं सहर्ष उसको भोगूंगा। मुझे उनकी उदारता पर भरोसा है और उस महान व्यक्तित्व के प्रति मेरा सिर श्रद्धा से नत है।

इस पुस्तक में जो पत्र प्रकाशित हो रहे हैं, वे मूल पत्र भले ही मेरे पास नहीं हैं, हो सकता है कि इस पुस्तक को देखने के बाद श्रीमालीजी मूल पत्रों को फाड़ दें या समाप्त कर दें, परंतु मेरे पास जो भी प्रतिलिपियां हैं, वे मेरे स्वयं के द्वारा तैयार हैं, मैंने उन मूल पत्रों को देखा है, पढ़ा है, वे प्रामाणिक हैं और उनकी प्रामाणिकता पर मुझे विश्वास है।

आज मैं उन पत्रों को प्रकाशित कर गौरव अनुभव कर रहा हूं कि ये पत्र हम जैसे साधकों के लिए मार्गदर्शक के रूप में कार्य करेंगे।

मैं इस संक्षिप्त भूमिका के माध्यम से गुरुजी से क्षमा प्रार्थी हूं। मेरा उद्देश्य जन-कल्याण है, हम साधकों का मार्गदर्शन है और इसीलिए हम अपराध को करने की हिम्मत जुटा पाया हूं। इसके लिए मैं अपने आपको गुरुजी के प्रति अपराधी और उत्तरदायी अनुभव कर रहा हूं।

मुझे विश्वास है कि इन पत्रों से जन-साधारण लाभ उठा सकेंगे और वे उस महान व्यक्तित्व के कुछ अंशों से साक्षात्कार कर सकेंगे। यदि जन-साधारण इससे और उस महान व्यक्तित्व के जीवन और उनके कार्यों से प्रेरणा प्राप्त कर सका तो मैं अपना यह प्रयास सफल समझूंगा।

–योगी ज्ञानानंद

वसिष्ठ आश्रम,
उत्तर काशी, उत्तरांचल

पत्नी के नाम
डॉ. श्रीमाली के पत्र

प्रेषक : डॉ॰ नारायणदत्त श्रीमाली

स्थान : लूनी

प्राप्तकर्ता : भगवती श्रीमाली

आलोक : डॉ॰ श्रीमालीजी ने यह पत्र उस समय अपनी पत्नी को लिखा था, जब वे साधना के लिए घर से जाना चाहते थे, परंतु पारिवारिक बंधन उन्हें वहां पर रहने के लिए विवश कर रहे थे। यह पत्र उस समय की मानसिक स्थिति को स्पष्ट कर रहा है कि कितनी अधिक मानसिक चिन्ता और मनोव्यथा उनके मानस में थी और उन्हें अपने आपको साधना के लिए तैयार करने में कितना अधिक मानसिक संघर्ष करना पड़ा था।

प्रियतमे!

जिसके साथ तुम्हारे भाग्य की डोर जुड़ी है, वह एक विचित्र विचारों और अनोखी भावनाओं का व्यक्ति है। उसके विचार अपने आप में अलग ही हैं, यह दूसरों के विचारों के साथ अपने आपका तादात्म्य नहीं कर पाता, क्योंकि वह इस बात को अब अनुभव करने लगा है कि उसका जीवन जन्म लेकर साधारण रूप में समाप्त होना ही नहीं है, अपितु उसे अपने जीवन में कुछ ऐसे कार्य करने हैं, जो अपने आप में विलक्षण हों, अपने आप में अलग हटकर हों और जो कार्य साधारण व्यक्तियों से संपन्न होना संभव न हो।

विवाह से पूर्व मैंने कई रातें इस चिन्तन में बिता दी थीं कि मुझे विवाह करना चाहिए या नहीं, और धीरे-धीरे मेरी यह धारणा बद्धमूल होती जा रही थी कि मेरा जीवन विवाह के लिए नहीं बना है, क्योंकि विवाह एक ऐसा बंधन है,

जिसमें बंध करके व्यक्ति पूर्णतः स्वतंत्र नहीं रह पाता, यद्यपि यह बात सही है कि यह भी जीवन का एक आवश्यक धर्म है और इस धर्म को मानना व्यक्ति का कर्तव्य है, परंतु जैसा कि मैंने तुम्हें बताया कि मैं अपने आपको साधारण स्थिति में नहीं रख पाता और मेरे मन में एक ऐसी छटपटाहट है, एक ऐसी आग है, जिसे मैं चाह करके भी तुम्हारे सामने व्यक्त नहीं कर पाता।

श्रीमती भगवती श्रीमाली

शायद तुम्हें ज्ञात नहीं होगा कि जब मेरे सामने विवाह का प्रस्ताव रखा गया तो उस समय सबसे अधिक प्रतिवाद मैंने ही किया था और अपने माता-पिता के सामने यह बात भली प्रकार से स्पष्ट कर दी थी कि शायद मेरा जीवन गृहस्थ बनने के लिए नहीं बना है, संभवतः मैं इस गृहस्थ के दायित्वों को भली प्रकार से वहन नहीं कर सकूंगा, मेरी उदासीनता से एक प्राणी की सारी इच्छाएं जड़ हो जाएंगी, क्योंकि मेरा चिन्तन, मेरी भावनाएं और मेरे विचार अपने आप में एक अलग धारणा को लिए हुए हैं।

मुझे स्वयं कुछ-कुछ ऐसा लगने लगा था, जैसे कि मैं अपने आप से खोया हुआ रहता हूं और आस-पास के विचारों को न तो ग्रहण कर पा रहा हूं और न उनसे संपर्कित ही हो पाता हूं।

शायद मेरे इस प्रकार के विचारों को मेरे घर वालों ने भांप लिया होगा और उन्होंने ऐसा महसूस किया होगा कि यह लड़का यदि इसी प्रकार अपने खयालों में खोया रहा तो, या तो पागल हो जाएगा या संन्यासी हो जाएगा, दोनों ही स्थितियों में उन्हें नुकसान था और वे नहीं चाहते थे कि उनके घर का सबसे बड़ा लड़का संन्यासी हो जाए या विवाह के नाम पर अपने आपको तटस्थ बना ले।

इसीलिए मेरी इस प्रकार की मनःस्थिति को अनुभव कर उन्होंने विवाह के लिए जरूरत से ज्यादा प्रयास करने प्रारंभ कर दिए। यह बात तुम स्वयं समझ सकती हो कि मेरी यह उम्र विवाह करने की नहीं थी, परंतु शायद इन्हीं भावनाओं से प्रभावित होकर उन्होंने जल्दी-से-जल्दी विवाह करने की योजना बना ली और मुझे बिना बताए काफी कुछ तैयारियां कर लीं। उनके सारे प्रयास, सारी योजनाएं केवल इसी बात को लेकर थीं कि उनके घर का यह चिराग जलता रहे और आगे यह वंश-परंपरा बनी रहे।

मैं मानता हूं कि उनके विचार अपनी जगह सही थे। हर माता-पिता की यह आकांक्षा होती है कि उसका पुत्र गृहस्थ बने और आगे की पीढ़ियों के निर्माण में योगदान दे।

परंतु मैं इस बात को जान रहा था कि यह ठीक नहीं हो रहा है। मेरा विवाह एक प्रकार से मेरे लिए बंधन ही साबित होगा। मैं अपने जीवन में जो कुछ करना चाहता हूं शायद वह नहीं कर पाऊंगा, क्योंकि उस समय एक ऐसी बेड़ी मेरे पांवों में जड़ दी गई होगी, जिसे मैं चाहकर के भी छुड़ा नहीं पाऊंगा। पर मेरे विचारों को माता-पिता ने हवा में उड़ा दिया और मेरा विवाह तुम्हारे साथ हो गया।

इसमें तुम्हारा कोई दोष नहीं है, तुमने विवाह किया है, तुम इस घर की बहू बन करके आई हो, तुम्हारी अपनी भावनाएं हैं, अपनी इच्छाएं हैं, अपने विचार हैं और तुम उन विचारों में बराबर खोई रही हो।

मेरे घर में आने के बाद तुमने जहां मेरे माता-पिता से प्यार पाया होगा, देवर से चुहल अनुभव की होगी, पर साथ ही तुमने अग्नि को साक्षी बनाकर फेरे खाए हैं, उसकी तरफ से तो किसी प्रकार का स्नेह तुम्हें प्राप्त ही नहीं हो रहा है। यह उदासीनता तुम्हारे लिए एक पहेली की तरह दिमाग को उलझा रही होगी। हो सकता है मेरे बारे में तुम्हारे मन में कई प्रकार की भावनाएं आई होंगी और तुमने कई प्रकार से अपनी उन भावनाओं को शांत किया होगा।

मैं पिछले काफी समय से तुम्हें खोई-खोई देख रहा हूं और मैं यह अनुभव कर रहा हूं कि आते समय तुम्हारे चेहरे पर जो ताजगी और प्रफुल्लता थी, उस पर हलकी-सी स्याही सी झांई पड़ती जा रही है, इसका कारण जहां तक मैं समझ रहा हूं मेरी उदासीनता है।

वास्तव में ही तुम अपने आप में पूर्ण नारी हो और विवाह के उपरांत सहेलियों के द्वारा तुम्हारे मन में कई प्रकार के विचार भरे होंगे, कई प्रकार के सपने तुम्हारी आंखों में तैर रहे होंगे, कई प्रकार की बातें तुम अपने होंठों से कहने के लिए आतुर हो रही होगी, परंतु इतना समय बीतने के बाद भी जब मेरी तरफ से तुम्हें उदासीनता मिली होगी तो वे सपने धीरे-धीरे टूट रहे होंगे, वे कल्पनाएं जो कि पूरे जीवन को गुदगुदी देती हैं, बिखर रही होंगी और एक प्रकार का झीना आवरण उस पर पड़ रहा होगा।

मैं जानता हूं कि तुम विवाह करके आई हो, तुमने मुझसे बहुत अधिक उम्मीदें लगाई होंगी, परंतु संभवतः मैं तुम्हारी उम्मीदों को पूरा नहीं कर सकूंगा। यद्यपि यह बात कहते समय मैं अपने आपको भली प्रकार से पहचान रहा हूं। मैं अपने उत्तरदायित्वों से भाग नहीं रहा हूं। अपनी जिम्मेवारियों से विमुख नहीं हो रहा हूं अपितु मैं पूर्णता के साथ तुम्हारे साथ समझौता कर लेना चाहता हूं, जिससे कि तुम आने वाले जीवन में परेशानियां अनुभव न करो।

हो सकता है मैं तुम्हें वर्तमान जीवन में उतना अधिक प्यार न दे सकूं, जितना कि विवाह के तुरंत बाद एक पति अपनी पत्नी को देता है, हो सकता है मैं इस प्रकार के इंद्रधनुषी ख्वाब तुम्हारे सामने नहीं लहरा सकूं, जो कि इस उम्र में लहराने स्वाभाविक हैं। यह भी हो सकता है कि मैं रसिक और मधुर बातें, गुपचुप संभाषण, चुहल, हंसी-मजाक, तुम्हारे सामने नहीं कर सकूं, परंतु इसका तात्पर्य यह नहीं है कि मैं तुमसे उदासीन हूं या तुम्हारी उपेक्षा कर रहा हूं।

जब मैंने विवाह कर ही लिया है तो भली प्रकार से सोच-विचार लिया है। मेरा एक कर्तव्य जहां अपनी आत्मा की उन्नति करना है, वहीं दूसरी ओर अपने माता-पिता की इच्छाओं की पूर्ति करना भी है। जिस कार्य से उन्हें सुख मिलता है वह कार्य करना मेरा कर्तव्य है। एक पुत्र का यह धर्म है कि वह अपने पिता के विचारों को मान्यता दे, माता के कथन का आदर करे और उनको अप्रसन्न करके जीवित न रहे। मैंने ऐसा ही अनुभव किया था कि उन्हें मेरा विवाह होने से ज्यादा प्रसन्नता होगी, उन्होंने भी इस बात को सबसे ज्यादा महत्त्व दिया था और एक दिन तो बातचीत में उन्होंने यहां तक कह दिया था कि यदि तुम माता-पिता का ऋण उतारने को कह रहे हो तो वह ऋण तभी उतर सकता है, जब तुम हमारे

कहने को मान्यता दो और विवाह कर लो। मैंने उसी दिन विवाह की स्वीकृति दे दी थी, जिसकी परिणति तुम्हारे साथ विवाह है।

इतना होने पर भी मैं तुम्हारी भावनाओं को समझ रहा हूं, तुम्हारी इच्छाओं को चकनाचूर कर देने का मुझे कोई अधिकार नहीं है, तुम्हारी मान्यताओं को खंडित करना मेरा धर्म नहीं है, मैं नहीं चाहता हूं कि तुम अपने जीवन में उदासीनता के साथ जीवन के क्षण व्यतीत करो, मैं तुम्हें उतना ही सम्मान देता हूं, जितना मैं अपने आपको सम्मान दे रहा हूं।

मेरी उपेक्षा को तुम किसी और रंग में न लो, इसीलिए आज मैं अपने मन की बात साफ-साफ कह देना उचित समझता हूं। मैंने कई बार अपने मन को दृढ़ किया, जिससे कि मैं तुम्हारे सामने सारी बात खोलकर रख दूं, परंतु जब भी मैं कुछ कहने के लिए उद्यत होता हूं तो तुम्हारा मासूम चेहरा देखकर मैं कुछ भी कह नहीं पाता और चुपचाप लेट जाता हूं। मैंने कई बार अपनी भावनाओं को स्पष्टता के साथ कहने के लिए प्रयत्न किया, पर हर बार तुम्हारे चेहरे का भोलापन मुझे कहने से रोके रहा। तुमने स्वयं यह देखा होगा कि मेरी सारी रात जागते हुए बीत जाती है, मैं करवटें बदलता रहता हूं और उस समय मेरा पूरा दिमाग परस्पर संघर्ष कर रहा होता है, मैं विभिन्न विचारधाराओं के झंझावातों में उलझ जाता हूं, इस प्रकार धीरे-धीरे अपने सीने पर एक बोझ-सा अनुभव करने लगा हूं। जब तक मैं अपनी सारी बातें तुम्हारे सामने खोलकर नहीं रख दूंगा, तब तक मैं इस बोझ को अलग नहीं कर पाऊंगा और शायद तब तक मैं शांति से कुछ भी नहीं कर पाऊंगा।

जैसा कि मैंने तुम्हें बताया कि मेरा जन्म सामान्य रूप से जीवन बिताने के लिए नहीं है, मैं सामान्य रूप से रहना भी नहीं चाहता, मैं नहीं चाहता कि अपनी सुख-सुविधाओं के लिए प्रयत्न करूं, जीवन में अर्थ को ही सबसे अधिक मान्यता दूं और अपनी पत्नी के साथ हंसी-मजाक, राग-रंग के साथ अपने ये कीमती वर्ष बिता दूं।

शायद मेरा जन्म इस प्रकार के कार्यों के लिए हुआ ही नहीं है। मैं प्रारंभ से ही अंतर्मुखी व्यक्तित्व लिए हुए रहा हूं, बहुत ही कम बोलकर अपनी भावनाओं को व्यक्त करता रहा हूं, क्योंकि मेरे मन में छटपटाहट है, मेरे दिल में एक ऐसी आग है, जिसे दूसरा सही प्रकार से समझ नहीं पाता है। मैं इस आग को, छटपटाहट को जितना ही ज्यादा दबाने का प्रयत्न करता हूं यह आग उतनी ही ज्यादा भड़कती जाती है, यह छटपटाहट उतनी ही ज्यादा बढ़ती जाती है और पिछले चार महीने में इसी आग को दबाए हुए तुम्हारे पास आता रहा हूं, परंतु मैं अपने होठों से एक

शब्द भी नहीं कह पाया हूं, इसीलिए आज मुझे इस पत्र का सहारा लेना पड़ रहा है, जिससे कि मैं अपनी बात को पूर्णता के साथ तुम्हारे सामने रख सकूं और जीवन के इन प्रारंभिक क्षणों में एक समझौता कर सकूं जिससे कि मेरे मन में किसी प्रकार का मलाल न रहे, तुम्हारे मन में किसी प्रकार की विपरीत भावना न बने।

मैं ब्राह्मण युवक हूं और मेरे मन में यह भावना है कि जब तक मैं इस भारत की खोई हुई विद्या को प्राप्त नहीं कर लूंगा तब तक मेरा जीना व्यर्थ है। मेरे पूर्वज संसार के सर्वश्रेष्ठ विचारवान व्यक्ति रहे हैं, उन्होंने हमारे समाज को जो मान्यताएं दी हैं, जो विचारसूत्र प्रदान किए हैं, वे अपने आप में अप्रतिम हैं। उन्हीं सूत्रों के सहारे उनका नाम आज तक भी हमारा समाज आदर के साथ ले रहा है। गौतम, कणाद, वसिष्ठ, याज्ञवल्क्य आदि वे विचारवान युगपुरुष थे, जिन्होंने अपने जीवन को तिल-तिल करके जलाया होगा, जीवन का अधिकांश भाग अपनी साधना में लगा दिया होगा और संसार के सारे सुखों से अपने आपको अलग हटाकर जो कुछ उपलब्धियां प्राप्त कीं, उन अमृत कणों से आज तक हमारा समाज जीवन-रस प्राप्त करता रहा है।

परंतु अब मैं ऐसा अनुभव कर रहा हूं कि उनका यह जीवन स्रोत सूख रहा है। यह बात नहीं है कि उनके स्रोत में किसी प्रकार की न्यूनता आ गई है, अपितु आज हमारा समाज एक प्रकार से पथभ्रष्ट हो गया है, उसकी विचारधारा बदल गई है, गुलामी की जंजीरों में जकड़ कर वे अपने आपको भुला बैठे हैं। हमारा उच्चतम ज्योतिष ज्ञान आज विदेशियों द्वारा पैरों तले रौंदा जा रहा है। हमारे मंत्रों की खिल्ली उड़ाई जा रही है, हमारे तंत्र-यंत्र और हमारी साधना एक उपहास का पात्र बन गई है और यदि इसी प्रकार की स्थिति बनी रही तो एक दिन हम इन अमूल्य विद्याओं से हाथ धो बैठेंगे। हमारे पूर्वजों ने, हमारे ऋषियों ने जो कुछ ज्ञान, जो कुछ विद्याएं अपने शरीर को जलाकर प्राप्त की थीं, वे धीरे-धीरे लुप्त होती जा रही हैं। एक प्रकार से हम कृतघ्न होते जा रहे हैं और यह एक दुखद स्थिति है, जब-जब भी मैं यह सोचता हूं, तब मेरे हृदय में एक सिहरन-सी पैदा हो जाती है कि हम कितने पथभ्रष्ट हो गए हैं, हमारा समाज किस प्रकार से ऐसे रास्ते पर चलने लग गया है, जिसका अंत अंधकार की काल-कोठरी है। मैं जान-बूझकर इस प्रकार के अंधेरे पथ का राही नहीं हो सकता। मेरे मन में यही एक आग है जो तिल-तिल करके मुझे जला रही है और चाहते हुए भी मैं आनंद अनुभव नहीं कर पा रहा हूं, चाहते हुए भी मैं राग-रंग में अपने आपको लिप्त नहीं कर पा रहा हूं।

इस उम्र में जब व्यक्ति चांद से बातें करता है, दूधिया चांदनी में अपनी प्रियतमा से संभाषण कर आनंद अनुभव करता है, उस समय मैं अपनी ही आग

से भीतर-ही-भीतर दहकता जाता हूं और तिल-तिल कर अपने आपको जलता हुआ अनुभव करता रहता हूं।

मेरी एक ही इच्छा है कि मैं साधारण व्यक्ति की तरह नहीं मरूं, साधारण रूप से धन कमाकर पेट भरना मेरा अभीष्ट नहीं है, राग-रंग में मस्त होकर अपने जीवन को बिता देना मेरा उद्देश्य नहीं है, मेरा लक्ष्य, मेरा उद्देश्य मात्र यही है कि मैं ज्योतिष को अत्यंत ही उच्च स्थान पर स्थापित कर सकूं और पूरे संसार को यह दिखा सकूं कि भारतवर्ष की यह विद्या अपने आप में अन्यतम है, इस विद्या के माध्यम से ही हम इस विश्व में अग्रणी रहे हैं। इसके अलावा तंत्र-मंत्र आदि हमारे सामाजिक जीवन के आधार रहे हैं। भारत की चेतना या उसका स्पंदन इस प्रकार की साधनाएं ही हैं, जिसकी वजह से भारत, भारत बन सका है और पूरे संसार का गौरवमय शिरमौर बन सका है।

परंतु मैं देख रहा हूं कि मेरा भारत विदेशियों के द्वारा रौंदा जा रहा है। हम प्राणयुक्त होते हुए भी चेतनाशून्य हैं। हम अपनी भाषा को भुला बैठे हैं, अपने पूर्वजों के गौरव को विस्मरण कर बैठे हैं और अपने आपको पहचानने से इंकार करने में गौरव अनुभव करने लगे हैं।

इसके हल के लिए दो ही उपाय हैं—एक है राजनीति के माध्यम से इस कार्य को किया जाए और दूसरा साधना के द्वारा अपने पूर्वजों की थाती, जो लुप्त होती जा रही है, उसे पुनः सहेज कर प्राप्त किया जाए।

पहला रास्ता मेरे लिए उपयुक्त नहीं है और मैं उस रास्ते पर नहीं बढ़ सकता, इसकी बजाए दूसरे रास्ते को अपनाना मैं श्रेयस्कर समझता हूं।

जीवन में जिनकी अलग विचारधाराएं होती हैं, जो लकीर से हटकर कुछ करना चाहते हैं, लोग उसे पागल कहते हैं और एक पागल की पत्नी बनना कितना दुखदायक होता है, इसकी तुम कल्पना कर सकती हो, परंतु मैं इस बिन्दु पर तुमसे समझौता करने के लिए ही पंक्तियां लिख रहा हूं। मैं चाहता हूं कि तुम मेरे उद्देश्य की पूर्ति में सहायक बनो। मुझे मेरे जीवन के लक्ष्य तक पहुंचाने में मदद करो और मैं जो कुछ बनना चाहता हूं, जो कुछ करना चाहता हूं, उसमें तुम भागीदार बनो, यही मेरी आकांक्षा है।

हो सकता है मेरे विचार तुम्हारे लिए अनुकूल न हों। इस समय तुम्हारे मन में इस प्रकार की बातें अनुकूलता पैदा कर ही नहीं सकतीं। तुम्हारे जीवन का यह यौवनकाल है और इस काल की अलग ही फिलोसफी होती है, जो समय तुम्हारे लिए राग-रंग, मस्ती और मौज का है, उस समय मैं तुम्हारे सामने अलगाव की बातें कर रहा हूं, तुम्हारे लिए मस्ती और प्यार के जो दिन होने चाहिए, उन दिनों

में मैं दूसरी विचारधारा तुम्हारे सामने रख रहा हूं, परंतु मैं यह सब कहने के लिए मजबूर हूं और मैं चाहता हूं कि तुम मेरी इन भावनाओं को भली प्रकार से समझो, तब तुम्हें यह महसूस होगा कि मैंने जा रास्ता चुना है वह असामान्य रास्ता चुनने वाले लाखों में दो-चार ही होते हैं। जो फूलों की राह छोड़कर कांटों की पगडंडी पर बढ़ जाते हैं, आनंद का रास्ता छोड़कर अभाव के रास्ते पर चल पड़ते हैं, भोग-विलास और ऐश-आराम का परित्याग कर वे अपने लिए परेशानियां और कष्टों को निमंत्रण दे देते हैं, परंतु इस बात में भी सत्यता है कि इस प्रकार का रास्ता चुनने वाले बहुत ही कम होते हैं और ऐसे व्यक्ति ही आगे चलकर समाज को नेतृत्व दे सकते हैं, देश को नई राह दिखा सकते हैं और उनके द्वारा कुछ ऐसे कार्य संपन्न होते हैं जिनका लाभ आने वाली पीढ़ियां उठाती हैं, उनके बताए हुए या उनके किए गए कार्यों से वे अपने आपको गौरवान्वित अनुभव करने लगती हैं।

मैंने यह निश्चय कर लिया है कि मैं इस समाज में रहकर कुछ भी नहीं कर पाऊंगा, इस घर में रहकर मैं अपने लक्ष्य की पूर्ति नहीं कर सकूंगा, आनंद और सुख भोग के द्वारा उस रास्ते पर या उस बिन्दु पर नहीं पहुंच सकूंगा जो मेरा ध्येय है, अतः उस ध्येय को प्राप्त करने के लिए मुझे इस घर को छोड़ना पड़ेगा, इस समाज से अपने आपको अलग करना पड़ेगा, तभी मैं कुछ विशिष्ट प्राप्त कर सकूंगा और उस विशिष्टता की प्राप्ति के बाद ही मैं अपने आपको पूर्णता दे सकूंगा।

क्योंकि मेरा एकमात्र ध्येय लुप्त विद्या को प्रकाशित करना है, ज्योतिष की खोई हुई प्रतिष्ठा को पुनः स्थापित करना है और इसके साथ-ही-साथ मंत्र शास्त्र आदि के द्वारा जो आश्चर्यजनक सिद्धियां हमारे पूर्वजों के पास थीं, उनको वापस जनसाधारण के लिए सुलभ बनाना है। इसकी पूर्ति घर में बैठकर नहीं हो सकती, समाज के बीच उदर पूर्ति करने में इन विद्याओं को प्राप्त नहीं कर सकता, क्योंकि जो थोड़े बहुत साधक इस संसार में बच गए हैं और जिनके पास इस प्रकार की अलौकिक सिद्धियां हैं, वे भीड़-भाड़ वाले इलाके में नहीं हैं। वे मखमली गद्दों पर नहीं बैठे हैं, वे आराम से जीवन-यापन करने वालों के बीच नहीं हैं, अपितु वे उन कंदराओं में हैं, जहां भौतिक सुखों का पूर्णतः अभाव है, वे उन जंगलों में हैं, जहां पग-पग पर संकट है, वे उन स्थानों पर हैं जहां स्वार्थ नहीं है, छल और कपट नहीं है, धोखा और अत्याचार नहीं है, क्योंकि उन्हें इन बातों से कोई सरोकार नहीं है।

मैं उन लोगों के पास पहुंचना चाहता हूं, जो वास्तव में ही सिद्ध पुरुष हैं, जो वास्तव में ही इन विद्याओं के विशिष्ट जानकार हैं, इसके लिए मुझे जंगलों में भटकना पड़ेगा, पहाड़ों की गुफाओं में जीवन को बिताना पड़ेगा और पग-पग पर कष्टों और अभावों को झेलना पड़ेगा।

इस प्रकार की विद्या तभी प्राप्त हो सकती है, जब मैं पूर्णतः वीतरागी बनूं और सारे सुखों का परित्याग कर दूं, अपने जीवन का मोह छोड़कर उन साधुओं, संन्यासियों और तपस्वियों की खोज करूं जो कि बिरले स्थानों पर ही विचरण करते हैं, उनका पहचानना भी आसान नहीं है, मैं नहीं जानता कि मैं अपने उद्देश्य में सफल हो सकूंगा या नहीं, परंतु मेरी आत्मा बार-बार इस बात को कह रही है कि तुम्हारे लिए वही रास्ता श्रेयस्कर है, उसी रास्ते पर चलकर तुम कुछ प्राप्त कर सकोगे और आने वाली पीढ़ियों के लिए इस प्रकार की विद्या सुरक्षित रख सकोगे।

हो सकता है इस प्रकार की खोज में मैं समाप्त हो जाऊं। यह भी हो सकता है कि मैं किसी हिंसक पशु की भेंट चढ़ जाऊं और यह भी संभव है कि मेरे यौवन के अमूल्य वर्ष व्यर्थ में ही बीत जाएं और मैं कुछ भी प्राप्त न कर सकूं, परंतु इन चिन्ताओं से या इन घटनाओं से विचलित होना मैं नहीं चाहता। इन आशंकाओं को देखते हुए मैं यदि मन मारकर घर में बैठ जाऊंगा तो मेरी आत्मा मुझे कभी भी क्षमा नहीं करेगी। साधारण जीवन जीने की अपेक्षा मैं हिंसक पशु का भक्ष्य बन जाना ज्यादा श्रेयस्कर समझता हूं, यह मेरा निश्चय है कि या तो मैं कुछ प्राप्त करके ही घर लौटूंगा या अपने आपको समाप्त कर दूंगा, परंतु यह बात निश्चित है कि मैं खाली हाथ घर नहीं लौटूंगा।

मेरी ये सारी बातें तुम्हारे लिए कष्टदायक हैं, मैं यह भी अनुभव कर रहा हूं कि इस प्रकार तुम्हें कष्ट देना किसी भी प्रकार से उचित नहीं है। जो समय तुम्हारे आनंद का समय है, उन क्षणों में मैं तुम्हें अभाव दे दूं, यह उचित नहीं है। यह समय तुम्हारे यौवन का है, राग-रंग और मस्ती का है, इन प्रसन्नता के क्षणों को मैं उदासी और लंबी प्रतीक्षा में बदल दूं, यह मेरा धर्म नहीं हैं, परंतु फिर भी जब दो स्थितियों की तुलना करता हूं तो मुझे वह स्थिति ज्यादा प्रिय है और एक बड़े कार्य के लिए यदि मैं अपने आपको त्याग देता हूं तो एक पत्नी के रूप में तुमसे भी अपेक्षा करता हूं कि तुम मुझे इस कार्य में सहायता दोगी, मेरे लिए बंधन नहीं बनोगी।

यह निश्चित है कि मुझसे विवाह करके तुम लाभ में नहीं रही हो, यह भी निश्चित है कि मैं तुम्हें सुख के स्थान पर दुख ही दे रहा हूं, आनंद और प्रसन्नता के क्षणों में अभाव और परेशानियां प्रदान कर रहा हूं, तुम्हारी उमंगों और आशाओं पर मैं एक प्रकार से स्याह आवरण बिछा रहा हूं और इस प्रकार से तुम्हारे जीवन की सारी स्थितियां, सारी उमंगें समाप्त कर रहा हूं।

मैं नहीं कह सकता कि यहां से जाने के बाद मैं वापस कब लौटूंगा? मैं यह भी नहीं जानता कि मैं अपने उद्देश्य में सफल हो भी सकूंगा। आज तुम यौवनवती

हो, मैं जब वापस लौटूंगा तब तक तुम्हारा यौवन अक्षुण्ण रह भी सकेगा या नहीं? मैं जानता हूं कि मैं जल्दी वापस नहीं लौट पाऊंगा। हो सकता है कि मुझे अपने लक्ष्य की प्राप्ति में दस साल या पंद्रह साल लग जाएं, और ये दस-पंद्रह वर्ष तुम्हारे लिए कितने कष्टदायक होंगे, इसकी मैं कल्पना कर सकता हूं।

मैं जानता हूं कि इन 15 वर्षों में तुम्हारा यौवन चिन्ताओं में घुल जाएगा। तुम्हारे चेहरे पर जो ताजगी और प्रफुल्लता है, वह दुखों के आवरण से मिट जाएगी, तुम्हारा जीवन एक अभिशापित जीवन बन कर रह जाएगा, परंतु इतना होते हुए भी मैं तुमसे इस प्रकार के जीवन की याचना करता हूं, जिस रास्ते पर मैं चल रहा हूं या जिस पथ पर मैंने जाने की तैयारी की है, वह सुगम और सुखदायक रास्ता नहीं है, अपितु इस रास्ते पर पग-पग पर कांटे बिछे हैं। हर क्षण, अभाव के साथ जन्म लेकर परेशानियों के साथ व्यतीत होगा। इस रास्ते पर मेरा सारा यौवन घुल जाएगा। मेरे चेहरे की कांति अभावों के कारण धूमिल पड़ जाएगी और एक पूरा जीवन अभावों, कष्टों और परेशानियों का केंद्र बन जाएगा, परंतु फिर भी यह निश्चित है कि मैं खाली हाथ नहीं लौटूंगा और अपना तथा तुम्हारे यौवन का बलिदान देकर जो कुछ भी प्राप्त कर सकूंगा वह मेरा नहीं होगा अपितु पूरे समाज का होगा, उस पर केवल तुम्हारा और मेरा ही अधिकार नहीं होगा अपितु पूरे देश का अधिकार होगा, परंतु फिर भी मेरे लिए वह क्षण अत्यंत ही सुखदायक होगा, जबकि मैं कुछ प्राप्त कर सकूंगा।

यदि मैं अपने जीवन में कुछ बन सका तो इसका सारा श्रेय तुम्हारा होगा, क्योंकि इसके पीछे तुम्हारा त्याग होगा, तुम्हारा बलिदान होगा और तुम्हारे सुख और आनंद की आहुति उसके पीछे होगी।

आज तुम्हारे चेहरे पर जो ताजगी, प्रफुल्लता और चमक मैं देख रहा हूं, शायद वापस आने पर वह मुझे दिखाई न दे। यह भी हो सकता है कि उस समय तुम्हारा शरीर एक लकड़ी की तरह शुष्क और ठूंठ की तरह हो जाए, हो सकता है कि तुम्हारे चेहरे पर जरूरत से ज्यादा झुर्रियां दिखें, परंतु फिर भी मैं अपने संकल्प पर दृढ़ हूं, हो सकता है मैं वापस तुम्हें नहीं देख सकूं या तुम्हें नहीं मिल सकूं, मेरे आने से पूर्व ही तुम मुझे प्राप्त नहीं हो सको या उस अभियान में मैं ही समाप्त हो जाऊं, इस समय मैं कुछ भी नहीं कह सकता। मेरे चारों तरफ एक झंझावात है और उस झंझावात में मैं कुछ भी नहीं देख पा रहा हूं। इतना होने पर भी मैं तुमसे सहायता की उम्मीद कर रहा हूं, और मुझे विश्वास है कि तुम मुझे इस पथ पर आगे बढ़ने के लिए रोकोगी नहीं, अपितु जोश के साथ, उत्साह के साथ आगे बढ़ने के लिए प्रेरित करोगी।

शास्त्रों में नारी को सहचरी कहा है, इसका तात्पर्य है कि वह मानव के साथ बराबर कदम-से-कदम मिलाकर चले, इसका दूसरा तात्पर्य यह है कि वह अपने पति की उन्नति में, उसकी प्रगति में सहायक बने और उसकी आज्ञा का पूर्णता के साथ पालन करे। मैं तुमसे ऐसी ही आकांक्षा रखता हूं। ऋषियों ने नारी को पृथ्वी की तरह सहनशील बताया है, मेरा विश्वास है कि तुझमें ये सारे गुण अवश्य ही होंगे जो कि एक पृथ्वी में होते हैं, वह हर क्षण, हर पल सहन करती रहती है और मैं तुमसे एक ही आकांक्षा रखता हूं कि तुम सहनशीलता की प्रतिमूर्ति बन सको।

हो सकता है तुम इस पत्र को पढ़कर मुझे मना कर दोगी, पर मना करने से पूर्व एक बार भली प्रकार से सोच लेना कि क्या यह तुम्हारे लिए उचित होगा? क्या तुम्हारा सारा जीवन एक सामान्य नारी की तरह व्यतीत हो जाए? क्या तुम चाहती हो कि तुम इन छोटे-मोटे घर के कार्यों को करती हुई पशु की तरह अपनी जिन्दगी व्यतीत कर दो? क्या बच्चों को पैदा करना ही गृहस्थ का सर्वोच्च लक्ष्य है? क्या हमारा जीवन कीड़े-मकोड़े की तरह भटक-भटक कर मर जाने के लिए है? निश्चय ही तुम ऐसा नहीं चाहोगी, प्रत्येक नारी की यह कामना होती है कि उसका पति एक विशिष्ट व्यक्तित्व संपन्न हो। वह सामान्य प्राणी न हो, अपितु लोगों से अलग हटकर हो, उसके नाम से लोग परिचित हों, उसके ज्ञान से आने वाली पीढ़ियां लाभान्वित हों और वह मानव जाति के लिए एक विशिष्ट योगदान देने में सहायक हो। तुम्हारी कामना भी यही होगी और इसी कामना की पूर्ति के लिए मैं जाना चाहता हूं।

तुम स्वयं सोचो कि यदि मैं कुछ प्राप्त करके वापस आ सका तो वह हमारे जीवन का कितना सुखमय दिन होगा, जबकि मैं कुछ प्राप्त कर सकूंगा, कुछ विशिष्ट बन सकूंगा, कुछ ऐसी उपलब्धियां मेरे पास होंगी जो कि अपने आप में अन्यतम होंगी और उस समय गौरव के साथ तुम मेरा नाम उच्चारण कर सकोगी।

लोग इस बात को अनुभव करेंगे कि मेरे निर्माण के पीछे तुम्हारा बहुत बड़ा सहयोग है, मेरे जीवन के तंतुओं को अनुकूल बनाने में तुम्हारा बहुत कुछ योगदान रहा है और तुम्हारे त्याग, तुम्हारे बलिदान की नींव पर ही मैं कुछ बन सकूंगा तथा अपने व्यक्तित्व को, अपने ब्राह्मणत्व को उजागर कर सकूंगा।

यह पत्र मैं बहुत दुखी मन से लिख रहा हूं, क्योंकि इस पत्र के प्रत्येक अक्षर के पीछे मेरा स्वार्थ है और जितना मेरा स्वार्थ है उतना ही तुम्हारा त्याग है, परंतु फिर भी मैं प्रसन्नता के साथ यह पत्र तुम्हें दे रहा हूं। मैं इस बात को (जो कुछ इस पत्र में लिखा है) अपने होठों से तुम्हें कहना चाहता था, तुम्हें समझाना चाहता था, परंतु जब भी मैंने इस प्रकार का उत्क्रमण किया तब तक मैं रुक गया,

क्योंकि मेरे सामने तुम्हारा शांत और सरल चेहरा आ जाता था। जब-जब भी अपने विचारों को कहने के लिए उद्यत हुआ तब-तब तुम्हारी आयु, तुम्हारी भावनाएं, तुम्हारी उमंगें मेरे होठों को सी देती थीं, और मैं बहुत कुछ कहना चाहते हुए भी कुछ नहीं कह पा रहा था। यह एक प्रकार की मेरी विवशता थी और इस विवशता के कारण ही मेरा बहुत समय इस उधेड़बुन में बीत गया कि मैं तुम्हें कहूं या नहीं?

एक बार तो ऐसा भी विचार आया कि मैं अपनी बात तुम्हें नहीं कह सकूंगा, अपने लक्ष्य की पूर्ति के लिए चुपचाप घर से निकल जाऊं, किसी को कानों-कान खबर तक न हो, परंतु फिर मेरे पैरों ने अपने आपको रोक लिया। मेरे मन ने कहा यह उचित कदम नहीं होगा, अन्यथा वह कुछ भी नहीं सोच सकेगी, कुछ भी नहीं समझ सकेगी और उसका मानस दिग्भ्रमित होकर रह जाएगा।

इससे पूर्व मैं कई पत्र लिखकर फाड़ चुका हूं, परंतु तुम्हारी आंखों की सजलता के सामने रखने की हिम्मत नहीं कर सका हूं, पर आज कड़े मन से अपनी बात लिख दी है और तुम्हारे सामने इस पत्र के द्वारा रख दी है।

मैं इस पत्र के उत्तर में अस्वीकृति नहीं चाहता हूं। रुकावट प्राप्त करने के लिए यह पत्र तुम्हें नहीं लिखा। मैं केवल स्वीकृति चाहता हूं और मुझे विश्वास है, तुम प्रसन्नता के साथ उत्साह और उमंग के साथ मुझे स्वीकृति दोगी।

मेरी आत्मा के सारे सुख तुम्हारे पास गिरवी हैं। मैं केवल यहां से भूख, परेशानी, कष्ट, अभाव और कठिनाइयां लेकर जा रहा हूं। आगे का जीवन कांटों से भरा है, अंधकार में टटोल-टटोल कर आगे बढ़ना है, किसी प्रकार की कोई किरण मेरे सामने नहीं है, परंतु फिर भी मेरी आत्मा का प्रकाश मेरे साथ है और वह मुझे सही रास्ता दिखा सकेगा।

इतना विश्वास करो कि यदि मैं लौटा तो खाली हाथ नहीं लौटूंगा, क्योंकि मेरी आत्मा, मेरा विश्वास, मेरे साथ है और इससे भी बढ़कर मेरे साथ है तुम्हारा त्याग, तुम्हारा स्नेह, तुम्हारी कामनाएं और तुम्हारा बलिदान।

मैं तुम्हारी झोली में इस समय खुशियां डालकर नहीं जा रहा हूं, इस समय तो मैं एक लंबी अंतहीन उदासी, बेबसी, बेचैनी और इंतजार ही देकर जा रहा हूं, जिसे तुम्हें पार करना है। फिर भी इतना विश्वास रखना कि मैं अवश्य लौटूंगा, जरूर लौटकर आऊंगा।

मेरी समस्त शुभकामनाएं तुम्हारे साथ हैं, मेरे प्राणों का अमृत वर्णन तुम्हारे पथ को सुखदायक बना सकेगा, ऐसी मुझे आशा है।

स्नेह युक्त
(नारायणदत्त श्रीमाली)

प्रेषक : डॉ॰ नारायणदत्त श्रीमाली

स्थान : अज्ञात

प्राप्तकर्ता : भगवती श्रीमाली

आलोक : यह पत्र डॉ॰ श्रीमालीजी ने अपनी पत्नी को घर से जाने के लगभग 3 वर्ष बाद लिखा था और इन तीन वर्षों में उन्होंने कितना अधिक मानसिक और शारीरिक संघर्ष किया था, उसकी एक क्षीण झांकी इस पत्र के माध्यम से प्राप्त होती है। साधक को कितना अधिक मानसिक संघर्ष करना पड़ता है, यह पत्र उसका प्रमाण है और साधकों के लिए प्रकाशस्तंभ भी।

प्रियतमा भगवती!

घर को छोड़े हुए आज लगभग 3 वर्ष बीत गए हैं, पूरे एक हजार दिन, कुछ इससे ज्यादा ही, पर इस लंबी अवधि में मैंने एक बार भी घर से संपर्क स्थापित नहीं किया, एक बार भी पत्र के द्वारा अपने बारे में मैंने कुछ नहीं लिखा, एक बार भी अपनी व्यथा, अपने दुःख-दर्द को तुम्हारे पास नहीं भेज सका, परंतु इसका यह मतलब नहीं है कि मैं तुम्हें भूल कर बैठा हूं। घर को पूरी तरह से भुला बैठा हूं, मुझे इस घर की बराबर याद बनी रही है, और प्रत्येक क्षण मैं तुम्हारे दुःख-दर्द के चिंतन में भागीदार बना रहा हूं।

इतना होते हुए भी मैं नहीं चाहता था कि मेरा और घर का संपर्क सूत्र जुड़ा रहे, क्योंकि इससे फिर एक समस्या पैदा हो जाती। मेरा हृदय डांवाडोल हो जाता। संभव है मेरे पांवों में फिर से बेड़ी डालने की कोशिश की जाती, मुझे विचलित करने का प्रयत्न किया जाता और इसीलिए मैं स्वयं अपने स्वयं के डर से भागता रहा...।

मैं जानता हूं कि ये तीन वर्ष कम नहीं हैं। पूरे 1000 दिन तुमसे अलग होकर मैंने जंगलों में बिता दिए हैं। मुझे वह क्षण याद है, जब मैं तुमसे अलग हो रहा था। तुम्हारी आंखों में जो झर-झर आंसू बह रहे थे, उनकी टीस इस समय भी मेरे हृदय को कुरेद रही है, तब से वे आंखें मेरे हृदय को बराबर बेधती रही हैं। जितना मैं अपने मन को समझाता रहा हूं, वह उतना ही ज्यादा चीत्कार करता रहा है...उफ्!

मैं देख रहा था कि मेरा पत्र पढ़कर तुम बुझ-सी गई हो, चेहरे पर जैसे स्याह रंग पुत गया हो, मेरे पत्र ने तुम्हारे यौवन को एक बारगी बुढ़ापे की ओर फेंक दिया हो—तुम्हारी आंखों की चमक, तुम्हारे यौवन की दीप्ति, तुम्हारे मुखड़े का गुलाबीपन अकेलेपन की काल कोठरी में धकेल दिया हो...।

यद्यपि पत्र को तुम्हें देने के बाद मैं चार दिन उस घर में रहा हूं, परंतु उन चार दिनों में तुम चाह कर भी खाना नहीं खा सकीं। केवल मुझे दिखाने के लिए थोड़ा बहुत मुंह में डाल लेतीं और उस कौर में भी गर्म आंसुओं का कितना बड़ा भाग मिल रहा था—यह मैं देख रहा था।

पत्र देने से पूर्व तुम्हारे चेहरे पर जो प्रफुल्लता थी, वह एक प्रकार से समाप्त हो गई थी, जैसे कि किसी खिले हुए गुलाब पर पाला पड़ गया हो। जिस प्रकार तुषारापात से खिलती हुई कली मुरझा जाती है, ठीक तुम्हारे चेहरे की स्थिति भी वैसी ही हो गई। तुम्हारे चेहरे पर विवाह के बाद मैंने लालिमा देखी थी, परंतु रवाना होते समय वह लालिमा समाप्त हो गई थी और एक स्याह-सी झांई चेहरे पर छा गई थी। तुमने उन चार दिनों को कितनी हताशा और निराशा के साथ व्यतीत किया है, उसे मैं भली प्रकार से समझ रहा था।

तुम्हारी स्थिति ठीक वैसी ही हो गई थी, जैसी कि किसी निर्धन को धन प्राप्त होने के बाद, उससे वह धन पुनः तुरंत छीन लिया जाए। तुम्हारे होठ फड़-फड़ाकर बहुत कुछ कहना चाहते थे, परंतु उन होठों पर आंसुओं की लंबी लकीर बंध जाती थी। तुम्हारी आंखें दिशा शून्य-सी होकर सफेद हो गई थीं, उनमें एक सूनापन-सा भर गया था और मैं देख रहा था कि तुम्हारा अस्तित्व उस घर में होते हुए भी नहीं के बराबर हो गया था।

यह सही है कि मैं उन चार दिनों को बहुत कठिनाई के साथ झेल पाया। जब भी तुम मेरे सामने होती, मैं अपने आपको अपराधी महसूस करने लगता, तुम्हें बताऊं कि उन चार दिनों में मैंने अपने आप को कितनी बार धिक्कारा होगा, फटकारा होगा, जलील किया होगा, मुझे कोई अधिकार नहीं था कि मैं किसी की इच्छाओं को समाप्त करने में भागीदार बनूं। किसी मासूम बालिका की भावनाओं को चकनाचूर करूं, उसकी उमंगों पर पानी फेर दूं, परंतु मैं विवश था। सच कहता हूं, मैंने इन विवशता के क्षणों में अपने आपको तिल-तिल करके जलाया है। उन चार दिनों में परस्पर कितने विरोधी विचार मेरे दिमाग में घुमड़े होंगे, इसकी तुम कल्पना कर सकती हो, विचारों के आलोडन से मेरा माथा भारी हो गया था। ऐसा लग रहा था कि जैसे मेरे दिमाग की नसें फट जाएंगी, सिर के टुकड़े-टुकड़े हो जाएंगे और मैं पागल हो जाऊंगा।

मैं एक क्षण के लिए भी तुम्हारा सामना नहीं कर पा रहा था, तुम्हारा चेहरा बुझ गया था, आंखें भाव शून्य हो गई थीं, होंठ फीके और सफेद पड़ गए थे और चेहरे पर चिंता की स्याह परत छा गई थी। तुम बहुत कुछ कहना चाहती थी परंतु पग-पग पर तुम्हारी लाज ने तुम्हें रोक दिया। एक प्रकार से तुम अपने आपको

बेबस अनुभव करने लगी थीं। चिंता, वियोग और कष्ट के शोलों में तुम दहक रही थी और मैं जड़वत तुम्हें देखकर भी नहीं देख रहा था।

उस दिन रात्रि को तुमने आंसुओं से सराबोर होकर जो कुछ कहा था, क्या मैं उसे भूल सकता हूं। तुमने विवाह के बाद पहली बार अपने होंठ खोले थे, पहली बार अपने मन की भावनाओं को मेरे सामने रखने का प्रयत्न किया था, पहली बार तुम अपने दिमाग के विचारों को बाहर निकालने के लिए प्रयत्नशील हो रही थी। पर क्या तुम कुछ कह सकी थी, होंठों ने तुम्हारा साथ नहीं दिया था, केवल आंखों ने आंसुओं की भाषा में बहुत कुछ, बहुत कुछ कह दिया था और वह पूरी रात आंसुओं के साथ बीत गई, मुश्किल से तुमने कुछ शब्द कहे होंगे बाकी तुम्हारी व्यथा, तुम्हारी वेदना और तुम्हारे कशिश की कहानी तो आंसुओं ने ही कही।

उस दिन मैं समझ गया था कि आंसुओं में कहने की कितनी जबरदस्त क्षमता होती है। होंठ जो कुछ नहीं कह पाते आंसू उस बात को पूरी प्रामाणिकता के साथ कह देते हैं। सच कहता हूं, उस रात की तुम्हारी हिचकियों ने वह सारी बात कह दी थी, जो कि तुम हजार वर्षों में भी नहीं कह पातीं। लाखों पन्नों के माध्यम से भी नहीं व्यक्त कर पातीं।

यह बात नहीं है कि मैं तुम्हारी भावनाओं को समझ नहीं पा रहा था। मैं तुम्हारे विचारों को, इच्छाओं और भावनाओं को भली प्रकार से समझ रहा था, परंतु समझते हुए भी अनजान बनने की कोशिश कर रहा था। यह मेरा अपराध था और मैं उस अपराध को आज इस पत्र के माध्यम से स्वीकार करता हूं।

यह ठीक है कि मैं तुम्हें कुछ भी नहीं दे सका हूं। मैंने तुम्हें दुख के अलावा कुछ भी नहीं दिया। यदि तुम मेरे स्थान पर किसी और युवक से शादी करती, तो निश्चय ही तुम वहां सुखी होती। तुम्हें पति का साहचर्य मिलता, उसकी मधुर बातों से आप्लावित होती, उसके साथ घूमती-फिरती, खिलखिलाती और अपने जीवन के स्वप्नों को साकार करती। तुम्हारा जीवन खुशियों से भर जाता, तुम्हारा प्रत्येक क्षण सरल हो जाता, मुखर और सार्थक हो जाता।

परंतु इसके स्थान पर मैंने तुम्हें दुख और वेदना दी। खुशियों के स्थान पर एक अंतहीन प्रतीक्षा, आंखों की चमक के स्थान पर आह और वेदना दी। तुम्हारे होठों पर मैंने मुस्कराहट के स्थान पर मौन दिया, और यह सब कुछ मैंने अपने और केवल अपने स्वार्थ के लिए ही किया। इस बिन्दु पर मैं स्वार्थ के निम्न धरातल पर खड़ा हूं, और तुम त्याग के बहुत ऊंचे बिन्दु पर खड़ी हो...यह सत्य है।

आज मैं अनुभव कर रहा हूं कि मुझे विवाह नहीं करना चाहिए था, क्योंकि मैं स्वयं दुख और परेशानियां देख सकता हूं, परंतु किसी और को दुख देने का

मुझे क्या अधिकार था? उसकी उमंगों को समाप्त करने का मुझे क्या हक था? जब-जब भी मैं इन बातों को सोचता हूं तो मेरी आंखों की नींद उड़ जाती है, और पूरा दिमाग गरम होकर लावे की तरह उबलने लग जाता है।

मैं जानता हूं कि तुम उस माहौल में सुखी नहीं हो, क्योंकि हमारा समाज एक दकियानूसी और संकीर्ण विचारों से ग्रस्त है। जहां पग-पग पर नारी के पांवों में बेड़ियां डाली हुई हैं और उन बेड़ियों को देखकर, उसकी विवशता और छटपटाहट को देखकर पुरुष समाज अपने आप पर, अपने कृत्य और कुशलता पर प्रसन्न है।

पर ये बेड़ियां अभाव, दुःख और कठिनाइयां भी वह नारी झेल लेती है, यदि उसे पति का साहचर्य मिल जाए, परंतु तुम्हें तो वह भी नहीं मिल पाया, जिसके भरोसे तुम इस घर में आई थी। वह भरोसा ही अपने स्थान से भाग खड़ा हुआ, जिस विश्वास और संबल को लेकर तुम यहां आई थी, वह आधार ही तुम्हारे नीचे से हट गया और तुम आधारहीन, बेबस, निरीह सी होकर दिन को शरीर तोड़ परिश्रम करती होगी और रात के अंधेरे में आंसुओं से तकिए को सिसक-सिसक कर भिगोती होगी।

मैंने तुम्हारे शरीर की कोमलता को अनुभव किया है और साथ ही अपने घर के कठोर कार्यों के भी निकट संपर्क में रहा हूं, जहां प्रातः चार बजे से रात बारह बजे तक काम के अलावा कुछ भी नहीं होता। जिस घर में आराम को अभिशाप समझा जाता है, चक्की चलाना, दूर स्थानों से पानी लाना, गायों को दुहना, भोजन पकाना, गोबर लीपना, और घर के सैकड़ों कार्यों को करने के बाद भी उपेक्षा और ताने सुनना—कितना कठिनाईपूर्ण, कितना दुखदायी होता होगा और तुम उस यंत्रणा की चक्की में पिस कर तिल-तिल कर अपने आपको खाक कर रही होगी।

अन्य स्त्रियों को तो दिन भर के जी तोड़ परिश्रम के बाद पति का कुछ साहचर्य मिल जाता है, परंतु तुम तो उससे भी वंचित हो। तुम्हारी आंखों में आंसू तैर जाते होंगे परंतु उनको पोंछने वाला वहां कोई नहीं है, जब परिश्रम से शरीर टूट रहा होगा तब भी तुम्हारा हाल-चाल पूछने वाला उस परिवार में मुझे कोई नजर नहीं आता, क्योंकि मैंने उस परिवार को भोगा है, जहां पर बहू को पैरों की जूती समझा जाता है। जहां पर यह देखा जाता है कि बहू का कार्य केवल पशु की तरह काम करना होता है, आराम की इच्छा करना उसके अधिकार क्षेत्र के बाहर की बात होती है। वास्तव में ही तुम जितने कष्ट में, जितनी यंत्रणा पूर्ण स्थिति में अपना समय व्यतीत कर रही हो, उसको सोच कर मैं कांप उठता हूं। तुम्हारा दुर्बल शरीर इतने थपेड़ों को किस प्रकार से झेल पाता है, क्या इतने थपेड़े झेलने के बाद तुम आज तक बची भी हो या नहीं, मैं कुछ भी नहीं कह सकता।

परंतु इस बात को भली प्रकार से समझ लो कि जीवन में अलौकिकता तभी प्राप्त हो सकती है, जबकि उसके पीछे कष्टों का लंबा इतिहास हो, त्याग की नींव पर ही कुछ विशेष अलौकिक कार्य संपन्न हो सकते हैं। यदि मैं चाहता तो एक सामान्य जीवन जी सकता था। मुझे किसी प्रकार की कमी नहीं थी, घर में मां-बाप थे, भाई-बहन थे, सुंदर पत्नी थी, आनंददायक क्षण थे और मैं कहीं पर भी छोटी-मोटी नौकरी कर अपना पेट पाल सकता था।

परंतु तुम स्वयं यह सोचो कि ऐसे साधारण जीवन को क्या जीवन कहा जा सकता है? मेरे जैसा पागल शायद ही कोई होगा, जिसने खुशियों को छोड़ कर दुखों के साथ समझौता किया हो। आनंद को त्यागकर अभावों के साथ रहने में प्रसन्नता अनुभव की है। भोग और विलास को छोड़कर परेशानियों, कष्टों और दुखों से नाता जोड़ा है, परंतु मैंने यह सब अपने सीने पर पत्थर रखकर किया है, क्योंकि मेरी एक ही भावना, लालसा और इच्छा थी कि मैं सामान्य मानव बनकर नहीं रहूं। मेरे ब्राह्मणत्व को धिक्कार है, यदि मैं कुछ विशिष्टता प्राप्त नहीं कर सकूं, ज्योतिष के क्षेत्र में पूर्णता नहीं ला सका, तंत्रों और मंत्रों के अलौकिक रहस्य को उजागर नहीं कर सका, और मेरे देश की जो यह विशिष्ट थाती है, उसे पुनः समाज को नहीं सौंप सका।

तुम्हें छोड़ने के बाद मैं एक क्षण भी आराम से नहीं जी सका हूं, इसके पीछे कोई भोग या वासना की बात नहीं है, अपितु मेरे मन की यह विडंबना है कि मैं जिस रास्ते पर चला हूं, क्या यह उचित है? मैं जो कुछ करने जा रहा हूं, क्या मैं इस कार्य को कर सकूंगा। मेरे सामने जो लक्ष्य है, क्या मैं उस लक्ष्य को पा सकूंगा। इस प्रकार के सैकड़ों प्रश्न मेरे मानस में बराबर घुमड़ते रहे हैं और इन विचारों के अंधड़ ने एक क्षण के लिए भी मुझे चैन से सोने नहीं दिया है।

मेरे पत्र को पढ़ते ही तुम्हारे होंठों ने बुदबुदाया था कि यह पागलपन है और आज मैं वास्तव में ही अनुभव कर रहा हूं कि मैं पागल हूं। इन तीन वर्षों में मैंने इस शब्द पर कई बार विचार किया है और मैं यह अनुभव कर रहा हूं कि वास्तव में ही मुझमें इस प्रकार की स्थिति है। पर बिना पागल हुए कोई भी वस्तु प्राप्त नहीं हो पाती। विद्यार्थी जब अपनी डिग्री के लिए पागल हो जाता है, रात-रात भर जागता है, उसकी भूख और प्यास उड़ जाती है, तब जाकर कहीं उसे सफलता मिलती है, भक्त अपने प्रभु के पीछे पागल हो जाता है, उसे न अपने शरीर का होश रहता है और न खानपान का, तब उसे उस प्रभु के दर्शन हो पाते हैं। तुलसी, सूर, मीरा आदि एक प्रकार से पागल ही थे, उनका पूरा जीवन अपने लक्ष्य के पीछे पागल बन जाता था और इस पागलपन के बाद ही वे अपने लक्ष्य तक पहुंच सके थे। वास्तव में ही बिना पागल हुए कोई वस्तु प्राप्त नहीं हो पाती,

इस दृष्टि से मैं पागल हूं और आज इस बात को अनुभव कर रहा हूं कि मैं भी अपने लक्ष्य के पीछे जब तक पागल नहीं हो जाऊंगा तब तक मुझे अपना लक्ष्य प्राप्त नहीं हो सकेगा।

तुम्हारे होंठों ने मुझे पागल कहा है तो वास्तव में ही मैं पागल हूं और मैं चाहता हूं कि तुम भी मेरे विचारों का अनुसरण करती हुई पगली बनो। हमारा पूरा धर्मशास्त्र इस बात पर एक मत है कि पत्नी की गति पति के अलावा कुछ भी नहीं। पति ही उसका गुरु, उसका पथ-प्रदर्शक और उसका सर्वस्व होता है, 'पतिरेव गुरुः स्त्रिणाम्' मनु ने कहा कि पत्नी को अपने आप में उसी प्रकार का आचरण और व्यवहार ढाल लेना चाहिए, जिस प्रकार उसका पति हो, इसीलिए धृतराष्ट्र की पत्नी ने जब देखा कि उसका पति अंधा है तो उसने भी जीवन भर के लिए अपनी आंखों पर पट्टी बांध ली। वैवश्वत की पत्नी ने उसी प्रकार अपने जीवन को ढाल दिया था, जिस प्रकार से उसका पति था। दात्रेय एक भिखारी था परंतु वह उच्चकोटि का विद्वान भी था। यद्यपि उसकी पत्नी राजा की पुत्री थी फिर भी उसने पति के समान ही याचनावृत्ति को अपना लिया था। इसी प्रकार यदि तुम्हारे होठों ने मुझे पागल कहा है तो मैं भी चाहता हूं कि तुम पगली बन सको और अपने जीवन के त्याग से मुझे बदल सको, जिससे कि मैं अपने लक्ष्य तक पहुंच सकूं।

मेरा प्रथम पागलपन यह है कि मैं सुख-सुविधापूर्ण जीवन को सही जीवन नहीं मानता। मुझे यह देखकर दुःख होता है कि मेरे देश के साठ करोड़ नर-नारी पराधीनता के जुए से बंधे हैं, उनमें से कुछ मुट्ठी भर लोग संपन्न हैं, बाकी पूरा देश अभावों की चक्की में पिस रहा है, उनके पास खाने के लिए भोजन, पहनने के लिए पूरा वस्त्र तथा सोने के लिए छत तक नहीं है। ऐसी स्थिति में यदि मैं आराम का जीवन व्यतीत करता हूं तो यह मेरे लिए अनुकूल नहीं है। मुझे कोई अधिकार नहीं है कि मैं भरपेट भोजन करूं, रंग-रेलियां मनाऊं या आनंद के साथ अपने जीवन को व्यतीत करूं। मैं चाहता हूं कि उन दुखियों के अभावों को दूर कर सकूं, उनके आंसुओं को पोंछ सकूं, उनके अभावों, बाधाओं और परेशानियों में भागीदार बन सकूं।

मेरा दूसरा पागलपन यह है कि मैं ब्राह्मण हूं और अपने ब्राह्मणत्व को पहचान सका हूं। मेरे पूर्वज उच्चकोटि के ब्राह्मण थे। उनके पास अलौकिक सिद्धियां थीं, ज्ञान का अक्षय भंडार था, ज्योतिष के क्षेत्र में वे अद्वितीय थे। काल को अपने चिंतन के माध्यम से उन्होंने बांध रखा था, और भविष्य की उन अंधेरी खाइयों में वे सफलतापूर्वक झांकने में सफल हो सके थे, जहां पर सामान्य मानव की दृष्टि नहीं जाती।

पर आज वे विद्याएं कहां हैं, ज्योतिष को सही रूप में जानने वाले इस देश में कितने हैं? तंत्र और मंत्र की वास्तविकता कहां पर है? आकाशगमन तथा परदेश गमन की सिद्धियां कहां हैं? पर-पर-यह सब कुछ मेरे देश में था। हम ब्राह्मणों के पास इस प्रकार की सिद्धियां थीं कि हम अपने शरीर में से प्राण निकाल कर निर्जीव शरीर में प्राणों का संचार कर सकते थे। यह बहुत दूर की बात नहीं है, शंकराचार्य ने ऐसा कर दिखाया था-पर आज ये सब कल्पनाएं बन गईं। हमारे ज्ञान का मखौल उड़ाया जा रहा है, हमारी विद्याएं उपहास का पात्र बन गई हैं, हमारे ब्राह्मणत्व पर लांछन लगाया जा रहा है, और इतना सब कुछ होते हुए भी हमारे कानों पर जूं तक नहीं रेंगती। हम अपने ही राग-रंग में मस्त हैं, अपने ब्राह्मणत्व को भुला बैठे हैं, अपने पूर्वजों की थाती लोप हो रही है और हम आनंद से जीवन जी रहे हैं। क्या यह उचित है? क्या इस प्रकार हम इन विद्याओं से अलग नहीं हो जाएंगे? क्या कुछ समय बाद इस प्रकार की अलौकिक सिद्धियों से हमारा देश वंचित नहीं हो जाएगा? ये और इस प्रकार के सैकड़ों प्रश्न मेरे मानस में घुमड़ रहे थे और उस दिन मेरे हृदय को सबसे अधिक चोट लगी, जिस दिन एक साधु ने मुझे यह कहा कि ब्राह्मण अपने आप में समाप्त हो गया है। कुछ समय बाद ब्राह्मण उस व्यक्ति को कहा जाएगा जो केवल पेट भरने को ही अपना जीवन समझता हो और अपनी उदरपूर्ति के लिए यजमान को ईश्वर से भी ज्यादा मान्यता देता हो।

और मैंने उसी दिन निश्चय कर लिया था कि मैं इस ब्राह्मणत्व को लोप नहीं होने दूंगा। यदि प्रभु ने मुझे शरीर दिया है तो यह शरीर एक सामान्य जीवन बन कर नहीं रह पाएगा। जब तक यह कुछ विशिष्टता प्राप्त नहीं कर लेगा तब तक मैं अपने जीवन को जीवन नहीं कहूंगा, फिर मेरे और कीड़े-मकोड़ों के जीवन में फर्क ही क्या रह जाएगा?

पर इस प्रकार की अलौकिक सिद्धियां, तंत्र, मंत्र बाजारों में नहीं बिकते। गली-कूचे में फिरने वाले साधुओं के पास इस प्रकार का ज्ञान नहीं होता। इस प्रकार के व्यक्ति संसार से उदासीन हैं, समाज से कटे हुए हैं और प्रकृति की गोद में, उसके साहचर्य में अपने आपको लिप्त किए हुए हैं। मुझे उन लोगों तक, उन साधुओं तक, उन विशिष्ट महर्षियों तक पहुंचना है, जिनके पास इस प्रकार की अलौकिक सिद्धियां हैं।

आज की नई पीढ़ी ने पैंट और कोट पहनना, अंग्रेजी बोलना और विदेशियों की तरह रहन-सहन अपनाना अपने जीवन का धर्म मान लिया है। ब्राह्मण का बेटा क्लर्क बना अपना गौरव समझने लगा है, ऐसी स्थिति में यह विद्या कैसे सुरक्षित रहेगी। मैंने इस बात को अनुभव किया कि जिन विभूतियों के पास यह ज्ञान है,

वे इने-गिने ही रह गए हैं और यदि वे समाप्त हो गए तो यह दुर्लभ ज्ञान, यह अलौकिक सिद्धियां उनके साथ ही समाप्त हो जाएंगी।

इसीलिए मैं अपने जीवन को सामान्य रूप से नौकरी करके बिताना पाप समझने लगा था। समाज को आगे बढ़ाने के, उसे जिन्दा रखने के कई प्रकार हैं। राजनीति के द्वारा भी समाज में चेतना दी जा सकती है। क्रांति के द्वारा भी समाज को आगे बढ़ाया जा सकता है, परंतु इस प्रकार से जो समाज बनता है, वह खोखला होता है। क्योंकि यह देह तो सुंदर बन जाती है परंतु उसकी आत्मा शून्य होती है। उस आत्मा में स्पंदन इस प्रकार के ज्ञान की चेतना के द्वारा ही दिया जा सकता है, और इसीलिए मैंने इस रास्ते को अपनाया, यदि यह मेरा पागलपन है तो मैं इस पागलपन पर खुश हूं। मैंने आनंद का जीवन छोड़कर दुखों का जीवन स्वीकार किया है। खुशियों को त्याग कर अभावों के साथ रहने में प्रसन्नता अनुभव करने लगा हूं। राग-रंग, भोग-विलास आदि को छोड़कर जंगलों में भटकना, भूमि पर सोना तथा कठिनाइयों, परेशानियों, भूख और अभावों को साथ लेकर पहाड़ों में इधर-उधर पागलों की तरह भटकना मैंने स्वीकार किया है—और मैं आज इस बात को मानता हूं कि मैं जिस रास्ते पर चल रहा हूं, वह रास्ता इतना आसान नहीं है, उसमें कांटे-ही-कांटे हैं, फूलों की कल्पना करना ही मूर्खता है।

मेरा तीसरा पागलपन यह है कि मैं किसी भी कीमत पर उन लुप्त विद्याओं को प्राप्त करना चाहता हूं जो कि अलौकिक हैं, और इन तीन वर्षों में मैंने यह अनुभव किया है कि मैं अपने लक्ष्य तक पहुंच सकूंगा। घर पर जब मैं था तब मुझे विश्वास नहीं था कि इस प्रकार की अलौकिक सिद्धियां वास्तव में होती हैं। मंत्रों में इतनी अधिक शक्ति होती है कि वह असंभव को भी संभव कर सकता हो। परंतु आज जब इस क्षेत्र में घुसा हूं, थोड़ा बहुत जो कुछ प्राप्त किया है, उसके आधार पर मैं यह कहने में समर्थ हूं कि आज भी इस प्रकार के साधु जीवित हैं जो अलौकिक हैं, जिनके पास ज्ञान का अक्षय भंडार है, मैंने उन साधुओं के पास पहुंचने का प्रयत्न किया है और मुझे अपना लक्ष्य स्पष्ट दिखाई देने लगा है।

घर से निकलने के बाद मैं एक दिन भी आराम से सो नहीं सका हूं। तुम यदि आज मेरी हालत देख लो तो शायद अपने आपको सौभाग्यशाली समझोगी। तुम्हारे पास सिर ढकने के लिए छत है, खाने के लिए रूखी-सूखी बाजरे या मक्के की रोटी तो है, परंतु मेरे पास तो यह भी नहीं है। कोई निश्चित नहीं कि शाम कहां पर बीतेगी, सुबह कहां पर होगी। शाम को भोजन प्राप्त भी हो सकेगा या नहीं। शाम तक जीवित भी रह सकूंगा या नहीं, कुछ भी नहीं कह सकता। सब कुछ अनिश्चित है। परंतु फिर भी मेरी आंखों की चमक टूटी नहीं है, बल्कि उसमें तीव्रता ही आई है, क्योंकि इसके बावजूद भी मुझे कुछ ऐसे अलौकिक साधु मिले

हैं, जिनके पास इस प्रकार की विद्याएं हैं और उनके द्वारा मुझे मिला है—बहुत कुछ मिला है।

यह जीवन कितना कष्टदायक है, यदि मैं इस पत्र के माध्यम से व्यक्त करूं तो तुम्हारी आंखें भर जाएंगी। मेरे पास एक धोती और एक कुर्ता है, जिसे मैं स्नान करने के बाद नित्य बदल लेता हूं, इसके अलावा किसी प्रकार का कोई भौतिक साधन न तो मेरे पास है और न अपने पास रखना चाहता हूं।

नंगे पांव चलने से पूरे पांव जगह-जगह से फट गए हैं, और कई स्थानों से तो खून भी रिसने लगा है, क्योंकि एक साधु ने यही शर्त रखी थी कि यदि नंगे पांव आगे के साल भर तक विचरण कर सको तो तुम ज्ञान पाने के अधिकारी हो, और मैंने उस ज्ञान की प्राप्ति के लिए इस शर्त को भी स्वीकार कर लिया है। मेरी यह धारणा है कि मुझे प्रत्येक स्थान का अन्न स्वीकार नहीं करना चाहिए, प्रत्येक व्यक्ति के हाथ का भोजन ग्रहण नहीं करना चाहिए, इसीलिए मैं दिन में एक बार किसी एक ब्राह्मण परिवार से एक समय का आटा स्वीकार कर लेता हूं और अपने हाथों से पकाकर खा लेता हूं। उसके साथ न तो साग होता है और न अन्य साधन। कई बार तो इस प्रकार का परिवार ही नहीं मिलता और ऐसी स्थिति में भूखे रह जाना पड़ता है। हक़ीक़त तो यह है कि अब कुछ स्वभाव ही ऐसा हो गया है कि भूखे रहकर मैं ज्यादा आनंद अनुभव करने लगता हूं।

पिछले महीने मैं एक ऐसे स्थान पर था जो आबादी से काफी दूर था। उस साधु के पास जो ज्ञान था, वह अलौकिक था। क्योंकि वह औघड़ था और जैसा कि तुम जानती हो औघड़—औघड़ ही होता है। उसने एक दिन मेरी छोटी-सी गलती पर इतने जोर से डंडा मेरी पीठ पर मार दिया था कि आज भी उस स्थान पर दर्द करने लगती है। जिस समय वह डंडा लगा था, तब तुम्हारा स्मरण हठात् हो आया था। उस दिन की घटना मेरी आंखों के सामने तैर गई जबकि तुम्हारे हाथों से दूध की बाल्टी गिरने पर पिताजी ने क्रोध के आवेश में जलती हुई लकड़ी से तुम्हारी पीठ पर वार कर दिया था, उस घटना को मैं भुला नहीं पाया था, क्योंकि वह चोट तेरी पीठ पर नहीं अपितु मेरे हृदय पर लगी थी, वह आघात तेरी पीठ पर नहीं मेरे समाज की निर्लज्जता और मेरे संकोच पर लगी थी—फफोला पड़ गया था। दो-तीन दिन तक तो तुम मुझसे छुपाती रही, परंतु जब वह घाव बन गया, तब मुझे ज्ञात हुआ और आज जब उस डंडे के चोट की कसक अपनी पीठ पर अनुभव करता हूं, तब महसूस होता है कि उस चोट का दर्द तुमने कितनी शालीनता के साथ भोगा था। उस शारीरिक चोट से भी ज्यादा गहरी खरोंच तुम्हारे मानस पर पड़ी थी, क्योंकि तुम एक अलग वातावरण से आई थी, और मेरे घर पर एक अलग वातावरण देखने को मिला था। तुम्हारे घर में एक अलग भावना थी, एक अलग

विचार पद्धति थी, एक अलग जीवन का रहन-सहन था। जबकि मेरे घर का माहौल उससे बिल्कुल विपरीत था, और इस माहौल में यदि बहू की पीठ पर जलती हुई लकड़ी मार दी जाती है तो यह अशिक्षा का एक अध्याय माना जाता है।

इन तीन वर्षों में पता नहीं तुमने और कितनी जलती हुई लकड़ियां खाई होंगी, कितनी गालियों की बौछार अपने ऊपर झेली होगी। कितनी यंत्रणा और कष्ट को तुम दांत भींचकर सह रही होगी–कुछ नहीं कह सकता।

यह पत्र मैं ऐसे स्थान से लिख रहा हूं, जहां आस-पास कोई बस्ती नहीं है। इस समय रात के तीन बजे हैं और सारा जंगल सांय-सांय कर रहा है। कभी-कभी जंगली पशुओं की आवाजें जंगल की इस भयानकता को और भयानक बना देती हैं। यहां पर एक छोटी-सी कुटिया है, जिसमें साधु सोए हुए हैं, और बाहर इस दालान में बैठकर मैं तुम्हें पत्र लिख रहा हूं। मिट्टी के तेल की एक छोटी-सी ढिबरी जल रही है। पिछले दिनों ही एक गृहस्थ से कुछ कागज और एक कलम मांग ली थी, क्योंकि तुम्हें कई दिनों से पत्र लिखने की सोच रहा था।

यह पत्र लिखने के पीछे कोई वासना या मोह नहीं है, जितनी कि यह इच्छा है कि तुम बहुत अधिक मेरे बारे में चिन्तित न हो। कम-से-कम तुम्हें यही अहसास हो कि मैं अभी तक जीवित हूं। यदि मैं तुलना करता हूं तो मैं यहां तुम्हारे कष्टों की अपेक्षा ज्यादा सुखी हूं। तुम्हारे प्रति मेरा एक कर्तव्य है, तुम्हारे साथ मेरी भावना जुड़ी हुई है। अग्नि को साक्षी रख कर मैंने तुम्हारा वरण किया है–और इसी धर्म के नाते मेरा यह कर्तव्य हो जाता है कि मैं तुम्हें अपने मन की बात कहूं।

जान-बूझकर मैं अपना पता नहीं दे रहा हूं और सही बात तो यह है कि साधुओं का कोई अता-पता नहीं होता 'रमता जोगी और बहता पानी' का कोई ठिकाना नहीं होता कि आज कहां है और कल कहां होगा।

यह एक तरफ का पत्र व्यवहार है, तीन वर्षों के बाद यह पहला पत्र लिखा है, और दूसरे पत्र की इच्छा अभी मत करना, हो सकता है मैं दो या तीन या चार वर्षों के बाद पत्र लिख सकूं। परंतु इतना निश्चित समझना कि मैं जहां भी हूं, सुखी हूं, स्वस्थ हूं, मेरे मन में तुम्हारे प्रति जरूरत से ज्यादा अपनत्व है और यह अपनत्व क्षीण नहीं होगा...कभी भी क्षीण नहीं होगा।

यद्यपि मेरे पिता जरूरत से ज्यादा क्रोधी हैं। यद्यपि मेरे माता और पिता का व्यवहार तुम्हारे प्रति बहुत अधिक अनुकूल नहीं होगा। संस्कारों की वजह से वे तुम्हें प्रताड़ित करते होंगे, परंतु फिर भी तुम्हें धैर्य से काम लेना है। किसी भी हालत में उनके सामने अपनी जबान नहीं खोलनी है। यदि वे जलती हुई लकड़ियों से भी तुम्हें पीट दें तब भी तुम्हें उफ़ नहीं कहना है। खाने के लिए जो कुछ भी

मिल जाए, उसी को भगवान का प्रसाद समझकर स्वीकार कर लेना है। किसी भी प्रकार की इच्छा या मांग मत करना।

सब कुछ होते हुए भी वे मेरे माता-पिता हैं, मेरे लिए आदरणीय हैं, उन्होंने जन्म दिया है, इस संसार में कुछ करने के लिए मुझे पाल-पोस कर बड़ा किया है, अतः उनके इस ऋण को मैं स्वीकार करता हूं। यद्यपि मैं उनसे दूर हूं, इसलिए शरीर से तो मैं उनकी सेवा नहीं कर पा रहा हूं, पर मुझे विश्वास है कि तुम्हारी तरफ से सेवा में कोई कमी नहीं आएगी। यही नहीं अपितु तुम्हारा यह कर्तव्य है कि तुम उनकी सेवा जरूरत से ज्यादा करो, क्योंकि मेरे हिस्से की भी सेवा तुम्हें ही करनी है।

सेवा में किसी भी प्रकार का प्रतिदान नहीं होता। सेवा केवल एकांगी होती है, उसके माध्यम से किसी प्रकार की प्राप्ति की भावना नहीं होती। तुम्हारे लिए वे सब कुछ हैं, वह परिवार ही तुम्हारा परिवार है और उस परिवार की शरीर से और मन से सेवा करना तुम्हारा कर्तव्य है। मुझे विश्वास है, इसमें तुम्हारी तरफ से किसी प्रकार की न्यूनता नहीं आएगी।

यह पत्र केवल तुम्हारे लिए है और इस पत्र को गोपनीय रूप से ही तुम्हें रखना है। तुम्हारे मन में उस परिवार के प्रति जरूरत से ज्यादा आदर और सम्मान बना रहे, चाहे किसी भी प्रकार की स्थिति हो, अपने आप को तुम्हें हर हालत में दीपशिखा की तरह जलते रहना है। मैंने तुम्हारी भावनाओं को पढ़ा है, तुम्हारे व्यक्तित्व से जितना भी परिचित हुआ हूं, उससे मैं आश्वस्त हूं और मुझे तुम्हारे त्याग की रोशनी में अपना पथ स्पष्ट दिखाई दे रहा है।

आज भले ही न सही, परंतु आने वाला समय इस बात को स्वीकार करेगा कि मेरे निर्माण के पीछे सब कुछ तुम्हारा है। तुम्हारा त्याग मेरे त्याग से बहुत बढ़ा-चढ़ा है। तुम्हारे त्याग की रोशनी में ही मैं आगे बढ़ सका हूं। मेरे पीछे तुम्हारा बहुत बड़ा संबल है, तुम्हारी प्रेरणा है और शक्ति है।

तुम्हारा समय ईश्वर चिन्तन में ज्यादा लगना चाहिए, प्रभु के सामने तुम्हारी यही प्रार्थना होनी चाहिए कि स्वामी जिस उद्देश्य के लिए गए हैं उस उद्देश्य की पूर्ति में वे सफल हों और अपने ज्ञान से समाज को, आने वाली पीढ़ियों को रोशनी दे सकें, उनका पथ प्रशस्त कर सकें...

तुम्हारा साथी
(नारायणदत्त श्रीमाली)

प्रेषक : डॉ. नारायणदत्त श्रीमाली

स्थान : अज्ञात

प्राप्तकर्ता : भगवती श्रीमाली

आलोक : घर से निकलने के कई वर्षों बाद यह पत्र पंडितजी ने पत्नी के नाम भेजा था, जिसमें उन्होंने उनके कर्तव्य को स्पष्ट किया था, वहीं साथ-ही-साथ इस पत्र के माध्यम से उनके मानस चिन्तन की झांकी भी प्राप्त होती है, उन्होंने इन वर्षों में कितना मानसिक संघर्ष और जन कल्याण के लिए कितना अधिक त्याग और बलिदान किया था, उसका आभास इस पत्र के माध्यम से प्राप्त होता है जो कि साधकों के लिए एक दीप-स्तंभ की तरह ज्योतिर्मय है।

प्रिये!

बहुत समय बीत गया है, जबकि मैं तुम्हें आज पत्र लिखने बैठा हूं, मुझे याद नहीं आ रहा है कि मैंने इससे पूर्व तुम्हें कब पत्र लिखा था, परंतु इतना याद है कि मैंने जो पत्र लिखा था, उसको भेजे हुए चार वर्ष से कुछ ज्यादा ही हो गया है।

इन चार वर्षों में मैंने बहुत कुछ भोगा है, बहुत कुछ समन किया है और जिस उद्देश्य से मैं घर से निकला था, उस उद्देश्य की पूर्ति में अनुकूलता प्राप्त हुई है, जब निकला था तब मेरा मन आशंकाओं से ग्रस्त था, पता नहीं मैं जिस उद्देश्य के लिए जा रहा हूं, उस उद्देश्य की प्राप्ति होगी भी या नहीं, मैंने अपने जीवन का जो बहुत बड़ा जुआ खेला है, उसमें सफल हो सकूंगा या नहीं? मैं जान-बूझकर अपने यौवन को अभावों की भट्टी में घुलने दे रहा हूं, क्या यह उचित है या नहीं? इतना हठ करके मैं जा रहा हूं मेरे जाने से पिता अपने आपको बेसहारा अनुभव करने लगेंगे, जिस समय मुझे घर में रहकर मां की सेवा करनी चाहिए, उसके आंसुओं को पोंछना चाहिए, उस समय मैं इन सबको छोड़कर एक ऐसे रास्ते पर बढ़ रहा हूं, जिसका कोई ओर-छोर दिखाई नहीं दे रहा है, मेरे साथ ऐसा कोई पथ-प्रदर्शक भी नहीं है जिसके सहारे मैं आगे बढ़ सकूं, ऐसी कोई ज्योति भी मेरे हाथ में नहीं है जिसके सहारे मैं इस अंधकार में बढ़ता हुआ लक्ष्य पर पहुंच सकूं। इस प्रकार के सैकड़ों प्रश्न मेरे मन को कुरेद रहे थे, परस्पर विरोधी विचार मेरे मानस को उद्वेलित कर रहे थे और मैं भयंकर तूफानों से घिर कर अपने मस्तिष्क को बड़ी कठिनाई से संयत रखने का प्रयत्न कर रहा था, परंतु मेरे सामने कुछ भी स्पष्ट नहीं हो रहा था।

ऐसे ही परस्पर विरोधी विचारों के अंधड़ में जब मैं लगभग अपने विचारों से डिगने जा रहा था, जब यह निश्चय करने जा रहा था कि मुझे इन अनजाने रास्ते पर नहीं बढ़ना चाहिए, वर्तमान में जो सुख-सुविधाएं हैं, उनको छोड़कर अभावों के दलदल में नहीं फंसना चाहिए और जो कुछ प्रभु ने दिया है उसी को पाकर संतुष्ट हो जाना चाहिए, जो कुछ प्राप्त है, उसी में संतोष कर लेना चाहिए। सच कह रहा हूं, उन दुर्लभ क्षणों में मैं अपने विचारों से फिसल गया था, मित्रों-संबंधियों और परिचितों ने जो भयंकर वातावरण मेरे सामने बढ़ा-चढ़ा कर बताया था, उससे जाने का निश्चय मैं मन-ही-मन छोड़ चुका था, ऐसे ही क्षणों में तुम दीपशिखा की तरह मेरे सामने प्रकट हुई। मैंने तुम्हारा कारुणिक रूप भी देखा है और तेजस्वी तथा ओज पूर्ण चेहरा भी। तुम्हारा आंसुओं से भरा हुआ मुख-मंडल भी मेरे सामने साकार हुआ है और दृढ़ता तथा तेजस्विता से युक्त चेहरा भी। जब मैं लगभग अपने आपमें टूट चुका था, मां की आंखों के बहते आंसुओं से लड़खड़ा चुका था, तब तुमने मेरे शरीर में एक नई विचारधारा पैदा की थी, एक नया रास्ता मेरे सामने स्पष्ट किया था। तुम्हारा वह चेहरा, तुम्हारी वह दृढ़ता और तुम्हारी वह ओजस्विता आज भी मेरे सामने ज्यों-की-त्यों साकार है। सच कहूं तो इन 7-8 वर्षों में तुम्हारी यह दृढ़ता ही मेरा पाथेय बनी है, मेरे लिए वह प्रकाश बिन्दु की तरह जगमगाती रही है, जब-जब भी मैं दुर्बल और कमजोर पड़ा हूं, उसने मुझे संबल, साहस और दृढ़ता दी है।

प्रारंभ में तुम जरूर हताश हो गई थी, एक प्रकार से अपने जीवन से ही निराशा अनुभव करने लग गई थी। ऐसा लगने लगा था जैसे तुम्हारे शरीर का पूरा खून निकल गया हो, चेहरा फीका पड़ने लग गया था और तुममें और मृत्यु में बहुत ज्यादा फासला अनुभव नहीं हो रहा था, परंतु ज्यों ही मुझमें कायरता का संचार हुआ, तुम्हारा रूप ही बदल गया, तुम्हारी वह श्रीहीन आंखें ओजस्विता में परिणत हो गईं और चेहरे पर एक अपूर्व कांति, एक अपूर्व चमक आ गई जो कि अपने आप में मेरे लिए अन्यतम थी, आश्चर्यजनक थी।

मैंने इतिहास में राजपूत महिलाओं के जौहर पढ़े थे। मैंने पढ़ा था कि वे महिलाएं जो असूर्यम्पश्या कहलाती थीं, मुस्कराती हुई, खिलखिलाती हुई अग्नि को समर्पित हो जाती थीं। आग में कूदते समय भी उनके चेहरे पर एक अपूर्व चमक रहती थी, मृत्यु का वरण करते समय उनके चेहरे की कांति और बढ़ जाती थी, और मैंने ऐसा दृश्य पहली बार प्रत्यक्ष रूप में देखा, जब तुमने स्पष्ट शब्दों में मुझे बताया कि इस प्रकार हताश और निराश होने की जरूरत नहीं है, जो जीवन में खतरा नहीं ले सकता वह कुछ भी नहीं कर सकता। जो मृत्यु से डरता है, उसका जीवन स्पंदित होते हुए भी मृत्यु तुल्य है। जो असफलताओं की आशंकाओं से घबरा जाता है, वह कायर है, बुजदिल है।

बातचीत के दौरान तुमने आगे कहा था कि जब आपने इस रास्ते पर बढ़ने का निश्चय कर ही लिया है तो फिर इस प्रकार लड़खड़ाने की जरूरत नहीं है, इस प्रकार बुजदिली प्रदर्शित करने की आवश्यकता नहीं है, जो समुद्र के किनारे बैठे रहते हैं उनके हाथ में घोंघे ही आते हैं, पर जो खतरा उठाकर समुद्र की बीच

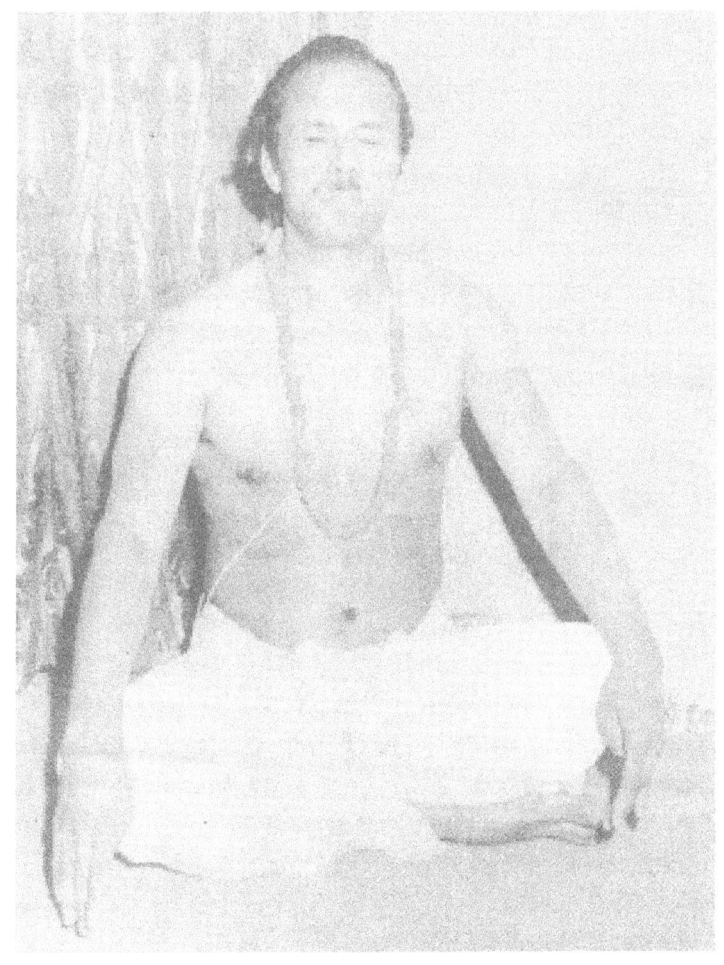

डॉ० श्रीमाली

धार में कूद जाते हैं वे युवक ही मोती प्राप्त करने में सफल होते हैं। जीवन में यदि तुम्हें घोंघे ही चुनने हैं तो यह जीवन ठीक है, पर घोंघे चुनने वाले कायर और बक होते हैं, वीर और साहसी किनारे पर नहीं बैठे रहते, मगरमच्छ और खतरनाक

जंतुओं से घबराते नहीं हैं, अपितु बिना हिचकिचाहट के समुद्र में कूद जाते हैं और जीवन के उद्देश्य में सफल हो जाते हैं।

मैंने तुम्हारा वरण किया है, एक ऐसे पति का वरण किया है जो साहसी है, जिसमें कुछ करने की भावना है, जिसमें आगे बढ़ने की लालसा है, जो समाज में कुछ कर दिखाने की क्षमता रखता है, मैंने कायर और निर्बल व्यक्ति से शादी नहीं की, नपुंसक और श्रीहीन व्यक्ति की मेरी नजरों में कोई इज्जत नहीं है, जो अपने आपसे हार जाता है, उसकी संसार भी कद्र नहीं करता। यदि एक बार आप मेरी नजरों से गिर गए तो फिर वापस मेरी नजरों में इज्जत नहीं पा सकेंगे, आप मेरे पति हैं, आपका सम्मान करना मेरा कर्तव्य है। आपकी आज्ञा का शिरोधार्य करना मेरा धर्म है परंतु मेरा यह भी धर्म है कि जब आपके पांव लड़खड़ाने लगें तब आपको संबल दूं, जब आप निराश और हताश हो जाएं तब आपको सहारा दूं, जब आप अपने आपमें कमजोरी अनुभव करने लगें तब आपमें आशा का संचार करूं और मैं यह कह कर अपने धर्म का निर्वाह कर रही हूं।

आपमें कमजोरी इसलिए आई है कि आपके मित्रों ने एक भयानक चित्र आपके सामने खींच दिया है। पर आप यह देखें कि क्या उन्होंने अपने जीवन में कुछ किया है? क्या उनको कोई जानता है? इस गली के बाहर क्या उनका कोई अस्तित्व है? क्या वे समाज को कुछ देने में समर्थ हैं? यदि नहीं, तो फिर उनकी बात मानने से क्या लाभ? वे स्वयं कायर हैं और दूसरों को भी कायरता के अलावा कुछ भी नहीं दे सकते। जिसके पास जो कुछ होता है, वह वही तो दे सकता है। वे कायर हैं, बुजदिल हैं, जीवन से चूके हुए हैं, अतः उनके पास निराशा और हताशा देने के अलावा कुछ भी नहीं है।

आप विचलित इसलिए हो गए कि आपने पिताजी के उतरे हुए चेहरे को देखा है, आप निराश इसलिए हो गए कि आपने मां की आंखों में बहते हुए आंसुओं को देखा है, आपने छोटे भाई के उदास चेहरे को अनुभव किया है, आपने ऐसा महसूस किया है कि जैसे इस घर की रौनक समाप्त हो गई है, आपने ऐसा पाया होगा कि जैसे इस घर पर मृत्यु का सन्नाटा छा गया हो और इस वातावरण ने आपके पांवों में कमजोरी ला दी होगी, पर क्या यह उचित है? जब आपने एक निश्चय कर ही लिया है तो फिर उस निश्चय में न्यूनता लाना उचित नहीं है, जो भी इस प्रकार का निश्चय करेगा उसे तो इन समस्याओं को पहले से ही देखना पड़ेगा। जो इस प्रकार आगे बढ़ना चाहेगा उसके सामने ये परेशानियां आएंगी ही। शुभ कार्य में पग-पग पर बाधाएं और कठिनाइयां आती हैं, पर इससे वे निराश नहीं होते, हमारा इतिहास इन तथ्यों से भरा पड़ा है, राम के अपने कर्तव्य-निर्वाह में क्या इस प्रकार की बाधाएं नहीं आई थीं, क्या उनके सामने दशरथ का श्रीहीन

चेहरा और कौशल्या की अश्रुपूर्ण आंखें नहीं थीं? पर इनसे वे अपने पथ से विचलित नहीं हुए। अपितु इस प्रकार की बाधाओं ने तो उनके पैरों में और ज्यादा मजबूती ला दी थी, इस प्रकार की कठिनाइयों ने उनके जीवन में और ज्यादा दृढ़ता पैदा कर दी थी और इसीलिए वे जीवन में सफल हो सके हैं। मृत्यु पर विजय प्राप्त कर सके हैं और उस युग के समाज को बहुत कुछ दे सके हैं।

आप स्वयं सोचिए, यदि इस प्रकार राम अपने पथ से अपने निश्चय से लड़खड़ा जाते तो क्या उनमें और एक साधारण राजपूत में कुछ अंतर रहता? यदि यशोधरा का मोह बुद्ध को बांध लेता तो क्या आज हम उनका स्मरण रख पाते? क्या शंकराचार्य अपनी मां की आंखों के आंसुओं से विचलित हुए थे? हमारा तो पूरा इतिहास इस प्रकार की घटनाओं से भरा पड़ा है और आज यदि हम उन युग-पुरुषों को स्मरण करते हैं तो इसलिए कि उनके सामने भी इस प्रकार की चुनौतियां थीं, इस प्रकार के विरोधी विचार उनके दिमाग में भी उठे थे, इस प्रकार का विरोधी वातावरण उनके सामने भी था, पर वे कायर नहीं बने, उन्होंने अपने जीवन में हार कर नपुंसकता प्रदर्शित नहीं की, अपितु उन्होंने मुट्ठी बांध कर खड़े हुए, समाज को चुनौतियां दीं और अपने पूरे जीवन को दाव पर लगा दिया। इसीलिए आज वे जीवित हैं और आगे भी सैकड़ों वर्षों तक जीवित रह सकेंगे।

यह सही है कि जब मैंने विवाह किया तब मेरे दिमाग में बहुत कुछ सुखद कल्पनाएं थीं, यह उम्र कल्पनाजीवी होती है, मेरी सहेलियों ने भी मुझे बहुत कुछ बताया था और वे मुझसे बहुत कुछ उम्मीदें भी रख रही होंगी, परंतु जब मैं यहां आई तब मैंने अपने आपको एक विचित्र वातावरण में अनुभव किया। यहां का वातावरण मेरे घर के वातावरण से सर्वथा भिन्न था। मैं बड़ी कठिनाई से अपने आपको संयत कर सकी। मेरे जो दिवास्वप्न थे, वे तो एक महीने में ही काफूर हो गए। मेरी जो सुखद कल्पनाएं थीं, वे विवाह के कुछ समय के बाद ही हवा में विलीन हो गईं, मैंने अपने मन में यह निश्चय कर लिया कि मुझे जब अपना जीवन इसी वातावरण में बिताना है तो मुझे अपने आपको वातावरण के अनुकूल बनाना ही होगा, जब मैं धरती पर सोई तो कुछ दिनों तक तो नींद ही नहीं आई, जब मैंने पहली बार मक्के की रोटी और चन्दलिए के साग खाई तो उसका स्वाद एक अजीब अटपटा-सा लगा और मैं भूखी ही उठ गई, परंतु ऐसा कब तक करती? मैं धीरे-धीरे उसके अनुकूल अपने आपको बनाने का प्रयत्न करती रही, उस वातावरण में अपने आपको ढालने की कोशिश करती रही और अपने जीवन को इस प्रकार से कठोर बनाने का प्रयत्न करती रही, जिससे कि इस प्रकार के वातावरण को मैं झेल सकूं।

मैंने काफी कुछ पढ़ रखा था, मैंने पढ़ा था कि जब बहू पहली बार ससुराल जाती है तो उसका बहुत-बहुत स्वागत होता है, उसके आराम का, उसके सुख-सुविधाओं का पूरा-पूरा ध्यान रखा जाता है, देवर उससे मजाक करते हैं, ननदें गुदगुदाती हैं, हमजोली बहुएं उससे चुहल करती हैं और उसका वह समय मंत्र-मुग्ध की तरह बीत जाता है, पता ही नहीं चलता कि कब प्रातः होता है, कब सांझ उतर आती है और कब रात शुरू हो जाती है।

परंतु मैंने यहां ऐसा कुछ भी नहीं पाया, अपितु इससे बिल्कुल भिन्न वातावरण अनुभव किया, शुरू-शुरू में तो मैंने ऐसा अनुभव किया जैसे मैं घनघोर जंगल में आ गई हूं, चारों तरफ एक डरावना-सा माहौल है और कुछ ऐसा वातावरण है, जो कि अत्यंत ही अटपटा और असंगत है।

घर में दूसरे ही दिन मुझे एक मील दूर से पानी लाने की आज्ञा हुई। मैं अपने घर में सिर पर मटकी रखकर कभी पानी लाई नहीं थी, परंतु उस दिन संभलते-संभलते भी सिर पर से मटकी गिर गई और गिरते ही जिन गालियों से मेरा स्वागत सत्कार हुआ, वह मेरे लिए अप्रत्याशित था, मैं अपने आप में जड़वत् हो गई, मैं समझ नहीं सकी कि इस समय क्या कर सकती हूं, इस सारे कार्य में मेरी क्या गलती है, मैं जब सिर पर संयत ढंग से मटकी रख नहीं सकती तो गिरना स्वाभाविक है और चार आने की एक मटकी के पीछे जो मेरा अपमान हुआ है, जिस प्रकार से मेरे ऊपर गालियों की बौछार हुई है, क्या वह उचित है? क्या बहू का स्वागत इस समाज में इसी प्रकार से होता है और यदि पहला दिन इतने स्वागत के साथ हुआ है तो फिर अभी तो पूरा जीवन आगे पड़ा है और यह सोच-सोचकर मैं पीपल के पत्ते की तरह कांप गई। सच कहती हूं वह सारा दिन मेरा दुखी मन से बीता, सारी रात मैं सो नहीं सकी। एक प्रकार से मैं अपने आपको असुरक्षित अनुभव करने लग गई थी, मुझे कुछ ऐसा लगने लगा था कि जैसे मैं कसाइयों के बीच घिर गई हूं, आने वाले समय और आने वाली अज्ञात आशंकाओं से मैं थर-थर कांपने लगी।

परंतु मैंने यह निश्चय कर लिया था कि यथासमय मेरी तरफ से कम-से-कम गलती हो, मुझे ऐसा कोई मौका नहीं देना चाहिए, जिससे कि इन लोगों को कुछ कहने का अवसर मिले, अपने लिए कुछ भी नहीं मांगना है। स्वयं के लिए किसी भी प्रकार की सुख-सुविधा की इच्छा नहीं करनी है, जो कुछ मिल जाए, जिस प्रकार से भी मिल जाए उसी में संतुष्ट रहना है।

और मैंने अपने जीवन को इसी प्रकार से ढालने का प्रयत्न किया, जमीन पर जो भी बिछौना मिल गया, उसी को श्रेयस्कर मान लिया, जो भी खाने को मिल गया उसी को सब कुछ समझ लिया और अपनी तरफ से कुछ ऐसी व्यवस्था की,

जिससे कि आपके कानों तक मेरी बात न पहुंचे, क्योंकि जब आपको ज्ञात होता कि यह खाना-खाना मेरे लिए कष्टप्रद है तो शायद आपको दुःख होता, सुबह चार बजे उठकर चक्की चलाना, पानी लाना, वापस आकर इतने लंबे-चौड़े घर को साफ करना, लीपना, भोजन बनाना, गायों और भैंसों का दूध दुहना, उसे गर्म करना, उनको चारा-पानी देना, उनके गोबर को लीपना और दोपहर को जंगल से घास काटकर लाना, जलाने के लिए लकड़ियां जंगल से लाना, शाम को फिर गायों का काम, भोजन का काम, कपड़े धोना, सबको भोजन करवाना और बरतन मांजते-मांजते रात्रि के ग्यारह-बारह बज जाते। इस हाड़-तोड़ मेहनत के बाद भी उपेक्षा, गालियां और आलोचना सुनना, यह सब कुछ मेरे लिए सर्वथा अप्रत्याशित था। मेरे लिए इतना बोझ उठाना संभव नहीं था, मैंने कभी अपने जीवन में ऐसा सोचा ही नहीं था कि मुझे इस प्रकार के वातावरण में जाना पड़ेगा, इस प्रकार के कामों में लगना पड़ेगा और इस प्रकार से गालियां और ताने सुनने पड़ेंगे, सब कुछ अप्रत्याशित था, परंतु फिर भी मैंने अपने होंठ सी लिए थे, अपने होंठों पर चुप्पी की मोहर लगा ली थी। मैंने निश्चय कर लिया था कि यह शरीर बहुत समय तक मेरा साथ नहीं देगा, परंतु जब तक भी इस पिंजरे में प्राण है तब तक मुझे उफ् नहीं कहना है, सब कुछ सहना है, दांत भींचकर सहना है, जी को मसोस कर रहना है और मैंने यह किया है तथा आज तक करती रही हूं।

शायद आपको स्मरण होगा, विवाह के दो महीने बाद मेरे पिताजी मुझसे मिलने के लिए आए और अपने साथ खाने के लिए सेब लेकर आए थे, उन सेबों को देखकर मेरे होठों पर पहली बार व्यंग्य की मुस्कराहट उभरी थी, मैंने अपने भाग्य पर विचार किया था कि जहां खाने के लिए सब्जी भी ढंग से प्राप्त नहीं होती, वहां पर ये सेब प्राप्त होना प्रकृति का और नियति का मेरे ऊपर कितना क्रूर व्यंग्य है।

मेरे पिता ने जब मेरे चेहरे को ध्यान से देखा तो उन्हें जबर्दस्त आघात लगा था। वह इस बात की कल्पना ही नहीं कर सकते थे कि दो महीने में बेटी का चेहरा इस प्रकार से फीका पड़ जाएगा, चेहरे की सारी लुनाई और चमक इस प्रकार से बुझ जाएगी, इसकी तो उन्होंने कल्पना ही नहीं की थी। उन्होंने एक तरफ मुझे ले जाकर पूछा भी था कि क्या बेटी तुम यहां खुश हो?

और मैंने पहली बार चेहरे पर जबरदस्ती मुस्कराहट चढ़ाकर स्वाभाविक रूप से उत्तर दिया था कि हां, मैं खुश हूं, बहुत खुश हूं, परंतु इतना कहते-कहते मेरी आंखें भर आईं, मैं बहुत प्रयत्न करती रही कि आंखें मेरा साथ दें, आंसू मेरा भेद न खोलें, परंतु उन्होंने सारी बात कह दी और मेरे पिता की अनुभवी आंखों ने वह सब कुछ जान लिया जो मैं कहना नहीं चाहती थी।

मैंने अपने जीवन में पहली बार अपने पिता को उदास देखा था। संभवतः वे अपने आपको अपराधी समझने लग गए थे, उन्होंने यह अनुभव कर लिया था कि मैंने अपनी बेटी का गला घोंट दिया है, उसकी खुशियां नीलाम कर दी हैं, उसके चेहरे पर जो चमक समाप्त हो गई है, उसका जिम्मेवार मैं स्वयं हूं, उसके आंचल में जो दुःख भर दिया है, वह मेरी गलती है, उसकी आंखों में जो आंसू तैर रहे हैं, उसका जिम्मेवार मैं स्वयं हूं और वे सारे विचार उनके दिमाग में एक साथ ही कौंध गए होंगे और उनका चेहरा बुझ गया। मैंने पहली बार अपने पिता का इतना श्रीहीन चेहरा देखा था, सच कहती हूं कि उनके इस प्रकार के चेहरे को देख कर मैं रुक नहीं सकी और उनकी गोद में सिर देकर फफक पड़ी, मेरी आंखों से आंसू बांध तोड़कर बह निकले, हिचकियां भर आईं और मैं न चाहते हुए भी उनके सामने थरथरा गई, मेरे साथ ही उनकी आंखों से भी आंसू बह निकले और उनके वे गर्म आंसू जब टप-टप करते हुए मेरे चेहरे पर पड़े तो आप कल्पना कर सकते हैं कि मेरे दिल पर क्या गुजरी होगी और किस प्रकार से उन्होंने इतना जबरदस्त धक्का अपने कमजोर सीने पर झेला होगा?

शाम को मेरे पिता ने जब मुझे अपने घर ले जाने के लिए आपके पिताजी से पूछा तो उन्हें सीधी गालियों की बौछार मिली। उन्हें बताया गया कि मैं कितनी कामचोर हूं, कितनी मटकियां फोड़ दी हैं, कितनी रोटियां जला दी हैं और कितनी बार अपनी उंगलियां जलाकर झूठी सहानुभूति प्राप्त करने की कोशिश की है। उनकी मान्यता यह थी कि जो मेरी उंगलियां जल गई हैं, वे मैंने जान-बूझकर जलाई हैं, जिससे कि दूसरी बार रसोई करने से छुटकारा मिल सके, यही नहीं अपितु मैंने कितनी बार जंगल से आते समय लकड़ियों की ढेरी या घास के गट्ठर गिराए हैं, इन सबका लेखा-जोखा उनके सामने रख दिया गया, यह भी बताया गया कि मैं निकम्मी हूं, बेकार हूं, बलवान नहीं हूं, कामचोर हूं और मैं उनके घर के लिए किसी भी प्रकार से योग्य नहीं हूं।

आपके पिताजी, धारा प्रवाह रूप से यह सब कुछ कहते रहे और मेरे पिता अपराधी की तरह इन सब बातों को सुनते रहे। आप उन दिनों किसी कार्यवश एक सप्ताह के लिए बाहर गए हुए थे, यदि आप उस क्षण देखते या गालियों की बौछार सुनते तो शायद आप स्वयं संयत नहीं रह पाते, मैं अपने आप में इतनी दुखी हो रही थी कि यदि उस समय धरती फट जाती तो निश्चय ही मैं उसमें समा जाने का गौरव अनुभव करती।

और अंत में निर्णय सुनाते हुए बताया कि किसी भी हालत में हम बहू को आपके घर नहीं भेजेंगे, इसको यहीं रहना होगा, यह यहां सुखी है, हम इसको

जरूरत से ज्यादा प्यार दे रहे हैं, इसको किसी प्रकार की कोई तकलीफ नहीं है, इसलिए इसको ले जाने की आवश्यकता नहीं है।

इसके साथ ही आपकी माताजी ने यह भी जोड़ दिया कि भविष्य में इससे मिलने के लिए आने की जरूरत नहीं है और जब हमें भेजना होगा तब आपको कहलवा देंगे।

मैंने उस दिन पहली बार अनुभव किया कि हमारे समाज में स्त्रियां कितनी पराश्रित और पददलित हैं, मैंने उस दिन यह अनुभव किया कि बेटी का पिता होना कितना दुःखदायक है। मैंने उस दिन यह अनुभव किया कि पुत्री का पिता किस प्रकार से बेबस हो जाता है, मैं अश्रुपूरित आंखों से उन्हें जाते हुए देखती रही, ऐसा लग रहा था, जैसे वे एक गाय को कसाइयों के बाड़े में छोड़कर जा रहे हैं। उन्होंने मुड़कर मुझे देखा तक नहीं, या यूं कहूं कि उनमें इतनी शक्ति ही शेष नहीं रह गई थी कि वे मुझे मुड़कर देखते। वे जाते रहे और मैं डबडबाई आंखों से उन्हें देखती रही।

इतना होते हुए भी मैंने आपसे कभी शिकायत नहीं की। आप स्वयं अपने विचारों में उलझे हुए थे, आप स्वयं अपनी समस्याओं से घिरे हुए थे। ऐसी स्थिति में मैं अपनी समस्याओं से आपको परेशान करना उचित नहीं समझती थी। आपने एक-दो बार पूछा भी था कि तुम सुखी तो हो और मैंने जबरदस्ती की मुस्कराहट ओढ़कर कहा था कि मैं बहुत सुखी हूं, बहुत संतुष्ट हूं।

मैं उस दृश्य को नहीं भुला पा रही हूं, जब मैं सर्दी में बीमार पड़ गई थी, मैं जमीन पर सोती रही, क्योंकि घर में एक ही खाट थी और उस पर आपके पिताजी सोते थे, जमीन पर पूरा बिछौना नहीं था और ओढ़ने के लिए बोरी की जो सिली हुई गुदड़ी थी वह पर्याप्त नहीं थी। आप स्वयं जानते हैं कि आपके गांव में कितनी सर्दी पड़ती है और ऐसी सर्दी में जब पूरे पहनने के लिए कपड़े नहीं थे। ओढ़ने के लिए पूरी गुदड़ी नहीं थी तो सर्दी लगना और बुखार आना स्वाभाविक था। जब सुबह मैं उठने के लिए उद्यत हुई तो मैं उठ नहीं पाई ऐसा लग रहा था जैसे मेरा सारा शरीर टूट रहा है, दिमाग चक्कर खा रहा था और उस समय 104° के आस-पास बुखार अनुभव कर रही थी।

परंतु मैं फिर भी हिम्मत करके उठी और चक्की चलाने लगी। मैं कोशिश कर रही थी फिर भी मैं स्वयं अपने आप में नहीं थी। मुझे कुछ भी पता नहीं था कि चक्की चलाते-चलाते कब मैं संज्ञाशून्य सी हो गई और मेरा सिर चक्की के हत्थे पर टिक गया।

मुझे होश तब आया जब मेरी कमर पर जोरों की लात लगी और इसके साथ-ही-साथ गालियों की बौछार मुझे झेलने को मिली, वह मेरे लिए आश्चर्यजनक थी, मैं अपने आपे में नहीं थी, मुझे यह भी ज्ञात नहीं था कि कमजोरी की वजह से मैं इस बुखार में कब बेहोश हो गई हूं और कब चक्की का चलना बंद हो गया है।

जब आपकी माताजी ने चक्की चलने की आवाज नहीं सुनी तब वे दबे पांव यह देखने के लिए आईं कि बहू क्या ढोंग कर रही है? और जब उन्होंने देखा कि मैं चक्की के हत्थे पर सिर रखकर पड़ी हूं तो उन्होंने सोचा कि यह सो रही है और उन्होंने जितनी तेजी से और जोर से लात मेरी कमर पर लगा सकती थीं लगाई। हो सकता है कि उन्होंने लात धीरे लगाई होगी परंतु एकबारगी ही मेरा सिर चक्कर खा गया और मैं वहीं पर बेहोश होकर गिर गई, लात के प्रहार से चक्की का मुठिया मेरे सिर में घुस गया और खून बह निकला।

परंतु उन्होंने इस बात की आवश्यकता ही नहीं समझी कि उस खून को बंद करने का उपाय भी करना है या बेहोशी को दूर करने का भी यत्न करना है, पता नहीं मैं कब तक वहां पड़ी रही, खून बह-बहकर सूख गया था और जब मेरी आंख खुली, तब दिन के तीन बजे थे और मैं वहीं चक्की के पास पड़ी हुई थी।

आज भी वह चोट का निशान रह-रह कर साल जाता है और इतना जोरों से दर्द उठता है कि मैं सहन नहीं कर पाती। पिताजी के यह पूछने पर कि खून कैसे निकला, तो माताजी ने कहा था कि मर जाती तो अच्छा था, जिन्दा रहकर यह क्या करेगी और इस घर का क्या भला कर सकेगी?

उफ्! आज इस जंगल में बैठा हूं, तुम से बहुत दूर, पर सच कहता हूं कि तुम्हारे साथ जो घटनाएं घटी हैं, वे सब रह-रहकर मेरे दिमाग में बराबर चक्कर काटती रहती हैं। मैं जितना ही उन घटनाओं को भुलाने का प्रयत्न करता हूं, उतनी ही ज्यादा ये घटनाएं मेरे मानस को उद्वेलित करती रहती हैं, वास्तव में ही मेरा समाज आज के समय में बहुत ही पिछड़ा हुआ है और इस समाज में तूने जो कुछ भोगा है, जिस प्रकार से भोगा है, वे घटनाएं जब स्मरण आती हैं तो मेरे रोंगटे खड़े हो जाते हैं और मैं अपने आप में कांपकर रह जाता हूं।

मैंने तो अपने आपको उस समाज से कुछ समय के लिए काट लिया है, एक प्रकार से अपने आपको अलग कर लिया है पर तुम उसी समाज में हो, उसी वातावरण में हो, उसी परिवार में हो और उस दमघोटू वातावरण में तुम किस प्रकार से सांस ले रही होगी, यह सोचकर मैं अपने आपको अपराधी-सा महसूस करने लग जाता हूं।

इस समय मैंने एक पहुंचे हुए साधु से "नखदर्पणादि खंड विभूति" ज्ञान प्राप्त किया है, इसके माध्यम से हम अपने अंगूठे के नाखून में वर्तमान जीवन की सारी घटनाएं देख लेते हैं, मैंने यह साधना सीखने के बाद सबसे पहले तुम्हें देखने का प्रयत्न किया था, केवल इसी तथ्य से कल्पना कर सकती हो कि मेरे मानस में तुम्हारा बिम्ब तुम्हारा स्मरण कितना अधिक शक्तिशाली है।

और जब मैंने अपने दाहिने हाथ के अंगूठे के नाखून में तुम्हारा चित्र देखा तो मेरा हृदय धक् से रह गया। एक दुबली-पतली लाश की तरह आंगन में एक तरफ बैठी हुई हो, शरीर पर फटी हुई साड़ी पहनी हुई है, आंखें अंदर धंस गई हैं, शरीर पर मांस का नामो-निशान तक नहीं है और ऐसा लग रहा है जैसे अस्थि-पंजर पर जबरदस्ती की जीवित खाल चढ़ा दी हो।

सच कहता हूं तुम्हारे इस रूप को देखकर मैं अपने आपे में नहीं रह सका था, मैंने अपने आपको पूरी तरह से अपराधी महसूस किया था, उस दिन मैंने अपने आपको कितनी बार धिक्कारा होगा इसकी कोई कल्पना ही नहीं कर सकता, मैंने स्वयं को धिक्कारते हुए कहा कि यह सब तुम्हारे कारण हुआ है। इसमें केवल तुम्हारा स्वार्थ है, तुमने अपने स्वार्थ के लिए एक पूरे जीवन को बरबाद कर दिया है, उसके यौवन को, उसकी खुशियां और उसकी उमंगों को, दुःख की भट्ठी में बेरहमी से फेंक दिया है। तुमने इस बात को सोचा भी नहीं कि जो कुछ तुम कर रहे हो, उसके पीछे कितना कुछ हो जाएगा, उस दिन तो सोच-सोचकर पागल-सा हो गया था और उस रात्रि को हिचकियां भर-भरकर जितना रोया था, उतना शायद अपने पूरे जीवन में भी नहीं रोया हूंगा, उस दिन जितना अपने आपको अपराधी महसूस किया था, उतना कभी भी महसूस नहीं किया। जिस दिन मेरे पांवों में सांप लिपट गया था और मृत्यु मुझसे एक क्षण के अंतराल पर थी, उस दिन भी मैं इतना विचलित नहीं हुआ था, जितना उस दिन तुम्हें नाखून में देखकर हुआ था।

परंतु मुझे संतोष है कि तुम जीवित हो। मुझे उस दिन कम-से-कम इस आशंका से तो मुक्ति मिल गई कि जिसने मेरे लिए त्याग किया है, जिसने मेरे लिए अपने आपको बलिदान किया है, उसकी सांसें अभी तक कायम हैं, उसके शरीर का मांस भले ही समाप्त हो गया हो, चमड़ी अभी तक जिन्दा है और एक बार फिर मेरे हृदय ने पुलक महसूस की है, आनंद अनुभव किया है, घर जाने की ललक पैदा की है और यह इच्छा बलवती हुई है कि मुझे जल्दी-से-जल्दी तुमसे मिलना चाहिए, जल्दी-से-जल्दी अपनी बाहों में भरकर तुम्हें उठा लेना चाहिए।

इस समय मैं तुमसे बहुत दूर हूं। इतना दूर कि यदि मैं जल्दी-से-जल्दी आना भी चाहूं तब भी मुझे काफी समय लग जाएगा और यह भी कि जिस उद्देश्य के

लिए मैंने इतना सब कुछ झेला है, वह अब कुछ ही कदम दूर रह गया है। मैंने बहुत कुछ प्राप्त किया है और यदि तुम मेरी उपलब्धियां, मेरी सफलता सुनोगी तो तुम एकबारगी प्रसन्न हो जाओगी, तुम्हारे चेहरे पर आत्म-संतोष की झलक उभर आएगी, तुम्हारी आंखों में विश्वास की ज्योत्सना फैल जाएगी, तुम्हारे होंठों पर खुशी का तराना गुनगुना उठेगा और मन को एक बार फिर विश्वास हो जाएगा कि कुछ प्राप्त हुआ है, जिसके लिए इतना सब कुछ किया है।

तुम्हारा कोई पत्र मेरे सामने नहीं है पर तुम्हारा मौन-पत्र अपने आपमें अन्यतम है, घर से रवाना होते समय तुमने जिस साहस के साथ मुझे विदाई दी थी, वह अपने आप में अन्यतम क्षण है। उस समय, जब कि मैं कायर हो रहा था, मेरे पांव कमजोर पड़ रहे थे और जब यात्रा स्थगित करने का निर्णय कर लिया था तब तुमने जिस साहस के साथ, जिस वीरता और धैर्य के साथ मुझे सलाह दी थी, आगे बढ़ने के लिए प्रेरणा दी थी, कुछ कर गुजरने के लिए साहस दिया था, वह आज भी मेरे सामने ज्यों-का-त्यों है। मैं उन आंखों की चमक भुला नहीं पाया हूं, तुम्हारे उन शब्दों ने मुझे बराबर सहायता दी है और मैं आश्चर्य से उस समय तुम्हें देख रहा था, तुम्हारे परिवर्तित रूप को देख रहा था, भारतीय नारी के आदर्श को परख रहा था कि यह वही नारी है जो मेरा प्रस्ताव सुनकर हतप्रभ हो गई थी, जिसकी आंखें डबडबा आई थीं, जिसका चेहरा फीका पड़ गया था और जिसके शरीर में एक कंपन, एक थरथराहट पैदा हो गई थी, पर जब इसी भारतीय नारी ने अपने पति को कमजोर होते हुए देखा है तो इसका रूप ही बदल गया है।

वास्तव में ही उन क्षणों में तुम्हारा धैर्य, तुम्हारा साहस अप्रतिम था। तुमने साहस के साथ मुझे जाने के लिए प्रेरित किया। तुमने जो कुछ कहा था, वे अक्षर मेरे जीवन के लिए तो स्वर्णिम अक्षर हैं। तुम्हारा वह साहस, वह ओजस्वी रूप मेरे लिए अप्रत्याशित और आश्चर्यजनक रहा है।

पर...पर जब मैं रवाना होने के लिए तैयार हुआ और जिस दिन मैंने रवाना होने का निश्चय कर लिया और सारा सामान बंध गया तब तुम्हारा वही पत्नी रूप पुनः उभर आया। तुम्हारा चेहरा फिर आंसुओं से भर गया और तुमने जो कुछ साहस दिखाया था वह एकबारगी ही ढह गया। मैं कितने दुखी मन से, कितने व्यथित हृदय से वहां से रवाना हुआ था, वह मैं ही जानता हूं। परंतु उससे भी ज्यादा तुम व्यथित थी, ज्यादा दुखी और उदास थी। ऐसा लग रहा था जैसे देह से प्राण जा रहे हों और वह देह बेबस खड़ी देख रही है। उस समय मैं जान करके भी अनजान बना रहा, मुझमें इतना साहस ही नहीं रह गया था कि मैं मुड़कर तुम्हें और तुम्हारी उस अवस्था को देखूं।

मुझे विश्वास है तुम सुख से होगी, मेरी तरफ से किसी प्रकार की चिन्ता करने की जरूरत नहीं है। मैंने तुम्हें एक से अधिक बार देखा है, यह सब साधना के द्वारा ही संभव हो सका है और जब भी तुम्हारा स्मरण आता है, मैं अपने आपको रोक नहीं पाता हूं, तुम्हें देख लेता हूं और अपने मन को शांति दे देता हूं।

मेरे माता-पिता की सेवा करना...उन्हें कष्ट न हो इस बात का ध्यान रखना। परिवार का मंगल ही तुम्हारा मंगल है, माता-पिता का आशीर्वाद ही हमारे जीवन का पाथेय है।

शीघ्र ही तुम्हें पत्र लिखूंगा, जिसमें विस्तार से अपनी बात को कह पाऊंगा।

स्नेह युक्त,
(नारायणदत्त श्रीमाली)

डॉ. श्रीमाली का पत्र ऋतु के नाम

प्रेषक : डा॰ नारायणदत्त श्रीमाली

स्थान : जोधपुर

प्राप्तकर्ता : ऋतु, नैनीताल

आलोक : इस पत्र के माध्यम से पंडितजी के मानस चिन्तन का आभास मिलता है कि किस प्रकार से गृहस्थ में रहते हुए भी अपने आपको वीतरागी-सा बना रखा है और किस प्रकार से एक साधक गृहस्थ में रहते हुए भी वानप्रस्थवत् जीवन व्यतीत कर सकता है, जीवन का प्रत्येक क्षण कितना अधिक मूल्यवान होता है और उसका किस प्रकार से हिसाब रखा जाता है, इसका आभास इस पत्र के माध्यम से साधकों को प्राप्त होता है।

प्रिय ऋतु,

शुभाशीर्वाद।

तुम्हारा पत्र मिला, जिसमें तुमने आरोप लगाया है कि मैं जान-बूझकर तुम्हारे पत्र का उत्तर नहीं देता या तुम्हें पत्र का उत्तर प्राप्त करने में बहुत अधिक प्रतीक्षा करनी पड़ती है, इसका तात्पर्य यह नहीं है कि मैं पत्र का उत्तर देना नहीं चाहता या तुमसे अथवा तुम्हारे परिवार से उदासीन हूं, अपितु इसका कारण मेरी अत्यधिक व्यस्तता है। मैं चाहता हूं कि मेरे जीवन का प्रत्येक क्षण रचनात्मक कार्यों में ही व्यतीत हो। आगे के जीवन में मेरी जितनी सांसें हैं, उनका हिसाब-किताब समाज के पास हो, एक भी क्षण व्यर्थ में नहीं बीत जाए, इस बात का मुझे हमेशा आभास रहता है।

तुमने अपने पत्र में आरोप लगाया है कि मैं उस तरफ पिछले एक वर्ष से नहीं आ सका हूं या मैं नहीं आना चाहता हूं, तुम्हारा ऐसा सोचना व्यर्थ है। मैं स्वयं तुम्हारे परिवार से मिलने के लिए उत्सुक हूं, उनकी सेवा मेरे मानस में इस

समय भी है, उनकी भावनाओं को मैं भली प्रकार से समझता हूं और मेरे न आने से आप सब लोगों को कितनी खीझ, कितनी उदासी और कितनी बेचैनी होती होगी, इसकी मैं कल्पना कर सकता हूं।

परंतु तुम्हारे सामने प्रश्न केवल तुम्हारे परिवार का है, जबकि मेरे सामने इस प्रकार के सैकड़ों, हजारों परिवारों का प्रश्न है, तुम्हारी समस्याओं से तुम चिन्तित हो और चाहती हो कि इस समस्या का निराकरण जल्दी हो जाए। जिस प्रकार से तुम सोच रही हो उसी प्रकार से अन्य परिवार के लोग भी तो सोचते होंगे। भारतवर्ष में कम-से-कम एक करोड़ से ज्यादा लोगों से मेरा व्यक्तिगत परिचय होगा और इनमें से कम-से-कम पांच-दस लाख परिवार ऐसे होंगे, जिनका मुझसे निकट का परिचय होगा। वे यह चाहते हैं कि मैं उनके यहां भी जाऊं, उनकी बातें भी सुनूं, उनकी समस्याओं का निराकरण भी करूं, जिस प्रकार से तुम्हें और तुम्हारे परिवार को खीझ या बेचैनी होती है, उसी प्रकार से इन दस लाख परिवारों को भी होती होगी, जिस प्रकार से तुम मुझसे मिलने के लिए आतुर हो उसी प्रकार से और लोग भी तो होंगे। कश्मीर से कन्याकुमारी तक मेरा परिवार फैला हुआ है, मैं उन सब परिवारों का एक सदस्य हूं, उनके सुख-दुख का भागी हूं, उनकी समस्याओं के निराकरण में सहयोगी हूं, उनके हर्ष और विषाद, दुख और सुख आदि में मेरा भी योगदान रहा है, इसीलिए इन सबसे मेरा आत्मीय संबंध है, मेरा अपनत्व है, निकट का संपर्क है।

इस संबंध या संपर्क के पीछे किसी प्रकार का कोई स्वार्थ नहीं है, उन परिवारों से मुझे कुछ लेना नहीं है, उनके और मेरे बीच जो संबंध हैं, वे आत्मीय संबंध हैं, प्रेम के संबंध हैं, सरलता और सहजता के संबंध हैं, इसीलिए ये संबंध स्थायी हैं और इतने वर्ष बीतने के बाद भी इन पर किसी प्रकार की गर्द नहीं जमी है।

जो संबंध स्वार्थ पर आधारित होते हैं, वे ज्यादा समय तक जीवित नहीं रहते, जिन संबंधों के पीछे केवल मात्र स्वयं का ही हित चिन्तन होता है, वे संबंध क्षणजीवी होते हैं, जिन संबंधों के पीछे वासना, धोखा, कपट, छल या स्वार्थ होता है, उन संबंधों का अंत अत्यंत ही दुखदायक होता है, मैं इस प्रकार के संबंधों की भर्त्सना करता हूं, इस प्रकार के संबंधों का निर्वाह मैं कर ही नहीं सकता, मैं तो अपने जीवन में पूरी तरह से उन्मुक्त रहा हूं। मेरे जीवन का कोई भी क्षण गोपनीय नहीं रहा है, मेरे जीवन का प्रत्येक हिस्सा सार्वजनिक है। मैं चाहता हूं कि मेरा यह जीवन और आगे का जीवन इसी प्रकार सार्वजनिक बना रहे, ऐसी स्थिति में छल, कपट, धोखा की गुंजाइश कहां हो सकती है?

मैं तुम्हारी और तुम्हारे परिवार की समस्याओं से परिचित हूं, परंतु यह समस्या इतनी तीव्र नहीं है कि उसका समाधान आज का आज ही होना आवश्यक हो। तुमने

अपने पत्र में आरोप लगाया है कि मैं तुम लोगों को भुला बैठा हूं या तुम्हारे कार्यों के बारे में मैं रुचि नहीं ले रहा हूं, यह सोचना व्यर्थ है। मैं अपने जीवन में सत्य का हामी रहा हूं। मैं उतनी ही बात कहता हूं, जितनी कि कर सकता हूं, व्यर्थ में किसी को न तो धोखे में रखता हूं और न उसे दिवास्वप्न दिखाता हूं।

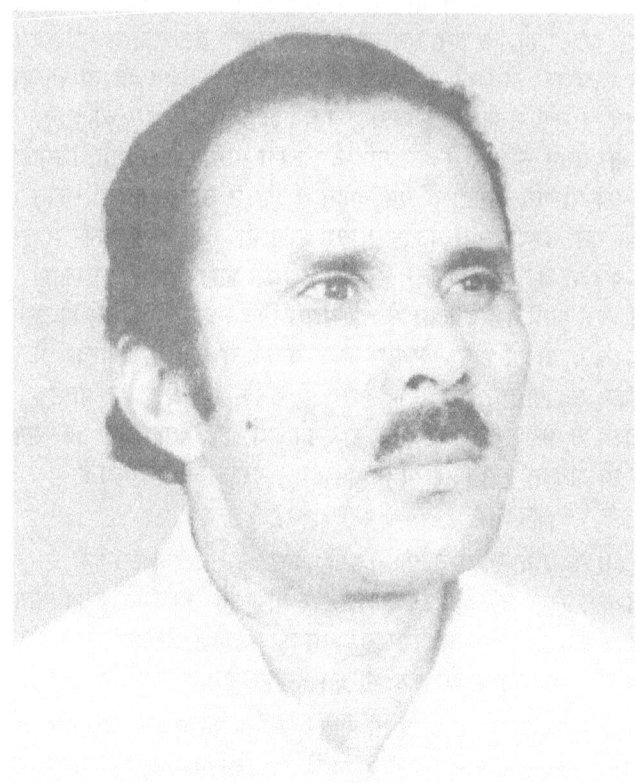

डॉ॰ श्रीमाली

विलंब होने की बात मैं स्वयं स्वीकार करता हूं और यह शिकायत तुम्हारी ही नहीं है, अपितु सैकड़ों-हजारों परिवारों की है, पर तुम स्वयं सोचो कि तुम्हारी तरफ तो इसलिए आना है कि तुम लोगों से मिलना है, पर जब मैं घर से रवाना होने का उपक्रम करता हूं और ज्ञात होता है कि कोलकाता के किसी परिचित परिवार का पुत्र बीमार है और उनकी सारी आशा केवल मेरी ओर ही लगी हुई है, उनकी यही भावना है कि यदि मैं वहां पहुंच जाता हूं तो उनका इकलौता पुत्र बच सकता है तो तुम बताओ कि ऐसी स्थिति में मैं तुम्हारी तरफ कैसे आ सकता

हूं? मेरा पहला कर्तव्य यह होता है कि मैं उस दुखी परिवार के पास पहुंचूं। उसे सांत्वना दूं और यदि मुझमें कुछ ज्ञान है तो उसके द्वारा उसके पुत्र को स्वस्थ करूं।

कई बार ऐसा होता है, कई बार ऐसा हुआ है, तुम्हारा ही नहीं और भी कई परिवारों का मुझ पर आरोप है कि मैं उनसे मिलता नहीं हूं या मिलना नहीं चाहता या कुछ क्षणों के लिए आकर तुरंत रवाना हो जाता हूं। उन्हें ऐसा लगता है कि जैसे ग्रीष्म ऋतु में एक शीतल हवा का झोंका कुछ क्षणों के लिए आकर चला गया हो, परंतु इतना होते हुए भी मैं उन कार्यों को प्राथमिकता देता हूं जो तुरंत आवश्यक होते हैं, जिनका समाधान यदि कुछ समय के लिए टाल दिया जाए तो ऐसी घटना घटित हो जाती है, जिसका समाधान फिर संभव ही नहीं होता।

मुझे तो खुशी है कि तुम्हारा जन्म पहाड़ों की गोद में हुआ है और पहाड़ों की निश्छलता, पहाड़ों की सहजता, उसकी सरलता तुम्हारे जीवन में भी व्याप्त हुई है, मेरा स्वयं का अधिकांश जीवन पहाड़ों में ही व्यतीत हुआ है। मेरे तो जीवन के सुखदायक क्षण ही प्रकृति की गोद में बीते हैं, प्रकृति को जिस रूप में मैंने समझा है, उस प्रकार से कम लोगों ने समझा होगा, मेरे लिए यह प्रकृति मां है, बहन है, इसने मुझे बहुत कुछ दिया है, मेरे जीवन को यदि खुशियों से परिपूर्ण किया है तो वह इस प्रकृति के माध्यम से ही हो पाया है।

एक ऐसे लोक में अपने आपको घिरा हुआ अनुभव कर रहा हूं, जिसमें बंधन है, कसावट है, मोह और प्रेम का चतुर्दिक जाल है, इस लोक से जितना ही ज्यादा अलग होने का प्रयत्न करता हूं, उतना ही ज्यादा उलझता जाता हूं। आज का मानव पूरी तरह से कृत्रिम हो गया है, इसीलिए उसमें छल, कपट, धोखा और अनाचार की बाहुल्यता आ गई है, इतना होने पर भी वह प्रकृति से अपने आपको अलग नहीं कर पाया है, बहुत बड़े-बड़े मकान बनाकर उसमें प्रकृति के पौधे लगाने को वह आतुर रहता है, क्योंकि उसके जीवन का आधार उसकी मानवीयता का आधार प्रकृति रही है। अतः व्यक्ति जितना ही ज्यादा प्रकृति से कटता है, वह उतना ही ज्यादा खोखला होता है।

मैं जंगलों में अकेला रहा हूं, मेरे नीचे धरती का बिछौना रहा है और मैं आकाश की चादर ओढ़कर निर्द्वंद्व रूप से सोया हूं। मेरे पास कुछ नहीं होते हुए भी मैं अपने आपको संसार का सबसे ज्यादा संपन्न समझता था, क्योंकि मेरे पास प्रकृति थी, उस प्रकृति के हजारों रूप मेरे सामने थे, मैं प्रत्येक पल उस प्रकृति के परिवर्तित रूप को देखता था और अपने आप में मुग्ध होता था। जितना ही ज्यादा मैं प्रकृति के निकट गया हूं उतना ही ज्यादा मुझे सुख और संतोष मिला है, जितना ही ज्यादा मैंने प्रकृति से तादात्म्य स्थापित किया है उतनी ही ज्यादा मुझे अनुकूलता प्राप्त हुई है।

और आज मैं बिल्कुल दूसरा जीवन जी रहा हूं, रहने के लिए बहुत बड़ा मकान है, खाने के लिए सुस्वादु भोजन है, काम के लिए नौकर-चाकर हैं और इतना सब कुछ होते हुए भी मेरे मन में शांति नहीं है। एक छटपटाहट है कि मैं कितना जल्दी इस कृत्रिमता से निकलूं और प्रकृति की गोद में चला जाऊं। मुझे यह भवन, यह सुख-सुविधाएं बिल्कुल सांत्वना नहीं देतीं। मैं एक प्रकार से अपने-आपको घिरा हुआ अनुभव करने लग गया हूं। जंगलों में रहते हुए जो मस्ती थी, जो उन्मुक्त भावना थी, वह समाप्त हो गई है और इस समय तो चौबीसों घंटे कार्य के अलावा कुछ भी मेरे सामने नहीं रह गया है।

प्रातः चार बजे से उठ कर रात्रि को ग्यारह बजे तक मैं एक क्षण के लिए भी विश्राम नहीं कर पाया या यूं कहा जाए कि विश्राम करने को समय ही नहीं मिलता। मैं स्वयं इस प्रकार बीस-बीस घंटे कार्य करते-करते थक गया हूं, मैं चाहता हूं कि जितना जल्दी इससे छूटकर उस तरफ आ सकूं, प्रकृति की गोद में बैठ सकूं, उसके साथ बातें कर सकूं और एक बार पुनः अपने जीवन को आनंद के क्षणों में डुबो सकूं।

मैंने दोनों प्रकार का जीवन जीया है, मैं भूख और अभाव में भी रहा हूं और संपन्नता को भी अनुभव किया है। पत्थरों और चट्टानों पर भी सोया हूं और मखमली गद्दों पर भी विश्राम किया है। जंगलों में विचरण करता रहा हूं और ऊंचे महलों और होटलों में भी रहा हूं परंतु इन दोनों स्थितियों में से यदि मुझे एक स्थिति चुनने के लिए कहा जाए तो निश्चय ही मैं उस स्थिति को ज्यादा श्रेयस्कर मान रहा हूं जिसका रास्ता प्रकृति की तरफ है। इस प्रकार के ऊंचे-ऊंचे भवनों में रहते हुए मुझे किंचित भी सुख नहीं मिलता, मखमली गद्दों पर लेटकर मुझे नींद नहीं आती, आनंद और वैभव के बीच में रहते हुए भी मेरा मन छटपटाता रहता है। एक प्रकार का अभाव-सा अनुभव करता है, ऐसा लगता है जैसे मैं अपने जीवन से कट गया हूं, मूल जीवन स्रोत से परे हट गया हूं। मेरे जीवन की पूर्णता उसी दिन हो सकती है, जिस दिन मैं उस प्रकृति से पुनः तादात्म्य स्थापित कर सकूंगा। जब भी मुझे प्रकृति की गोद में जाने का अवसर मिलता है, मेरे लिए वे क्षण स्वर्णिम होते हैं, उन क्षणों का मैं जी भरकर आनंद लेता हूं और पुनः अपने आपको तरोताजा और स्वस्थ अनुभव करने लग जाता हूं।

इसलिए मेरी तो स्वयं की यह इच्छा रहती है कि मैं उस तरफ आऊं, आप लोगों के परिवार के बीच रहूं, प्रकृति के साथ अपने आपको एकाकार करूं और कुछ क्षण भी यदि मुझे इस प्रकार के मिल जाएं तो वे क्षण मेरे स्वयं के हो जाएं, मेरे नाम लिख लिए जाएं।

परंतु मैं इस प्रकार के क्षणों से वंचित हो गया हूं, चाहते हुए भी वे क्षण मेरे नहीं रहे, क्योंकि मैं इतना अधिक स्वार्थ अपने आप में पैदा नहीं कर सकता। जिस उद्देश्य के लिए मैंने अपना घर-बार छोड़ा था, जिस लक्ष्य के लिए मैंने अपने यौवन को दांव पर लगाया था, जिस उद्देश्य की पूर्ति के लिए कष्ट सहे थे तो क्या वह उद्देश्य मेरा व्यक्तिगत था? मैं अपने जीवन में व्यक्तिगत जैसी कोई मान्यता नहीं रखना चाहता। मैं तो चाहता हूं कि मेरा प्रत्येक क्षण समाज के लिए समर्पित रहे, मैं जो कुछ सीख सका हूं, जो कुछ मैंने प्राप्त किया है, उसे दोनों हाथों से लुटाऊं, समाज को ज्यादा-से-ज्यादा वह ज्ञान दूं जो मैंने प्राप्त किया है और इस ज्ञान के माध्यम से अपने समाज का, अपने देश का ज्यादा हित-संपादन करूं।

और इस हित संपादन में यदि मुझे व्यक्तिगत क्षण नहीं मिलते हैं तो मुझे कोई चिन्ता नहीं, यदि मुझे आराम और सुविधाएं नहीं मिलती हैं तो इसका मुझे गिला नहीं है, यदि चाहते हुए भी मैं कुछ क्षण अपने लिए नहीं निकाल सकूं तो मुझे इस बात की कोई परवाह भी नहीं है। यदि मेरे आगे का पूरा जीवन समाज के लिए समर्पित हो जाए तो यह मेरे लिए खुशी की बात होगी। मेरे जीवन का प्रत्येक क्षण समाज का हित कर सकता हो तो इससे ज्यादा प्रसन्नता की बात कुछ हो ही नहीं सकती।

मैंने भारत की प्राचीन विद्याओं को प्राप्त करने में जो कष्ट भोगा है, जो दुख झेला है, जो परेशानियां उठाई हैं, वे मैं ही समझता हूं और मेरे मन की यही आकांक्षा है कि मैं इस ज्ञान को अपने साथ नहीं ले जाऊं, जो कुछ मैंने प्राप्त किया है, उसे समाज में बांट दूं, लोगों को दे दूं और इस प्रकार से उस ज्ञान को जीवित रखूं, जिससे कि आने वाली पीढ़ियां उस ज्ञान से वंचित न हों।

पर मुझे दुख है कि मेरे समाज की वर्तमान पीढ़ी बहुत ही उतावली है, उसमें धैर्य और संयम का जरूरत से ज्यादा अभाव है। मैं अपने ज्ञान को देना चाहता हूं और उनमें इस ज्ञान को प्राप्त करने की क्षमता ही नहीं है। मैं चाहता हूं कि अपने जीवन में निर्जीव पुस्तकों के लेखन की अपेक्षा कुछ सजीव ग्रंथ तैयार करूं, कुछ ऐसे युवक तैयार करूं जो इस ज्ञान को प्राप्त कर सकें, इस ज्ञान में समृद्ध हो सकें, इस ज्ञान में पूर्णता प्राप्त कर सकें, जिससे कि मेरी मृत्यु के बाद भी यह ज्ञान मेरे साथ ही समाप्त न हो जाए अपितु यह ज्ञान उन युवकों के माध्यम से जीवित रहे, उनके द्वारा यह ज्ञान की धारा आगे बढ़ती रहे और इस प्रकार आगे के वर्षों तक यह ज्ञान हमारे समाज में जीवित रह सके जिससे कि हमारा समाज लाभान्वित हो, हमारा देश गर्व से उन्नत बना रह सके, हमारे महर्षियों की धरोहर सुरक्षित रह सके।

इतने वर्षों में मैं अन्य सारे कार्यों में सफल हो सका परंतु प्रयत्न करने पर भी ऐसे 15-20 युवक प्राप्त नहीं हो सके जो इस प्रकार का ज्ञान प्राप्त करने में समर्थ हों। यह बात नहीं है कि मेरे पास इस प्रकार की भावना लेकर लोग आते नहीं हों, नित्य 50-60 लोग इस प्रकार का ज्ञान प्राप्त करने के लिए भागे चले आते हैं, परंतु वे परिश्रम करना नहीं चाहते, वे चाहते हैं कि मैं अपने ज्ञान को उनमें परिवर्तित कर दूं। वे चाहते हैं एक ही दिन में वे महान तंत्र-शास्त्री या मंत्र-शास्त्री बन जाएं, वे एक ही दिन में प्रकांड ज्योतिषी और भविष्यवक्ता बनना चाहते हैं, पर ऐसा कैसे संभव है? जब मैं उन्हें अपनी कसौटी पर कसता हूं तो वे सोने की जगह पीतल निकल आते हैं और एक-दो दिन के बाद ही भाग खड़े होते हैं। मुझे दुख है कि मेरे देश के साठ करोड़ व्यक्तियों में से साठ व्यक्ति भी ऐसे नहीं हैं, जिनमें इस प्रकार का ज्ञान प्राप्त करने की ललक हो, जिनमें इस प्रकार की विद्या सीखने की प्रबल इच्छा हो, जो परिश्रम से संबंध जोड़ने वाला हो, जो साधना के क्षेत्र में कष्ट उठाने में समर्थ हो; जिनका संकल्प दृढ़ हो, जिनकी सांसों में परिपक्वता हो, जिसके हृदय में कुछ कर गुजरने की क्षमता हो, ऐसे युवक मिल ही नहीं रहे हैं। मेरे देश में ऐसे युवकों का अकाल है और ऐसी स्थिति देखकर कई बार तो मेरी आंखें डबडबा आती हैं कि क्या यह ज्ञान जो कुछ मैंने प्राप्त किया है, वह मेरे साथ ही समाप्त हो जाएगा? इतने अधिक कष्ट उठाकर जो कुछ मैंने प्राप्त किया है, वह सब बेकार चला जाएगा? इन सारी साधनाओं को पन्नों पर उतारने से क्या हो जाएगा, जब तक सजीव ग्रंथ नहीं लिख पाऊंगा तब तक यह सब बेकार है, यह सब व्यर्थ है।

मंत्र एक ध्वन्यात्मक प्रयोग है, मंत्र की मूल आत्मा ध्वनि है। उसका आरोह अवरोह है। किस मंत्र को किस प्रकार से उच्चारित करना है, यह मूल बात है कि मंत्र को पढ़ लेना ही कुछ नहीं है, जब तक उस मंत्र की ध्वनि, उसका आरोह, अवरोह, उसकी लय, ज्ञात नहीं होती तब तक उस मंत्र का प्रभाव हो ही नहीं सकता। इसीलिए हमारे शास्त्रों में बताया गया है कि मंत्र गुरु मुख से लेना चाहिए। इसका मूल कारण यह है कि गुरु ही उच्चारण कर उस मंत्र की ध्वनि का आभास दे सकता है। यह आभास कागज नहीं दे सकते, पुस्तकों में लिखे मंत्र नहीं दे सकते, इसलिए मंत्र का ज्ञान, मंत्र की मूल आत्मा, पुस्तकों के माध्यमों से पहचानी ही नहीं जा सकती, उसे समझने के लिए तो गुरु की नितांत आवश्यकता है, गुरु ही उसे इस बात का ज्ञान दे सकता है कि किस मंत्र का उच्चारण किस प्रकार से करना है? किस प्रकार से उसे प्रयोग में लाना है? किस प्रकार उसका उपयोग करना है? और उस मंत्र से संबंधित और अन्य क्या-क्या विद्याएं हैं, उसका कीलन और उत्कीलन क्या है? यह सब पुस्तकें नहीं बता सकतीं। इसका ज्ञान तो तभी

हो सकता है, जब सामने गुरु बैठा हो और वह शिष्य गुरु चरणों में बैठकर सीख रहा हो। इसके लिए चाहिए धैर्य, संयम और परिश्रम की भावना और...और मेरे युवकों में आज उन्हीं गुणों का अभाव है।

मेरे लिए यह कितनी बड़ी दुख की बात है कि मैं इस प्रकार का ज्ञान देना चाहता हूं और ज्ञान लेने वाले मिल ही नहीं पाते। मैं ज्यादा-से-ज्यादा इसको बांटना चाहता हूं और सामने वाले की झोली देखता हूं तो वह फटी हुई मिलती है, मुझे ऐसा लग रहा है कि मैं चाह कर भी कुछ नहीं कर पा रहा हूं, मेरे मन में किस प्रकार की आग धधक रही होगी, कितनी बेचैनी और छटपटाहट मेरे मानस में रहती होगी इसकी तुम कल्पना कर सकती हो।

और ऐसे ही क्षणों में जब मेरा मानस बोझिल हो जाता है, छटपटाहट से दिल बेचैन हो जाता है, तब मैं प्रकृति की तरफ भागने की कोशिश करता हूं, कुछ दिन वहां रहने का प्रयत्न करता हूं परंतु फिर मेरा कर्तव्य मुझे समाज में ठेल देता है, मेरी आत्मा कहती है कि तुम्हारे इन क्षणों पर तुम्हारा कोई अधिकार नहीं है, तुम्हारे जीवन की जो सांसें हैं वे समाज की हैं, प्रत्येक सांस का हिसाब समाज को देना है, अपने स्वार्थ के लिए समाज से कटकर एक तरफ बैठ जाना कायरता है, और मैं अपने जीवन के साथ 'कायरता' शब्द को जोड़ना नहीं चाहता, इसीलिए भारी मन और नवीन आशा के साथ पुनः समाज में घुस जाता हूं कि शायद इस बार कोई ऐसा युवक मिल जाएगा तो कुछ सीख सकेगा, जिसमें सीखने की इच्छा होगी। कार्य करने की उत्कट भावना होगी और मैं अपने ज्ञान को देकर अपने आपको हलका अनुभव कर सकूंगा।

मैं भीड़ इकट्ठी करने में विश्वास नहीं रखता, यदि मैं चाहता तो अपनी इन साधनाओं के द्वारा इस प्रकार के चमत्कार दिखा सकता था या दिखा सकता हूं जो कि अपने आप में अन्यतम हों और इस प्रकार मैं अपने इर्द-गिर्द शिष्यों की लंबी-चौड़ी फौज इकट्ठी कर सकता था, परंतु मैं इस प्रकार की धारणा के सर्वथा विपरीत हूं, मैं मानव हूं अपने अपको भगवान कहलाने में विश्वास नहीं रखता। मैंने प्रारंभ से ही इस प्रकार के विचारों को हेय दृष्टि से देखा है। मेरे विचारों में यह आडंबर है, पाखंड है, जनता के साथ छल है, जीवन में शांतिपूर्ण तरीके से ठोस रूप में जो कुछ भी कार्य किया जाता है, वह ज्यादा श्रेयष्कर होता है, समाज के लिए ज्यादा उपयोगी होता है, देश के लिए ज्यादा लाभदायक होता है।

मैं अपने जीवन में अत्यंत ही सरल और सात्विक जीवन जीने को उचित समझता हूं। मेरे जीवन की 'फिलोसोफी' एक अलग ढंग की है। मैं अपने जीवन में अंतर्मुखी ज्यादा रहा हूं। मैंने अपने आपको कभी उजागर करने का प्रयत्न नहीं

किया, कभी भी अपनी प्रशंसा करने की कोशिश नहीं की, मैंने यह कभी नहीं चाहा है कि भीड़ इकट्ठी करूं, 'गुरु' कहलाऊं या ऊंचा सम्मान प्राप्त करूं।

इसकी अपेक्षा मैं इन सब चीजों से भागता रहा हूं, मैंने अपने जीवन में एक ही उद्देश्य रखा है कि जीवन में मौन रहकर, जितना कार्य हो पाता है, उतना वाचाल बन कर नहीं। यदि जीवन में ठोस कार्य करना है या कुछ उपलब्धि प्राप्त करनी है तो वह चुपचाप तरीके से ही हो सकती है। जिसको पाखंड प्रिय है, जो अपने आपको सम्मानित कराना चाहता है, जो यह चाहता है कि वह दुनिया की नजरों में दिखाई दे, वह इस प्रकार का आचरण कर सकता है, मेरी प्रकृति इससे सर्वथा भिन्न है।

मैंने अपने जीवन में जो कुछ प्राप्त किया है, वह पूरे समुद्र में एक बूंद की तरह है, ज्ञान तो एक समुद्र की तरह होता है, जिसका कोई ओर-छोर नहीं होता। मैंने इस समुद्र में डुबकी लगाने का प्रयत्न किया है और यह प्रभु की कृपा है कि मुझे मोती प्राप्त हुए हैं जो कि समाज के लिए गौरवयुक्त हैं।

यहां यह स्पष्ट कर दूं कि आज जो अपने आपको प्रसिद्ध साधु, मंत्र-शास्त्री या तांत्रिक कहते हैं उनमें से कई लोग मेरे साथ रहे हैं और मुझसे गोपनीय तरीके से बहुत कुछ सीखा है, आज उनके पास लंबी-चौड़ी भीड़ है, शिष्यों की पूरी जमात है, यह उनका चमत्कार है कि उन्होंने उस बूंद को समुद्र बना दिया है, परंतु मेरे लिए यह सब व्यर्थ है, मैं इस प्रकार की धारणा के सर्वथा विपरीत हूं, इस प्रकार का पाखंड मेरी दृष्टि में हेय है।

इसमें कोई दो राय नहीं कि शरीर, शरीर होता है, उसको भी आराम की आवश्यकता होती है, वह भी विश्राम चाहता है और जिस प्रकार से मैं इस शरीर से बीस-बीस घंटे काम लेता हूं, उसको देखते हुए यह निश्चित है कि यह शरीर बहुत लंबे समय तक मेरा साथ नहीं देगा, परंतु जब तक मैं जीवित हूं तब तक अकर्मण्य नहीं रहूंगा, मेरे जीवन का प्रत्येक क्षण समाज को समर्पित है और समर्पित रहेगा।

मैं शीघ्र ही तुम्हारी तरफ आने का प्रयत्न करूंगा और जल्दी ही मुझे समय मिल पाएगा, जबकि मैं तुमसे और तुम्हारे परिवार से मिल सकूंगा और कुछ समय प्रकृति के साथ निर्मुक्त रूप से व्यतीत हो सकेगा।

मेरा शुभाशीर्वाद सदैव आप लोगों के साथ है।

स्नेह युक्त,
(नारायणदत्त श्रीमाली)

पत्र–डॉ. श्रीमाली के नाम

प्रेषक : अरविन्द कुमार

स्थान : झाबुआ (मध्य प्रदेश)

प्राप्तकर्ता : महामहोपाध्याय, डॉ॰ नारायणदत्त श्रीमाली

आलोक : एक शिष्य किस प्रकार से अपने जीवन को समर्पित करके साधना के उच्च क्षेत्र पर पहुंच सकता है और किस प्रकार से उसके मानस में गुरु के प्रति सम्मान और श्रद्धा रहती है, उसके मानस का चिन्तन किस प्रकार से गुरु के साथ एकाकार रहता है, इसका आभास इस पत्र के माध्यम से प्राप्त होता है, जो कि साधकों के लिए अनुकरणीय है।

श्री अरविन्द कुमार पंडितजी के प्रिय शिष्य हैं और कई वर्षों तक पंडितजी के समीप रहकर उन्होंने उच्च स्तर की साधनाएं सिद्ध की हैं।

परम पूज्य गुरुदेव,

साष्टांग दंडवत्

आज बहुत दिनों के बाद मैं आपको पत्र लिख रहा हूं, यद्यपि यह मेरी धृष्टता है कि मैं बिना आपकी आज्ञा के, आपको पत्र लिखने की चेष्टा कर रहा हूं, परंतु मेरी विकलता इतनी अधिक बढ़ गई है कि मैं चाहते हुए भी अपने आपको रोक नहीं पा रहा हूं। मैंने बहुत प्रयत्न किया कि आपको पत्र न लिखूं, आपके व्यस्त समय को लेने का मुझे कोई अधिकार नहीं है, आपके चिन्तन में मैं विघ्न दूं ऐसा मैं उचित नहीं समझता, परंतु पिछले एक महीने से मैं कुछ ऐसी आकुलता अनुभव कर रहा हूं कि बिना आपसे मिले मैं अपने आपको रोक नहीं पाऊंगा, यद्यपि आपने मुझे पत्र लिखने के लिए मना किया था और आज्ञा दी थी कि बिना पत्र के भी बातचीत हो सकती है, एक दूसरे को देखा जा सकता है और आपने कृपा करके जो ज्ञान, जो साधना मुझे दी थी, वह मेरे जीवन की अतुलनीय संपत्ति है, आपने

मुक्त हस्त से मुझे सब कुछ देने का प्रयत्न किया, परंतु मैं ही अभागा हूं कि उस समुद्र में से इतने अधिक मोती बटोर नहीं सका, जिससे कि मेरी झोली पूरी तरह से भर जाए, इतनी अधिक आतुरता, इतनी अधिक बेचैनी मैंने अपने जीवन में कभी अनुभव नहीं की थी, परंतु आपके जाने के बाद मैं कोशिश करने पर भी अपने आपको नियंत्रित नहीं कर पा रहा हूं।

आपने मुझे साधना काल में यह बताया था कि जब भी मन चंचल हो जाए तब प्रभु के चरणों में बैठ जाना चाहिए और उस मंदिर में प्रभु के सामने अपनी सारी इच्छाएं रख देनी चाहिए, पर मैं किसे मंदिर मानूं, किसको ईश्वर मानूं? किसके सामने अपनी व्यथा कहूं? मेरे लिए तो मंदिर, ईश्वर या इष्ट जो कुछ भी है, वह आप ही हैं और आपके अलावा मेरे लिए कुछ भी नहीं है।

आपका पूरा शरीर मेरे लिए मंदिर के समान है, आपके चरण उस मंदिर के सुदृढ़ स्तंभ हैं। अपका शरीर इस मंदिर का गर्भगृह है और आपका उन्नत ललाट इस पवित्र मंदिर का शिखर, जो कि दूर से ही भव्य और दिव्यतम दिखाई देता है। इस मंदिर में जो मूर्ति बैठी हुई है, सत्य और प्रेम की वह साक्षात मूर्ति ही मेरा इष्ट है। उसके सामने मैं बच्चों की तरह रोया हूं, गिड़गिड़ाया हूं और मुझे इससे सांत्वना मिली है, प्रेम की अजस्र धारा प्राप्त हुई है, जब मैंने इस प्रकार के मंदिर में प्रवेश किया है, इस प्रकार के पवित्र मंदिर की छाया में बैठा हूं, इस प्रकार की सजीव मूर्ति की करुणा मुझे प्राप्त हुई है तो फिर मैं और किस मंदिर में जाऊं? किस मूर्ति के सामने अपनी व्यथा कहूं?

मैं अपने जीवन में बहुत भटका था, सैकड़ों मंदिरों से सिर टकराया था, हजारों मूर्तियों के सामने अपनी व्यथा कही थी, परंतु किसी ने भी मेरे आंसू नहीं पोंछे, किसी ने भी मेरे मन की तड़फ महसूस नहीं की, पर जब मैं आपके चरणों में आया, इस साक्षात मंदिर की छाया में बैठा तो ऐसा लगा जैसे मुझे वह सब कुछ प्राप्त हो गया हो, जिसकी तलाश मुझे वर्षों से थी, और जब इस मंदिर में निवास करने वाली साक्षात मूर्ति के दर्शन किए और उसकी करुणा से आप्लावित हुआ तो मैं धन्य हो गया, मेरा सारा जीवन उन्मुक्त हो गया, जीवन में जो बेचैनी थी, वह एक बारगी ही समाप्त हो गई।

इस भारत में लाखों मंदिर हैं, जहां पर लोग जाते हैं, हजारों तीर्थ स्थल हैं, जहां पर गृहस्थ जाकर अपनी मानसिक व्यथा शांत करते हैं, परंतु उनमें कितने ऐसे हैं जो सही रूप में प्रभु के दर्शन कर पाते हैं, आपका शरीर एक चलता फिरता अद्भुत पावन मंदिर है, जिसमें करुणा की, दया की और ममता की साक्षात मूर्ति विद्यमान है, इस प्रकार के मंदिर और इस प्रकार की दिव्य मूर्ति को छोड़कर मैं और कहां जाऊं?

मेरा पूरा जीवन तब तक व्यर्थ था जब तक कि इस मंदिर के पास नहीं आया था। मेरा सारा शिक्षण, मेरा सारा ज्ञान एक प्रकार से व्यर्थ ही रहा था, आज मैं यह अनुभव कर रहा हूं कि मेरे जीवन के कई वर्ष व्यर्थ में बरबाद हो गए। स्कूल की शिक्षा और कॉलेज का अध्ययन मानव के जीवन निर्माण में किसी प्रकार से सहायक नहीं होता। एक प्रकार से यह शिक्षण उसको थोथी डिग्रियां भले ही दे दे, परंतु उसकी आत्मा का विकास नहीं कर सकता। आत्मा का विकास तभी हो सकता है, जबकि उसे गुरु की प्राप्ति हो जाए। इस संसार में जितने भी व्यक्ति हैं, उनका अस्तित्व महज एक बालक के समान है, फिर वे भले ही सौ वर्ष के बूढ़े हों या पच्चीस वर्ष के बालक, क्योंकि जीवन की पूर्णता तभी संभव है, जबकि उसको यह ज्ञान हो जाए कि उसका अस्तित्व क्या है। दुनिया में हजारों पंडित हैं, विद्वान् हैं, अपने क्षेत्र में अग्रगण्य हैं और उनकी विश्व में ख्याति भी है परंतु फिर भी वे अपने आपको ही नहीं पहचानते। जब तक उनको आत्मस्वरूप का ज्ञान नहीं होता तब तक वे व्यर्थ में ही इधर-उधर भटकते रहते हैं, अपना स्वरूप आत्म-ज्ञान या आत्म-ज्योति का दर्शन कराने वाला केवल गुरु ही होता है, सद्गुरु ही व्यक्ति को उसकी आत्मा से साक्षात्कार कराने में समर्थ होता है।

जब तक मुझे आपका सान्निध्य प्राप्त नहीं हुआ था तब तक मैं अपने आपको विद्वान और योग्य समझता था, जब तक मैंने आपकी उंगली नहीं पकड़ी थी तब तक पूरा भारत मुझे भौतिक शास्त्र का विद्वान मानता था, जब तक मैं आपके चरणों के पास नहीं बैठा था तब तक मुझे अपने आप पर बहुत अधिक घमंड था, जरूरत से ज्यादा अहं था और मैं अपने आपको बहुत कुछ समझने लग गया था, परंतु जिस दिन आपका वरदहस्त मेरे सिर पर पड़ा, उस दिन एक नई ज्योति के दर्शन हुए, एक नया प्रकाश मेरी आंखों के सामने आया। मैंने पहली बार अनुभव किया कि इतना शीतल स्पर्श आज तक मेरे जीवन में अनुभव नहीं हुआ। मुझे उस दिन जिस स्वर्गिक सुख की अनुभूति हुई थी, वह अपने आप में वर्णनातीत है। बूंद तभी तक उछलती है जब तक वह बूंद होती है, पर उसको अपने वास्तविक रूप का ज्ञान तभी होता है जब वह समुद्र में मिलती है, उस समुद्र के सामने उसका महत्त्व क्या है, ठीक ऐसा ही मैंने आपके सामने आने पर अपने आपको अनुभव किया। मैंने दूर से हिमालय की धवलता का अवगाहन किया था और उससे प्रवाहित गंगा में स्नान किया था, परंतु इन दोनों का संयुक्त आभास उसी दिन हुआ था, जिस दिन आपका सुखद स्पर्श मुझे प्राप्त हुआ था। आपकी आंखों की करुणा, दया और प्रेम की त्रिवेणी में जिस दिन मैं डूबा था उसी दिन मैंने अनुभव कर लिया था कि यही वास्तविक सुख है, मेरे जीवन का यही वह बिन्दु है जिसे प्राप्त करने के लिए मैं भटक रहा था।

आपका प्रथम दर्शन ही मेरे लिए एक दिव्य दर्शन था और पहली बार ही आपको देखकर मैं अपने आपमें आपके प्रति सम्मोहित-सा अनुभव करने लगा था। वास्तव में ही संत के दर्शन ही जीवन की पूर्णता का परिचायक होता है। यह मानव का भाग्य है कि उसे जीवन में सच्चे संत के दर्शन हो जाएं। मुझे अपने पिता के द्वारा कही हुई एक घटना का स्मरण हो रहा है, उन्होंने कहा था कि जीवन की पूर्णता तभी होती है जबकि सच्चे संत के दर्शन हो जाएं, फिर भले ही वह संत भभूत रमाया हुआ हो या दिगंबर हो, लंगोटी पहने हुए हो या पूर्ण गृहस्थ हो, इससे उस संत की दिव्यता पर कोई असर नहीं पड़ता, संत के दर्शन से ही मानव के पापों का क्षय होता है। इस संबंध में उन्होंने मुझे एक कहानी सुनाई थी जो कि मुझे आज भी स्मरण है–

'एक बार देवर्षि नारद ने भगवान विष्णु से प्रश्न किया कि संत के दर्शन करने से क्या लाभ है? भगवान विष्णु नारद के प्रश्न को सुनकर विहंसे और कहा कि अमुक स्थान पर एक मिट्टी के कण को लुढ़काता हुआ कीट जा रहा है, यह प्रश्न उससे पूछो।

महर्षि नारद उस कीट के पास गए और उससे प्रश्न किया। प्रश्न सुनते ही कीट ने देवर्षि नारद को एक क्षण के लिए देखा और अपने प्राण त्याग दिए।

नारद लौटकर विष्णु के पास पहुंचे और जो घटना घटी थी, वह बता दी। भगवान विष्णु ने एक वर्ष बाद आने के लिए कहा।

एक वर्ष बाद नारद ने जब पुनः यही प्रश्न दोहराया तो विष्णु भगवान ने कहा कि अमुक जंगल में अमुक सरोवर के किनारे बैठे हुए राजहंस से तुम जाकर प्रश्न करो, इसका उत्तर वह देगा।

नारद तुरंत उस स्थान पर पहुंचे और उस राजहंस से यही प्रश्न किया। राजहंस ने नारद को ध्यानपूर्वक देखा और अपने पंख फैलाकर वहीं समाप्त हो गया।

नारद को अत्यंत दुख हुआ और उन्होंने विष्णु से जाकर सारी बात कह दी। भगवान विष्णु ने एक वर्ष बाद फिर आने के लिए कहा।

एक वर्ष बाद जब नारद ने पुनः यही प्रश्न भगवान विष्णु के पास रखा तो भगवान विष्णु ने उन्हें एक नगर के राजगृह में जन्मे नवजात शिशु से वह प्रश्न पूछने के लिए कहा।

नारदजी तुरंत उस राजगृह में पहुंचे, वहां उनका अत्यंत आदर सत्कार हुआ, उन्होंने एकांत में उस शिशु से बात करने की इच्छा प्रकट की। लोगों को आश्चर्य हुआ कि यह नवजात शिशु देवर्षि नारद से किस प्रकार बातचीत कर सकेगा, पर नारद का हठ देखकर सभी अलग हो गए।

जब नारद ने प्रश्न किया कि संत के दर्शन से क्या लाभ है तो शिशु ने उत्तर दिया, महर्षि नारद पहली बार मैं कीड़ा था, आपके दर्शन से मेरी मृत्यु हुई और मैं उच्च योनि में राजहंस बना। दूसरी बार जब आप जैसे संत के दर्शन हुए तब मैं उस योनि से छुटकारा पाकर इस राजगृह में जन्म लिया है और आज आपके पुनः दर्शन प्राप्त हुए हैं, अतः सुखपूर्वक राज्य भोगने के बाद मेरी मुक्ति हो सकेगी।'

संत अपने आप में चलते-फिरते देवालय हैं, विचरण करते हुए पवित्र तीर्थ स्थल हैं और आप में मैने एक सच्चे संत के दर्शन किए हैं, आपके दर्शन करने के बाद मेरे जीवन में कोई भी इच्छा, कोई भी आकांक्षा बाकी नहीं रही है।

यद्यपि यह सब कुछ लिखने का मुझे कोई अधिकार नहीं है, यह लिखकर एक प्रकार से मैं पागलपन ही कर रहा हूं, परंतु मेरे मन में आपके जाने के बाद इतनी अधिक छटपटाहट बढ़ गई है कि मैं बिना कहे रह नहीं सकूंगा। मैं बहुत कुछ कहना चाहता हूं परंतु जब भी आप मेरे सामने होते हैं, मेरी वाणी रुंध जाती है, गला भर आता है और आंखों में हर्ष और आनंद के आंसू छा जाते हैं, इस प्रकार मैं आपकी मूर्ति के भली प्रकार से दर्शन करना चाहते हुए भी दर्शन नहीं कर पाता हूं, आपको बहुत कुछ कहना चाहते हुए भी कुछ नहीं कह पाता हूं, अपने मन की व्यथा, अपने मन की तड़फ, अपने मन की बेचैनी आपके सामने खोल कर रखना चाहता हूं पर रख नहीं पाता। पता नहीं आपके सामने आते ही मेरी क्या अवस्था हो जाती है कि मैं कुछ भी नहीं कह पाता, कुछ भी नहीं कर पाता, जो भी कुछ याद होता है, वह सब विस्मरण हो जाता है और आंखों के सामने करुणा और प्रेम की साक्षात मूर्ति साकार हो जाती है।

मैंने आपको सागर की तरह अनुभव किया है, मैंने यह देखा कि इस सागर में जो जितनी ही ज्यादा गहरी डुबकी लगाता है, वह उतने ही ज्यादा मूल्यवान रत्न प्राप्त करता है। मैं अपनी व्यक्तिगत अनुभूति के माध्यम से कहने में समर्थ हूं कि आपके द्वारा साधना की जो गंगा प्रवाहित होती है, वह अपने आप में निर्मल है, उसमें स्नान कर चित्त हलका हो जाता है, मन में कई गुना आनंद बढ़ जाता है और पूरा शरीर एक नए ही भावलोक में विचरण करने लग जाता है।

आप से अलग हुए लगभग एक वर्ष बीतने को आ रहा है और इस एक वर्ष में एक क्षण के लिए भी मैं आपको भुला नहीं पाया हूं। संभवतः मैं अपने जीवन में आपको भुला भी नहीं सकूंगा, आपने मुझे दिव्य बिन्दु के दर्शन करने को कहा है, परंतु जब भी मैं दिव्य बिन्दु पर ध्यान अवस्थित करता हूं, तब आपका सुंदर स्वरूप मेरे सामने साकार हो जाता है और वह बिन्दु अपने आप तिरोहित हो जाता है, उस समय जितना आनंद प्राप्त होता है, मैं उसका वर्णन नहीं कर

सकता, मेरी लेखनी में या मेरी जीभ में इतनी शक्ति ही नहीं है कि मैं उस आनंद का वर्णन कर सकूं।

यद्यपि आपने मुझे जो 'चाक्षुष-साधना' सिखाई थी, उसके प्रयोग से मैं बराबर आपके दर्शन करता रहा हूं और अपने जीवन के प्रत्येक क्षण को सरस करता रहा हूं, परंतु इससे तृप्ति नहीं होती। ऐसा लगता है जैसे बहुत कुछ होते हुए भी मैं हर बार वंचित रह जाता हूं, बहुत कुछ प्राप्त करना चाहते हुए भी प्राप्त नहीं कर पाता, आपके शरीर दर्शन का जो आनंद मैंने प्राप्त किया है, वह अपने आप में अन्यतम है। चाक्षुष-साधना से तो केवल मेरी आत्मा ही आपको देख पाती है, परंतु मेरे नेत्र अतृप्त हैं, उनकी प्यास तब तक नहीं बुझती, जब तक कि ये नेत्र आपके दर्शन न कर लें। दूर से हिमालय के दर्शन उतना आनंद कैसे दे सकते हैं जितना आनंद उस हिमालय से मिलने पर या हिमालय की छाया में बैठने से प्राप्त होता है, जब-जब भी मैंने इस संबंध में साधना के द्वारा आपसे आज्ञा चाही है, तब-तब आपने निष्ठुरता से मना कर दिया है। पता नहीं मुझसे ऐसा क्या अपराध हो गया है, जिससे कि आप निकट आने की अनुमति नहीं देते। हो सकता है मुझसे अपराध हुआ हो, परंतु मैं तो बालक हूं और बालक का धर्म ही गलतियां करना है। आपको मैंने माता और पिता दोनों ही रूपों में देखा है। दोनों का संयुक्त स्वरूप ही गुरु होता है और इसी रूप में मैंने आपके दर्शन किए हैं, फिर मुझे आपके दर्शन करने से वंचित क्यों रखा जा रहा है? 'कुपुत्रो जायेत क्वचिदपि कुमाता न भवति'–पुत्र कुपुत्र हो सकता है, परंतु मां कुमाता नहीं होती, मैं अपराध कर सकता हूं परंतु आप क्षमाशील हैं, करुणा की साक्षात मूर्ति हैं, आप मेरे अपराध पर ध्यान दें और मुझे आज्ञा दें जिससे कि मैं आपके चरणों में आ सकूं, आपके सान्निध्य में कुछ क्षण बैठ सकूं और अपने जीवन को धन्य कर सकूं, इन अतृप्त आंखों की प्यास बुझा सकूं और जीवन की अभिलाषा को, इच्छा को पूर्णता दे सकूं।

इस जीवन में तो शायद मेरे द्वारा कोई पुण्य कार्य नहीं हुआ होगा, परंतु इसमें कोई संदेह नहीं कि पूर्व जन्म में मैंने अवश्य ही पुण्य कार्य किए होंगे, जिससे कि मैं आपका सान्निध्य पा सका, आपके चरणों में बैठ सका और आपकी कृपा, आपका स्नेह, आपका ममत्व पा सका। आपके पास रहकर छह वर्ष किस प्रकार से बीत गए कुछ मालूम ही नहीं पड़ा। ऐसा लगा जैसे हवा में कपूर विलीन हो गया हो और उसकी गंध ही वातावरण में रह गई हो, परंतु आपसे अलग होकर यह एक वर्ष निकालना इतना अधिक कठिन हो गया है कि कुछ कह नहीं सकता। मेरे लिए प्रत्येक क्षण भारी हो रहा है, यह एक वर्ष इस प्रकार से बीता है, जैसे मैंने हजारों वर्ष बिता दिए हों। अब तो ऐसी स्थिति बन गई है कि मैं चाहते हुए भी अपने आपको रोक नहीं पा रहा हूं, यद्यपि आपके पास आने में आपकी

आज्ञा बाधक बन रही है, परंतु मैं बालक हूं और बालहठ से कहीं मेरे द्वारा आपकी आज्ञा का उल्लंघन न हो जाए, यदि कुछ समय तक आपके दर्शन नहीं कर सका, तो शायद ये प्राण इस पिंजरे में नहीं रह पाएंगे। कुछ ऐसा ही आभास होने लगा है।

पिछली बार जब साधना में आपसे बातचीत करने का सुखद क्षण प्राप्त हुआ था, तब आपने मुझे विवाह करने की आज्ञा दी थी, पर प्रभु मेरी इच्छा इस प्रकार की नहीं रह गई है, मैं अब अपने जीवन को पुनः उस कीचड़ में नहीं धकेलना चाहता, जिस कीचड़ से मैं बाहर निकल आया हूं। मेरी तो एक ही इच्छा है कि मैं आपके चरणों में रहूं, आपका सुखद स्पर्श अनुभव करूं, आपकी आज्ञा का पालन करूं और इस प्रकार मेरा पूरा जीवन आपके चरणों में रहते हुए व्यतीत हो जाए।

मेरे लिए माता-पिता, भाई-बंधु, स्वजन, कुटुंब, परिवार यदि कुछ है तो वह सब कुछ आप ही हैं। मेरे लिए न कोई मंदिर है, न कोई इष्ट देवता। मेरे लिए कुछ है तो वह केवल आपका सामीप्य है, आपकी कृपा है।

आज विश्व कलह, युद्ध, रोग और अंधकार से ग्रस्त है, चारों तरफ धोखा, छल, कपट का साम्राज्य छाया हुआ है। पीड़ित मानवता पुकार रही है, आवश्यकता है एक ऐसे स्नेह की, एक ऐसे करुणा के प्रवाह की जिससे कि वह पीड़ित मानवता सांत्वना पा सके; उसके हृदय में आनंद और उमंग आ सके और यह सब कुछ आपके द्वारा ही संभव है। आपकी करुणा के माध्यम से ऐसा हो सकेगा, ऐसा मैं अनुभव करता हूं। इस प्रकार के कार्य में मैं भागीदार बन सकूं, आपके संदेश को ज्यादा से ज्यादा लोगों तक पहुंचा सकूं, उनकी पीड़ा हर सकूं और उन्हें सच्चा आत्मीय सुख दे सकूं, यही मेरी इच्छा है, यही मेरा लक्ष्य है और इस लक्ष्य की पूर्ति तभी संभव है, जबकि आपका वरदहस्त मेरे सिर पर हो, आपकी आज्ञा मेरे लिए पाथेय हो।

आपने मुझे बहुत कुछ दिया है, मैंने आपसे बहुत कुछ पाया है फिर भी मैं अपने आप में अतृप्त हूं। ऐसा लग रहा है जैसे अभी तक मेरा पूरी तरह से निर्माण नहीं हो पाया है, अभी तक मेरी आंखों में खालीपन है और यह खालीपन, यह शून्यता आपके द्वारा ही भरी जा सकती है। आपने साधना के माध्यम से जो कुछ मुझे दिया है, उससे उऋण इस जीवन में तो क्या अगले सात जीवन में भी नहीं हो सकता। यदि मेरे शरीर के चमड़े की चर्म पादुकाएं आपके पैरों के लिए बनें तब भी मेरा उस कृपा से उऋण होना संभव नहीं है।

आपके पास रहकर मैंने जितना सुख और संतोष प्राप्त किया है, उतना जीवन में कभी नहीं कर पाया था। मुझे ऊंचे-से-ऊंचा सम्मान मिला था, विदेशों में मेरे

कार्य की सराहना हुई थी, तब भी मुझे इतना आनंद प्राप्त नहीं हुआ था, जितना आनंद आपके चरणों में बैठकर प्राप्त हुआ था। आपसे जो कुछ पाया है, वह मेरे लिए अन्यतम है, आपके घर में जो शांति प्राप्त हुई है, उसका वर्णन करना संभव नहीं है।

पूज्य माताजी करुणा की साक्षात मूर्ति हैं, मैं उनसे प्रार्थना करूंगा कि वे आपको प्रेरित करें जिससे कि आप मुझे अपने चरणों में बुला सकें। मैं अतृप्त हूं और आपके चरणों के पास आने के लिए उतावला हूं। आपके बिना मेरी कोई गति नहीं है, आप ही मेरे सर्वस्व हैं, सब कुछ हैं।

एक बार पुनः आपके चरणों में नमन करता हुआ आपके सान्निध्य में आने की इच्छा प्रकट करता हूं और आज्ञा चाहता हूं जिससे कि मैं जल्दी-से-जल्दी आपके चरणों में आ सकूं।

आपका ही शिष्य
(अरविन्द कुमार)

प्रेषक : श्री सच्चिदानंद परमहंस

स्थान : अज्ञात (संभवतः बद्रीनाथ के आस-पास)

प्राप्तकर्ता : डॉ॰ नारायणदत्त श्रीमाली

आलोक : डॉ॰ श्रीमालीजी ने परमपूज्य गुरुदेव के पास लिखे गए एक पत्र में साधना संबंधी अपनी आंतरिक अनुभूतियों का विवरण देते हुए उनसे मार्ग निर्देश की याचना की थी, पूज्य श्री स्वामीजी ने यह पत्र उसी के उत्तर में लिखा था।

विषय : साधना ज्ञान।

ओम तत् सत्

आशीर्वादक श्री सच्चिदानंद परमहंस

चिरायु।

परम शुभाशीषां राशयः सन्तु।

बाबा! तुम लोगों के मंगल के लिए परम मंगलमय के समीप प्रार्थना करता हूं, मंगलमय तुम लोगों का मंगल करे, यही मेरा इष्ट है। वत्स! तुम्हारा पत्र पाकर सब अवगत हुआ।

वत्स! जो कुछ तुम बाहर देखने का प्रयत्न कर रहे हो, वह अपने अंतर् में देखो, क्योंकि अंतर् का प्रकाश ही बाह्याकाश को प्रकाशित और ज्योतित करता है। साधारणतः मानव अपनी आंतरिक चिन्ता को बाह्याकाश में देखता है और तभी वह चिन्ता घनीभूत होकर उसके मस्तिष्क को तथा चित्त को विभ्रांत कर देती है, यदि तुम सूक्ष्मता से देखोगे तो यह सारी प्रकृति नित्य लीलालीन दिखाई देगी, अंतर् के प्रकाश के द्वारा ही तुम बाह्य प्रकृति के आभ्यंतरिक मूल को देख सकते हो, मन में प्रकाश का और पवित्रता का सूक्ष्म बिन्दु भी होता है तो यह सूक्ष्म बिन्दु जगत्-शक्ति के प्रकाश से मिलकर मन को शुद्ध और चित्त को परिष्कृत कर देता है। सर्वव्यापिनी शक्ति को यदि हम आभ्यंतर में स्थापित करें, तभी हम अपने अंतर् के प्रकाश को बाह्य प्रकाश में मिलाने में समर्थ हो सकते हैं, महाशक्ति का ज्ञान अंतर् और बाह्य को एकाकार करने में समर्थ होता है। अंतर की पवित्रता से ही महामाया के विशुद्ध भाव का चिन्तन हो सकता है, तत् हेतु जिस ज्ञान का उदय होता है, वही अखंड प्रकाश तथा उज्ज्वल तेज कहा जाता है, इसी उज्ज्वल तेज के प्रभाव से मन का पाप–ताप, ज्वाला, यंत्रणा, वेदना, आशक्ति आदि तिरोहित हो सकती है और इसके बाद ही चित्त शुद्ध और परिष्कृत हो पाता है। ऐसा होने पर ही चित्त में अंगूठे के सदृश जो जगत–शक्ति का प्रकाश उदित होता है, वही

प्रकाश हमारे जीवन को ऊंचा उठाने में समर्थ होता है। फलस्वरूप मानव बाह्य व्यापार को भूल जाता है और इस स्थूल जगत से अपने आपको हटाकर सूक्ष्म जगत में प्रवेश करने का अधिकारी बन जाता है।

विज्ञान के द्वारा स्थूल की उपासना ही हो पाती है, जब तक सूक्ष्म का चिंतन नहीं होगा तब तक हमारा सारा व्यापार निष्क्रिय है, क्योंकि विज्ञान के द्वारा जो उपासना होती है, वह स्थूल ही होती है। सूक्ष्म की उपासना चित्त-वृत्तियों का निरोध करने पर ही संभव है, उसके लिए कलुषित और संतप्त चित्त को परे हटाकर निर्मल चित्त की अवधारणा करनी चाहिए, महाशून्य में जब महाशक्ति का आलोक संचरित होता है, उस समय निर्मल चित्त वाला ही उस प्रकाश और आलोक के रहस्य को समझ पाता है, क्योंकि इस प्रकार के रहस्य को समझने की जो भाषा है, वह अलिखित है।

विश्व में जो शक्तिभूत है उसके मूल में यही शक्ति कार्य करती है जो कि आदि, मध्य और अंतिम है। विषयों में इसी का प्रकाश द्युतिमान होता है, उसकी शक्ति संकुचित होने पर भी यह विश्व संकीर्ण होता है और धीरे-धीरे आसुरी शक्तियों का उदय होता है। जीवन में पूर्णता प्राप्त करने के लिए इन आसुरी वृत्तियों का त्याग आवश्यक है।

यह परब्रह्ममयी सत्ता पूरे विश्व को नाना प्रकार से खेल खेलाती है। यही सुख-दुःख, हानि-लाभ, आशा-निराशा, पिता-पुत्र, भाई-बहन, सेव्य-सेवक आदि को लेकर एक ऐसा खेल खेल रही है, जिसको समझना सुगम नहीं। भ्रमवश हम इस खेल को समझ नहीं पाते और इसकी आलोचना करके अपने आपको बुद्धिमान अनुभव करते हैं, परंतु इस प्रकार की आलोचना बुद्धिहीनता का प्रमाण है, क्योंकि जीव, आत्मा, स्वरूप सूक्ष्म, स्थूल आदि सभी इसी महाशक्ति मां की नित्य लीला है। जब तक इस लीला को समझने का प्रयास नहीं करोगे तब तक तुम्हारा चित्त विभ्रम और उद्विग्न रहेगा।

अंगीभूत पुत्र और शिष्य में कोई अंतर नहीं होता। जो वात्सल्य गृहस्थ में मां के द्वारा अंगीभूत पुत्र को प्राप्त होता है, संन्यास में वही वात्सल्य गुरु द्वारा शिष्य में प्रवाहित होता है। तुम्हारा निर्माण एक विशेष उद्देश्य को लेकर मां जगज्जननी ने योग शक्ति के माध्यम से किया था। मैं तो केवल उस आद्य शक्ति के प्रकाश का सूक्ष्म कण हूं। जो कुछ होता है, जो कुछ हुआ है, यह सब उस आद्या शक्ति के भ्रू-संकेत से ही हुआ है, तुम्हारा जन्म सामान्य मानव के रूप में जन्म लेकर समाप्त होने के लिए नहीं हुआ है, अपितु तुम्हारी रचना एक विशेष उद्देश्य को लेकर है तुम्हारा मेरे पास आना और मेरा तुम्हें अंगीभूत करना भी उस नित्य

लीलाविहारिणी की एक लीला है। सूक्ष्म रूप में तुम भी उसी प्रकाश के एक कण हो जिस प्रकाश के कण से मेरा आविर्भाव है, परंतु तुम्हें अपने पास खींचना और एक विशेष प्रकाश से तुम्हारा निर्माण करना एक विशेष उद्देश्य से प्रेरित है। जिस प्रकार कुंभकार मिट्टी के लोंदे को चोट देकर एक विशेष रूप में निर्मित करता है। उस कुंभकार का एक निश्चित उद्देश्य होता है और इस उद्देश्य से प्रेरित होकर ही वह मिट्टी को हाथ लगाता है एवं तीव्राघात से उसका स्वरूप निर्मित करता है।

तुम्हारा मेरे पास आना और मेरे द्वारा आघात दे-देकर एक विशेष रूप में तुम्हारा निर्माण करना एक निश्चित उद्देश्य को लेकर था। यह उद्देश्य वह शक्ति ही जानती है कि मुझे तो केवल उसकी आज्ञा का पालन करना है, इसीलिए तुम्हारे प्रति एक विशेष उत्तरदायित्व अपने चित्त में अनुभव करता हूं और तब तक यह बाबा शान्त नहीं होगा जब तक तुम अपने लक्ष्य पर पहुंच नहीं जाओगे।

मेरे मन में मोह नहीं है, अपितु वात्सल्य भाव अवश्य है। क्योंकि मैंने तुम्हारा पालन उसी रूप में किया है, जिस प्रकार से एक मां अपने नवजात वत्स का करती है। मेरे संपर्क में रहने पर तुम्हें जरूरत से ज्यादा यातना और कष्ट सहन करना पड़ा है परंतु यह सब कुछ इसलिए आवश्यक था कि मेरे निर्माण में किसी प्रकार की कोई न्यूनता न रहे। तुम्हारे पत्र से जो भावना स्फुटित होती है, वह मोह है, क्योंकि सूक्ष्मता में यदि तुम प्रवेश करोगे तो देखोगे कि वहां न पत्नी है, न पुत्र है, न मां है, न बाप है, न गुरु है, न शिष्य है, सभी एक ही अंश के अलग-अलग कण हैं, जिनका अपने आप में पृथक् अस्तित्व होते हुए भी पृथक् अस्तित्व नहीं है। वे अलग-अलग होते हुए भी एक हैं, क्योंकि इन सबका निर्माण उसी मां आद्याशक्ति के ज्योतिर्बिन्दु से हुआ है, इसलिए मेरे समीप आने और मेरे साथ रहने की जो इच्छा तुमने व्यक्त की है वह तुम्हारा मोह ही तो है, यह मोह उस शक्ति के प्रकाश तथा देह विकास के क्रिया संयोग से जन्म लेता है, जब तक इस प्रकार के शत्रु—द्वेष-दंभ, मोह—शरीर स्थित मानवीय भावों के आकर्षण-विकर्षण से संघर्षभूत रहेंगे तब तक इनसे पिण्ड छुड़ाना संभव नहीं होगा। इसीलिए यह प्रकाश बिन्दु जगत जननी मां की गोद में रहते हुए भी शत्रुओं से आकृष्ट रहता है और इन शत्रुओं के कुसंगत से चित्त वेदना-भागी होता है।

परंतु पुत्र इस प्रकार वेदना-भागी होने से जीवन के क्षणों का मूल्य नहीं समझ सकोगे। हमारे जीवन का प्रत्येक क्षण उस नित्य लीला विहारिणी का प्रकाश है, अतः इन क्षणों को शत्रुओं से अबद्ध करना अपने आपको पतन के कगार पर स्थित करना है, तुम्हें आशाहीन होने की आवश्यकता नहीं, सब कुछ होते हुए भी बाबा देह रूप में है और इस देह रूप में होने पर कभी-कभी इन शत्रुओं का आघात

सहन करना ही पड़ता है, इसीलिए तुम्हारे प्रति मोह की व्याप्ति हो जाती है, यद्यपि मैं अपने अंतस् से तुम्हें अलग नहीं देखता हूं, क्योंकि तुम शिष्य रूप में मेरे ही अंगीभूत हो और तुम्हारे जीवन का प्रत्येक कार्य मेरे ही उद्देश्य की पूर्ति में सहायक है।

नित्य लीलाविहारिणी के कार्य में व्याघात डालने का पापभोगी मैं स्वयं अपने आपको समझता हूं। तुम्हारे जीवन का निर्माण गृहस्थ रूप में होते हुए भी संन्यास रूप में था। पूर्व जन्म में तुम मुझसे पूर्णतः अंगीकृत रहे हो, मेरे ही अंग से तुम्हारे शिष्यत्व का निर्माण हुआ था और आद्य रूप से प्रारंभ कर अंतिम क्षण तक प्रवाहमान तुम्हारा वैराग्य जीवन प्रवाहित रहा था। परंतु मैं इस बात को समझता हूं कि संन्यास-जीवन–एकांगी जीवन है, आज आवश्यकता समाज को चैतन्य करने की है, आद्या शक्ति मां की क्रियाओं तथा भौतिक जगत की स्थल व्यापारों में संघर्षण की वजह से पाप, क्रोध, छल, धोखा, असंतोष, विग्रह आदि आसुरी प्रवृत्तियां व्याप्त होने लगी हैं और धीरे-धीरे इस भू पर आसुरी वृत्तियों का विकास बढ़ता जा रहा है। ऐसे समय में एकांत-भोगी होने से जीवन-निर्माण का पूर्ण उद्देश्य अपूर्ण रह जाएगा। इस समय आवश्यकता इस बात की है कि इस स्थूल व्यापार में संलग्न मानव को सही रास्ता दिखाने के लिए प्रयत्न किया जाए और उस आद्य प्रकाश को पुनः स्थापित किया जाए, जिससे कि भूतल पर दया, करुणा, प्रेम, स्नेह की अमृत-वर्षा हो सके।

इसके लिए उन कणों के समान ही अपने कण को बनाना आवश्यक है, जब तक उनके सदृश बनकर कार्य नहीं किया जाएगा, उनके बीच रहकर अपनी भावनाओं को व्यक्त नहीं किया जाएग तब तक इस कार्य की पूर्णता संभव नहीं है। तुम्हारे जीवन के तंतु भोगमय न होकर योगमय ही रहे हैं, परंतु फिर भी मुझे उस जगज्जननी मां के संकेत से तुम्हें पुनः गृहस्थ में प्रवेश देने की कठोर आज्ञा देनी पड़ी है, यद्यपि वत्स! इससे तुम्हारे चित्त पर कठोर आघात लगा था फिर भी ऐसा करना प्रकृति के मूल धर्मों के अनुरूप है, इसीलिए तुम्हें ऐसा करने के लिए बाध्य होना पड़ा है।

इस समय पृथ्वी पर जिस प्रकार की भावनाएं प्रवाहित हैं, वे आसुरी वृत्तियों की द्योतक हैं, ये वृत्तियां स्थूलता में गम्य हैं, सूक्ष्मता की तरफ इन वृत्तियों का निरोध हो गया है, जब तक इन आसुरी वृत्तियों की पराजय नहीं होती तब तब दैविक वृत्तियों का अभ्युदय संभव नहीं है। इन दैविक वृत्तियों के अभ्युदय के लिए ही तुम्हें पुनः गृहस्थ में भोजन की इच्छा मां की रही है, इसीलिए मैंने यहां से रवाना होते समय तुम्हें कहा था कि तुम्हें इस विश्व में कमलवत् रहना है। आसुरी वृत्तियों

का प्रहार होने पर भी तुम्हें क्षमाशील बने रहना है। जिस समय चारों ओर पाप-वृत्तियों का अंधकार व्याप्त हो, उस समय एक छोटे से दीपक को स्वयमेव प्रकाशित बनाए रखने में अत्यधिक जीवट की आवश्यकता अनुभव होती है, इसीलिए मेरे सैकड़ों शिष्यों के होते हुए भी इस कार्य के लिए मात्र तुम्हारा चयन करना पड़ा। मैंने तुममें मां के योगक्षेम से जीवट की भावना बलवती देखी है, मैंने तुममें दिव्य गुणों के परिमार्जन की भावना अनुभव की है, प्रतिकूल परिस्थितियों में अपने आपको अडिग बनाए रखने की क्षमता का साहस देखा है, इसलिए इस कार्य के लिए तुम्हारा चयन करना पड़ा है और इसी हेतु तुम्हें पुनः गृहस्थ धर्म में भेजने के लिए कृत संकल्प होना पड़ा है।

गृहस्थ में विश्व जननी के अपरिवर्तनीय नियमों तथा क्रिया संयोग से उत्पन्न द्वेषादि प्रवृत्तियों का विकास और मोहादि भावनाओं का परिमार्जन स्वाभाविक है, परंतु तुम्हें अपनी पूर्व श्रृंखला को स्मरण रखना है। तुम्हारे पूर्व जीवन संन्यासी के रूप में विकसित हुए हैं, इसीलिए इस जीवन में भी संन्यासी वृत्तियों का विकास तुम्हारे जीवन में स्वाभविक रूप से रहा है, परंतु फिर भी तुम्हें अपने गृहस्थ धर्म का पालन उसी रूप में करना है, जिस रूप में आद्या शक्ति मां की लीला विचरण करती है, फलस्वरूप मोह आदि वृत्तियां तुम पर हावी होने का प्रयास करेंगी। चारों तरफ जिस प्रकार से आसुरी वृत्तियां तुम पर प्रहार कर रही हैं, वह मैं अनुभव कर रहा हूं। फिर भी तुम्हें अपने कर्तव्य पथ से च्युत नहीं होना है और इन वृत्तियों के बीच रहते हुए भी अपने आपको निर्लिप्त और निर्माल्य बनाए रखना है। मोहादि वृत्तियों के बीच भी अपने आपको तटस्थ भाव से बनाए रखना ही तुम्हारे संन्यास जीवन की कसौटी है। गृहस्थ जीवन में संन्यास जीवन को विकसित करना कठिन कसौटी है। जिस प्रकार से मैंने तुम्हारा निर्माण किया है, उस रूप में देखने पर मुझे विश्वास है कि तुम इस कसौटी पर खरे उतरोगे।

वत्स! तुमने अपने पत्र में चित्त की चंचलता का आभास दिया है, तुम्हारा चित्त, गृहस्थ से हटकर मेरे पास आने को व्याकुल है, ऐसा तुमने व्यक्त किया है, परंतु तुमको यह नहीं भूलना चाहिए कि बाबा ने जिस कष्टदायक शूलों में तुमको फेंका है, उसके पीछे एक अभीष्ट है, जब तक वह अभीष्ट प्राप्त नहीं होता तब तक तुम्हें उन तीक्ष्ण शूलों से संघर्ष करना है। गृहस्थ जीवन तो उस नित्य लीला विहारिणी का एक कौतुक है और तुम्हें इस गृहस्थ को इसी रूप में देखना है, इसके मूल में जाकर जब तुम देखोगे तो वहां यह भेद दृष्टिगोचर नहीं होता। वहां पत्नी, पुत्र, मां आदि का बंधन नहीं है। वहां पर सर्वात्म भाव है, एकात्म भावना का उदय है। तुम्हें इसी मूल भाव से इस गृहस्थ को देखना है।

इससे भी जो कठिन कार्य तुम्हें सौंपा है, वह विश्व में मूल विद्याओं का विकास करना है। जन मानस में इस प्रकार की चेतना जाग्रत करनी है, जिससे कि वह सूक्ष्मता का बोध कर सके। स्थूलता में जो निम्नता है, उससे उन्हें परे हटकर सूक्ष्मता के दर्शन करना है। यह कार्य मंत्रों के माध्यम से संभव है, ज्योतिष, तंत्र आदि इसी के अंगीभूत हैं, अतः इन सारी विद्याओं को लेखनी के माध्यम से, बाबा के माध्यम से, विचारों और भावनाओं के माध्यम से व्यक्त करना है और इन लुप्त होती हुई विद्याओं को पुनः जीवित करना है जिससे कि इस पृथ्वी तल से इन विद्याओं का लोप न हो जाए।

यह कार्य संन्यास में रहकर संभव नहीं है, यदि गृहस्थ लोगों के बीच कार्य करना है तो गृहस्थ के रूप में रहकर ही संभव है, इसीलिए इस जीवन में तुम्हें गृहस्थ में प्रवेश देने के लिए मुझे बाध्य होना पड़ा है, तुम्हारे मन में यह दृढ़ संकल्प बना रहना चाहिए कि तुम तभी अपने जीवन की पूर्णता का अनुभव कर सकोगे जब तुम इन विद्याओं को पुनः पल्लवित पुष्पित कर सकोगे।

बाबा! निराश होने का कोई कारण नहीं है। यदि तुम्हारा और मेरा स्थूल देह संपर्क नहीं होता है तो आशाहीन होने का क्या कारण है? क्या तुम मुझे देखते नहीं हो? क्या तुम मुझसे सांप्रक्त नहीं हो? क्या जीवन और आत्मा का परस्पर संबंध नहीं है? नित्य इस प्रकार का क्रिया-कलाप होता है फिर यह उद्विग्नता क्यों है? जो कुछ कार्य तुम्हें सौंपा है, वह कार्य बिना एक भी क्षण नष्ट किए करते रहना है और जिस दिन मैं समझूंगा कि तुम्हारा कार्य संपन्न हो गया है, उसी क्षण मैं अपने पास तुम्हें बुला लूंगा।

यह तुम्हारे चित्त का विभ्रम है कि तुम मां योगमाया के प्रकाश कणों को अलग-अलग रूप में देख रहे हो, तुम्हारी पत्नी उसी योगमाया के प्रकाश कण का एक बिन्दु है, वह आद्या शक्ति के रूप का और उसकी योगमाया का एक सूक्ष्म है, अतः उसके द्वारा संन्यास जीवन के लिए प्रेरित करना उसी योगमाया की इच्छा का संकेत था। यह सब कुछ उसी नित्य लीलाविहारिणी के संकेत से संभव हुआ है, उसका संन्यास की तरफ भेजना इस बात का पर्याय है कि तुम्हारा जीवन मूलतः संन्यास के लिए रहा था। यह योगमाया के भ्रू-विलास का संकेत था, जो कि तुम्हारी पत्नी के माध्यम से व्यक्त हुआ है। मैंने तुम्हें पुनः उसी प्रकाश कण के पास भेजने का उपक्रम किया है, जिस प्रकाश कण से छिटक कर मेरे पास आए थे, इसलिए इस गृहस्थ में भी तुम्हें योग के हित दर्शन करने हैं; यह भी अपने आप में योगाभ्यास की ही एक कसौटी है।

जैसे घट में पानी का अस्तित्व अलग होता है, पर घट टूटने पर वह अखंड व्यापी आकाश में विलीन हो जाता है, उसी प्रकार तुम्हारा अस्तित्व अलग होते हुए भी मेरा ही अस्तित्व भूत है। इसीलिए तुम पत्नी को पत्नी समझते हुए भी आद्या शक्ति के प्रकाश का एक कण अनुभव कर सकते हो। तुम्हारा गृहस्थ, गृहस्थ न होकर उस लीलाविहारिणी का एक कौतुक है, जो कि समाज के लिए एक गृहस्थ का पर्याय है, जबकि मेरे लिए वह एक सुखद कल्पना, एक अनुकूल आश्चर्य और मां जगदंबा का एक निर्लिप्त प्रकाश बिन्दु है।

तुम्हें अपने प्रयत्नों में पूरी तरह से लीन रहना है, क्योंकि गृहस्थ के रूप में तुम्हारे पास बहुत ही कम समय बचा है, इसका कारण यह है कि तुम पिछले कई जन्मों से संन्यास रूप में रहे हो और इस जीवन का यह रूप भी संन्यासवत् ही है, यद्यपि इसका बाह्य आवरण गृहस्थ रूप में दिखाई देता है, इसीलिए तुम्हें जल में रहते हुए भी कमल-पत्र-वत् विचरण करना है। जीवन के प्रत्येक क्षण की सार्थकता तुम्हारे कार्य की पूर्णता है, इसके लिए भूख, प्यास, निद्रा, आदि का कोई स्थान नहीं है, जीवन के प्रत्येक क्षण को उस कार्य में लीन करना है जिस कार्य के लिए तुम्हें भेजा है और यह भी स्पष्ट है कि तुम्हें शीघ्र ही हमेशा के लिए बाबा के पास आना है, जो जीवन के पूर्ण क्षण अपनी चित्त वृत्तियों को उर्ध्वगामी बनने की ओर प्रवृत्त होना है।

तुम्हें नित्य जगत जननी के चिन्तन तथा उनके कार्यों को पूर्णता देना है। शिशु जिस प्रकार मातृ गर्भ में अमृता नाड़ी के रस से पोषित होता है, उसी प्रकार तुम्हें इस जीवन में मां के चिन्तन रस के माध्यम से बर्द्धित होना है, इस वृद्धि के साथ चैतन्य शक्ति का अस्तित्व स्वयं प्रकाशमान रहेगा। तुम्हें मां के अलावा और किसी के प्रति नमन नहीं होना है, मानव के सामने दीनता प्रदर्शित करना तुम्हारे लिए अभीष्ट नहीं है, जो किसी वस्तु की अपेक्षा नहीं करता वही धन्य है। मैंने तुममें इन समस्त गुणों का परिमार्जन किया है और मुझे अपने आप पर जितना विश्वास है, तुम पर भी उतना ही विश्वास है।

तुम्हारा कार्य विश्व में इस प्रकार से युवक-युवतियों का चयन करना है, जिनमें इस प्रकार के गुणों के सूक्ष्म कण हों, जिन प्राणियों में तुम्हें मां आद्या शक्ति के स्फुलिंग दृष्टिगोचर हों, उन्हें इस कार्य के लिए प्रेरित करना है और इसी प्रकार के व्यक्तियों का चयन करना है, उन चयनित लोगों में से जो परिश्रम तथा सर्वात्म भाव समर्पण की कसौटी पर खरे उतरें उन्हीं को शिष्य रूप में स्वीकार करना है। इस स्वीकारोक्ति में पुरुष नारी का भेद नहीं होना चाहिए। तुम्हारे लिए शिष्य, शिष्य है, फिर वह पुरुष रूप में हो या नारी रूप में, तुम्हें उनके चित्त को ऊर्ध्वगामी

बनाने की ओर प्रेरित करना है और जो देव कार्य तुम्हें सौंपा है, उस कार्य में उन्हें निष्णात करना है, जिससे कि वे आने वाले जीवन में इस मानवता के प्रकाश स्तंभ को लेकर आगे बढ़ सकें और मानवता के पथ निर्देशन में सहायक हो सकें।

समय बहुत कम है, काल निरंतर गतिशील है और यह गतिशीलता अस्तित्व लीनता की ओर ही प्रवाहित है, इसलिए अपने जीवन में तीव्रता के साथ कार्य करना है और कठोरता के साथ अपने कर्तव्य के प्रति सजग रहना है। शरीर सुख और चित्त सुख की तरफ तुम्हें प्रेरित न होकर अपने जीवन को कठोरतम कसौटी पर कसे रखना है, अपने जीवन के प्रति जितने ही ज्यादा निर्मम हो सकोगे, सफलता उतनी ही निकट होगी।

मेरे चित्त में तुम्हारे प्रति सर्वाधिक स्नेह है, तुम्हें सबसे अधिक कसौटी पर कसा है और यह कहते हुए मेरी आंखों में आह्लाद के कण हैं कि मेरे जीवन का स्वप्न तुम्हारे माध्यम से चरितार्थ होने जा रहा है। इस पृथ्वी पर आसुरी शक्तियों को समाप्त कर देवत्व की स्थापना तथा स्थूल ज्ञान की अपेक्षा सूक्ष्म ज्ञान मंत्र, तंत्र, यंत्र, ज्योतिष, कर्म कांड, ज्ञान, वैराग्य, योग, साधना आदि देव विद्या का विकास मेरे जीवन का स्वप्न था और वह स्वप्न जिस प्रकार से तुम साकार कर रहे हो इससे मेरे हृदय में अत्यधिक आनंद है और यह आनंद मेरे लिए आशीर्वाद के रूप में परिणत है।

तुम्हें शीघ्र ही मेरे पास बुलाना है और हमेशा के लिए इस सिद्धाश्रम को तुम्हें संभालना है, पर इससे पूर्व तुम्हारे कार्य की पूर्णता हो जानी आवश्यक है। मुझे तुम पर अगाध विश्वास है और जिस प्रकार से तुम कार्य कर रहे हो, जिस विरोधी वातावरण में अपने अस्तित्व को सुरक्षित रूप से बनाए रख रहे हो, जिस वात्याचक्र में अपने आप को अडिग रखे हुए हो उससे मुझे प्रसन्नता है और तुम्हारी संकल्प शक्ति पर आस्था है।

बहू को मैं आद्या शक्ति के अंश रूप में नमन करता हूं और तुम्हारे लिए बाबा मंगल कामना करता है।

शुभाशीष,
(सच्चिदानन्द परमहंस)

प्रेषक : शिवानंद ब्रह्मचारी

स्थान : मुक्तेश्वराश्रम

प्राप्तकर्ता : डॉ॰ नारायणदत्त श्रीमाली

आलोक : प्रसिद्ध शिवानंद ब्रह्मचारी पहले मां भैरवी के चरणों के प्रति अनुरक्त थे तथा निर्जनवन में एकांत साधना कर विशिष्ट सिद्धियों के स्वामी बने। गोरखपुर से आगे नेपाल के जंगलों में जब डॉ॰ श्रीमाली संन्यास रूप में निखिलेश्वरानंद के नाम से साधना करते थे, तब उनका सामीप्य प्राप्त हुआ और शिष्यत्व स्वीकार किया, साथ में रहकर अति विशिष्ट साधनाएं सीखीं व सिद्धियां प्राप्त कीं।

पर कुछ समय बाद किसी बिन्दु पर फटकारे जाने पर शिवानंदजी अन्यत्र चले गए और कुछ वर्षों तक नैमिशारण्य में रहे, पर उनके मन में पश्चात्ताप की आग जलती रही और गुरुदेव श्रीमालीजी से मिलने के लिए छटपटाते रहे। अचानक एक दिन हिन्दी की किसी प्रसिद्ध पत्रिका में निखिलेश्वरानंद के बारे में प्रकाशित विवरण ध्यान में आया और वर्तमान अता-पता ज्ञात हुआ कि श्रीमालीजी ही निखिलेश्वरानंद हैं, तो वे भाव-विह्वल हो गए और अपनी भूल स्वीकारते हुए गुरुदेव से क्षमायाचना युक्त पत्र लिखा।

परम श्रद्धेय गुरुदेव!

चरणों में तुच्छ शिवानंद का नमन स्वीकार करें।

मैं यह पत्र न भेजकर स्वयं ही आपके चरणों में उपस्थित होता और आपके चरण पकड़ कर तब तक रोता रहता जब तक कि आप मुझे उठाकर मेरे मस्तिष्क पर शीतल हाथ नहीं रख देते, परंतु मैं अपनी ही भूल पर लज्जित हूं। पिछले कई वर्षों से मैं पश्चात्ताप की अग्नि में जल रहा हूं, मेरे जीवन का एक-एक कण बोझिल हो गया है, ऐसा लग रहा है जैसे मैं जीवित नहीं हूं अपितु जिन्दा लाश ढो रहा हूं, मेरे जीवन की उमंगें, मेरे जीवन की इच्छाएं उसी दिन समाप्त हो गई थीं, जिस दिन मैं आपसे दूर हो गया था। यह मेरे भाग्य पर नियति का क्रूर व्यंग है कि मैं आप जैसे देवता के चरणों में आकर भी अलग हो गया। मेरे जीवन का यह अभिशाप ही कहा जाएगा कि मैं गंगा के पावन तट पर जाकर भी तृषित ही रहा, आपसे बिछुड़ने के बाद मैं अपने जीवन को जीवन ही नहीं मानता, आप अंतर्यामी हैं, आपके पास असीम सिद्धियां हैं, मानव के मूल कण को पहचानने में आप सक्षम हैं। आप स्वयं मेरे बारे में जान सकते हैं कि आपसे अलग होने के बाद मेरी क्या

स्थिति रही है। मेरी आत्मा ने कितना क्रंदन किया है यह आप भली प्रकार जान सकते हैं। जीवन का एक-एक क्षण मेरे लिए कितना बोझिल रहा है, यह आपसे ज्यादा कोई नहीं जान सकता। आप स्वयं मेरे बारे में जान सकते हैं कि आज तक मैं किस प्रकार से अनाथ की तरह भटक रहा हूं, आपको पुनः प्राप्त करने के लिए मैंने क्या-क्या नहीं किया? कहां-कहां नहीं गया? परंतु यह मेरा दुर्भाग्य था कि मैं चाहते हुए भी आपको पुनः प्राप्त नहीं कर सका। यह मेरे जीवन का अभिशाप है, यह मेरे जीवन की सबसे बड़ी दुर्घटना है, जबकि मैं आपका आश्रय पाकर भी बिछुड़ गया।

पर इसमें पूरी तरह त्रुटि मेरी ही थी, आपने तो मुझ दीन पर तरस खाकर मेरी इच्छा को स्वीकार किया था, मेरे जीवन का कोई भी कोना आपसे अछूता नहीं है, जब मैं आपके पास आया था तब मैं दीन-हीन, निराश्रित और निरुपाय था। यद्यपि बचपन से ही मेरी यह साध थी कि मैं अपना पूरा जीवन साधना में ही व्यतीत करूं और उच्चस्तरीय साधकों के सान्निध्य में रहकर अपने जीवन को सार्थक करूं, इसीलिए जब बचपन में ही मेरे मां-बाप गुजर गए तो मैं घर से भाग खड़ा हुआ और सोलह वर्ष की अवस्था तक भटकता रहा।

मां भैरवी की मुझ पर कृपा रही कि उसने मुझे रोक लिया और उनसे मैंने मां की तरह ही स्नेह पाया। इसमें कोई दो राय नहीं कि मां वास्तव में ही मां थी। उसने स्वयं मेरे लिए परेशानियां देखीं परंतु मेरा पालन पुत्र की तरह ही करती रही। यद्यपि मैं सोलह-सत्रह वर्ष का था परंतु उसने मुझे सोलह-सत्रह महीने से बड़ा माना ही नहीं। उसी प्रकार से हठ करके खिलाती और मेरी सुख-सुविधा का ध्यान रखती, यही नहीं अपितु उसने मुझे उसी प्रकार से सिखाया जिस प्रकार से मां अपने शिशु को सिखाती है। मां भैरवी तंत्र क्षेत्र में निष्णात थी और उसने मुझे तंत्र क्षेत्र में निष्णात बनाने में कोई कसर नहीं रखी।

मैंने अपने जीवन में सोच लिया था कि अब मुझे एक आश्रय मिल गया है और मैं इसी क्षेत्र में निष्णात बनूंगा तथा जीवन के बाकी वर्ष तंत्र को सर्वोच्चता प्रदान करने में सफल हो सकूंगा। इसके लिए मां भैरवी से सीखता रहा और वह मुझे सिखाती रही। इस प्रकार कुछ कठिन और दुष्कर क्रियाएं भी उसके द्वारा सीखने को मिलीं, परंतु यह मेरा दुर्भाग्य है कि मैं ज्यों ही पूर्णता की तरफ बढ़ने का प्रयत्न करता हूं कि मेरे नीचे का आश्रय समाप्त हो जाता है।

एक दिन अचानक मां भैरवी बीमार पड़ी और तीसरे दिन उसने मुझे अपने पास बुलाकर कहा बेटा! अचानक मेरा बुलावा आ गया है और मेरा जाना आवश्यक है, जिस स्थान पर मुझे जाना है उस स्थान के लिए इस चोले को बदलना आवश्यक

है, अतः मैं जा रही हूं पर मेरा आशीर्वाद तेरे साथ है कि तू इस क्षेत्र में पूर्णता प्राप्त करे।

मेरे ऊपर तो अचानक वज्रपात-सा हो गया। मैं सोचता ही रह गया कि यह अचानक और अप्रत्याशित रूप से क्या हो रहा है, पर मरते-मरते मां ने इतना ही कहा कि यदि तुझे तंत्र में पूर्णता प्राप्त करनी है तो तू स्वामी निखलेश्वरानंद के पास जाकर याचना कर। यद्यपि मैंने उनसे आज्ञा प्राप्त कर ली है फिर भी वे मेरे आराध्य हैं, अतः इतना ही कह सकती हूं कि यदि शिष्य भाव अपने मन में रखा तो पूर्णता वहीं से प्राप्त हो सकेगी। तंत्र क्षेत्र में तू जिस स्तर पर है, उससे आगे का ज्ञान और कहीं पर से तुझे नहीं मिल सकेगा, इसके लिए तुम्हें वहीं पर जाना होगा और आगे के जीवन में वही तुझे पूर्णता दे सकेंगे... और कहते-कहते मां भैरवी ने अपने प्राणों को पंचभूत में विसर्जित कर दिया।

एक बार फिर मैं अनाथ हो गया था। मेरे मन में जो उत्साह था, वह समाप्त हो गया, मेरी अवस्था विक्षिप्त की तरह हो गई थी और ऐसी ही विक्षिप्त अवस्था में मैं आपके चरणों में पहुंचा था।

मुझे वह घटना और वह दृश्य आज भी भली प्रकार से स्मरण है जब मैं आपके पास पहुंचा था। आप निर्जन जंगल में छोटी-सी कुटिया में साधना रत थे। मैं दो दिन और दो रात आपके चरणों के पास पड़ा रहा, पर न तो आपकी समाधि खुली और न मैं सांत्वना पा सका।

दूसरे दिन शाम को वहां पर अचानक एक साधु प्रकट हुआ, पर उसने मुझे संकेत से चुप रहने को कहा। मैं उस घनघोर जंगल में अचानक उस आगत साधु को देखकर आश्चर्यचकित था, पर मैं उसके संकेत करने पर चुप रहा। वह आपके सामने तीन घंटे तक बैठा रहा और उसके होंठ हिलते रहे, संभवतः वह आपसे आज्ञा प्राप्त करने के लिए आया था या अपनी बात करने के लिए आया था। मैं यह देख रहा था कि आप दोनों के बीच मौन वार्तालाप चल रहा है।

यह तो मुझे बहुत बाद में पता चला कि वे आपके ही शिष्य आज के प्रसिद्ध अवधूत बाबा थे।

तीसरे दिन जब आपकी समाधि खुली और मुझे देखा तो आपके चेहरे पर मुस्कराहट खेल गई। और बोले—शिवानंद! मां भैरवी चली गई?

मैंने सारी बात आपको बता दी और आप चिन्तन में डूबे रहे, मेरी बात समाप्त होने पर आपके मुंह से निकला था कि मां भैरवी को जाना था, वहां पर उनका जाना आवश्यक है, पर तुझे यहां भेजा है तो चिन्ता मत कर और जीवन में जो कुछ अपूर्णता रह गई है उसे पूर्ण कर।

जिस प्रकार मरुस्थल में जलते हुए प्राणी को सुखद छाया मिलने पर आनंद की अनुभूति होती है, ठीक वैसी ही अनुभूति आपको पाकर हुई। जिस प्रकार प्यास से बेचैन प्राणी को गंगा का किनारा अचानक मिल जाए और उसे जिस प्रकार से प्रसन्नता होती है वैसी ही प्रसन्नता आपका सान्निध्य पाकर मुझे प्राप्त हुई थी। मैं अपने आपको संसार का सबसे सौभाग्यशाली समझने लगा था।

पर मैं स्वयं हतभागी हूं, मैंने जो कुछ मां भैरवी से प्राप्त किया था, उसमें काफी कुछ पूर्णता आपके सान्निध्य से प्राप्त हुई थी। एक वर्ष में आपने जो कुछ मुझे दिया था, वह अपने आप में अन्यतम था। थोड़े से समय में आपने मुझे जिस तीव्रता से तंत्र के पथ पर आगे बढ़ाया था, वह मेरे लिए आश्चर्यजनक था। यह मेरा सौभाग्य था कि मैं आपके चरणों का आश्रय पा सका था और आपके द्वारा ज्ञान प्राप्त करने में सफल हो सका था, पर यह मेरा भाग्य नहीं, मां भैरवी की ममता का प्रभाव था कि आपने मुझे स्वीकार किया था।

पर मैं थोड़ा-सा पाकर भी अपने आपको काफी ऊंचा समझने लगा था। आज मैं यह अनुभव करता हूं कि मुझमें अहं की प्रवृत्ति आ गई थी, तंत्र क्षेत्र में अपने आपको निष्णात समझने लगा था और मैं यह अनुभव करने लगा था कि मेरे पास इस प्रकार की विशिष्ट सिद्धियां हैं, जिनके माध्यम से मैं असंभव को भी संभव कर सकता हूं। यह भावना धीरे-धीरे मुझमें बढ़ती गई और मैं आपके अन्य शिष्यों से अपने आपको ऊंचा समझने लग गया था।

ऐसा होने पर मुझमें अहं की भावना बढ़ती ही गई। मैं कई बार अपने ही गुरु भाइयों से उलझने लग गया, फिर भी वे शांत रहे, आप यह सब कुछ देख रहे थे, मेरे परिवर्तित व्यवहार को अनुभव कर रहे थे, फिर भी आप शांत बने रहे और मैं अहं के आवेग में आपके उस शांत रूप को अपने कार्य की और अपने अहं की स्वीकारोक्ति ही समझता रहा। आज मैं यह अनुभव कर रहा हूं कि मैं कितना बड़ा नराधम हूं, जिसने गुरु के सामने अहं का प्रश्रय दिया था।

और इसी दुर्बुद्धि ने एक दिन आपकी आज्ञा की अवहेलना कर दी। आज मैं पश्चात्ताप की अग्नि में जल रहा हूं कि मैंने एक देव-पुरुष के सामने कितनी निम्नता प्रदर्शित की थी, फिर भी आप शांत बने रहे, पर यही त्रुटि जब दूसरी बार हुई तो आपने मुझे फटकार दिया। शिष्यों के बीच इस प्रकार की फटकार से मेरे 'अहं' को चोट लगी। आपने तो मेरे अहं पर इसलिए चोट की थी कि मैं मानव बना रह सकूं, पर उस समय मेरी आंखों पर अहं की पट्टी बंधी हुई थी। तंत्र और विशिष्ट तंत्र मुझे ज्ञात थे तथा तारा साधना करने के बाद तो मैं अपने आपको बहुत कुछ समझने लगा था, इसीलिए आपकी फटकार मेरे लिए

असह्य हो गई और मैंने क्षमा याचना के स्थान पर आपके सामने खड़ा होकर जिन शब्दों का प्रयोग किया, वे शब्द ही मेरी मृत्यु बन गए।

मुझे स्मरण है कि आप उन शब्दों को सुनकर क्रोध से भर गए थे और तीव्र शब्दों में मुझे निकल जाने को कहा, साथ ही यह भी सुनाई दिया कि तू जिस विद्या पर उछल रहा है वह सारी विद्या अगले छह महीने में विस्मृत हो जाएगी।

पर, यह मेरा दुर्भाग्य था कि मैं उस समय भी अपने आपको जरूरत से ज्यादा समझता रहा। मुझमें महाविद्या साधना के बाद यह अहं था कि मेरा कुछ भी नहीं बिगड़ सकता। किसी कोने में छिपी हुई यह भावना भी थी कि मुझे भी इतना ऊंचा गुरु बनना है जितना और कोई नहीं हो और दुर्भाग्य ने मेरे अंतर् में यही कहा कि तेरा कुछ भी नहीं बिगड़ सकता। जो विद्याएं तेरे पास हैं वे मां भैरवी की दी हुई हैं, इसलिए उन विद्याओं का लोप संभव नहीं। मेरे मन में अपने स्वयं का आश्रम बनाने का कुत्सित विचार भी था, अतः मैंने उसी दिन आपके आश्रय को छोड़ दिया।

पर बाबा! यह मेरी जीवन की सबसे बड़ी भूल थी। मैं यह सारी बात इसलिए लिखना चाहता हूं, जिससे कि मेरे दिल पर जो बोझ है, वह मैं उतार सकूं। पिछले 15 वर्षों से मैं इस बोझ को अपने पर लाद कर फिर रहा हूं। आपसे मैं आज सारी बात खुलकर कह देना चाहता हूं, यद्यपि मेरा पत्र लंबा हो गया है, मैं अपने विचारों को सुनियोजित ढंग से व्यक्त नहीं कर पा रहा हूं, परंतु फिर भी मैं अपनी बात आपके सामने रख देना चाहता हूं।

आपके यहां से जाने के बाद मैं गोरखपुर के पास रुक गया और गोरखनाथ के मंदिर से कुछ समय के लिए संबंधित रहा, परंतु जिस अहं के वशीभूत होकर आपसे अलग हुआ था वे सारी विद्याएं छह महीने के बाद लुप्त हो गईं। मैं उसके बाद चाहते हुए भी कुछ नहीं कर पाया। यद्यपि मुझे वे सारे मंत्र याद थे, संबंधित क्रियाएं ज्ञात थीं। मैंने उन क्रियाओं के माध्यम से पुनः सिद्धि प्राप्त करनी चाही, पर प्रयत्न करने पर भी मैं उन सिद्धियों को पुनः प्राप्त नहीं कर सका और एक बार मैं पुनः एक साधारण कीट बन गया।

उस दिन पहली बार मैंने अनुभव किया कि मैंने अपने जीवन में कितनी बड़ी भारी त्रुटि कर दी है। मैंने जीवन में जो कुछ प्राप्त किया था वह भी खो चुका हूं, जो मेरा लक्ष्य था वह तो दूर, अपितु जो कुछ मेरे पास था वह भी समाप्त हो गया है, आपका श्राप मेरे जीवन के पीछे था और मैं बदहवास-सा इधर-उधर भटक रहा था।

जैसे-तैसे करके मैंने छह महीने बिताए, पर जब मैं अपने आप में नहीं रह सका तो मैं पुनः उसी स्थान पर पहुंचा जहां आप मुझे मिले थे, परंतु वहां जाने पर मुझे कुछ भी प्राप्त नहीं हो सका, आपने वह स्थान छोड़ दिया था।

उसके बाद मेरा खाना-पीना सब कुछ छूट गया, मेरी आंखों की नींद उड़ गई, जीवन का मोह समाप्त हो गया और आत्महत्या करने का पक्का निश्चय कर लिया, मेरा मन बार-बार मुझे फटकार रहा था कि तूने इतने बड़े आश्रयदाता की अवज्ञा कर दी, तू जिस आधार पर खड़ा था, उसी आधार को अपने हाथों से तोड़ दिया, आपके लिए जो शब्द मैंने प्रयोग किए थे, उस शब्द का एक-एक अक्षर मेरे सीने पर हथौड़े मारता रहा और मैं पश्चात्ताप की अग्नि में बराबर जलता रहा।

उसके बाद मैंने आपकी खोज में पूरा नेपाल छान मारा, गोरखपुर के आस-पास का पूरा स्थान देख लिया, हिमालय के प्रत्येक उस स्थान को देखा जहां पर आप से मिलने की संभावना थी, पर जहां-जहां भी मैं गया आपका श्राप अभिशाप की तरह मेरे जीवन के पीछे लगा रहा, मुझे कहीं पर भी शरण नहीं मिली, कहीं पर भी आप के बारे में समाचार नहीं मिले, कहीं पर भी आपको न पा सका।

पिछले पंद्रह वर्षों में हिमालय के एक-एक स्थान को देख लिया है, प्रत्येक साधु और संन्यासी से आपके बारे में ज्ञात करता रहा, परंतु कहीं से भी अनुकूल समाचार प्राप्त नहीं हुए, इन वर्षों में मेरा पूरा शरीर जर्जर हो गया, आंखें अंदर धंस गईं, चेहरे की कांति समाप्त हो गई और मुझमें इतनी भी शक्ति नहीं रही कि मैं अपने आपको संभाल सकूं, अपने आपको जीवित रख सकूं।

पर मरना मेरे हाथ में नहीं था, जब तक आप मुझे नहीं मिलते, जब तक आपके चरणों में पड़कर मैं क्षमा याचना नहीं कर लेता, जब तक मैं आपके पैरों को आंसुओं से भिगो नहीं लेता तब तक मर कर भी मुझे चैन नहीं मिलता, मेरी सारी इच्छाएं एक ही बिन्दु पर केंद्रित थीं कि आपको प्राप्त करना है, किसी भी स्थिति में आपसे मिलना है और अपनी भूल का प्रायश्चित करना है।

क्योंकि मैं यह भली भांति समझ गया था कि जब तक आपका श्राप समाप्त नहीं होगा, जब तक आपकी कृपा मेरे ऊपर पुनः नहीं होगी तब तक मैं कुछ भी प्राप्त नहीं कर सकूंगा। मैं जिस साधक के पास भी गया वहीं से मुझे फटकार मिली, जिस अघोरी या तांत्रिक का साहचर्य प्राप्त करना चाहा वहीं से मुझे दुत्कार मिली, जिससे भी मैं मिला वहीं मुझे उपेक्षा और अनादर मिला, क्योंकि आपका श्राप मेरे जीवन के पीछे है और जब तक आप उस श्राप को वापस नहीं ले लेंगे तब तक मैं अपने जीवन में कुछ भी नहीं कर सकूंगा।

आज मैं समझ गया कि जीवन की समस्त साधनाओं से भी ऊपर गुरु की कृपा होती है, जब तक गुरु का वरदहस्त सिर पर होता है तभी तक विद्याएं फलवती होती हैं। जिस दिन गुरु अपना हाथ सिर से हटा लेते हैं, उस दिन से साधक का पतन होने लग जाता है। मेरे अहं ने मुझे बरबाद कर दिया, आपकी अवज्ञा मेरे पूरे जीवन को लील गई और मैं साधारण मानव से भी गया-गुजरा होकर आज दर-दर भटक रहा हूं।

मेरी इतनी हिम्मत नहीं है कि मैं आपके सामने आ सकूं। मैं आपके क्रोध से परिचित हूं, यद्यपि आप दया की मूर्ति हैं, आपके जीवन में मेरे जैसे सैकड़ों नराधम आए होंगे, उन पर अवश्य आपकी कृपा हुई होगी, मैं जीवन में अभागा हूं, इसलिए चाह कर भी मैं आपकी कृपा नहीं पा सका।

पिछले दिनों हिन्दी के एक प्रसिद्ध पत्र में आपके बारे में बहुत कुछ पढ़ने को मिला, तब सारी स्थिति मेरे सामने स्पष्ट हो गई। वे सारी घटनाएं मेरी आंखों के सामने फैल गईं जो मैंने देखी थीं। वहीं से आपका पता मिला और जब चित्र देखा तो रहा सहा संदेह भी जाता रहा।

यदि साधना का स्मरण रहता तो मैं साधना के माध्यम से आपके जीवन के बारे में जानकर आपके चरणों में आ गिरता, परंतु आपने तो मेरी सारी विद्याएं विस्मरण कर दी हैं, मैं प्रयत्न करता हूं फिर भी मुझे स्मरण नहीं रहता। जो कुछ मुझे याद था, वह भी मैं भूल चुका हूं।

एक बार जब आपका पता मुझे लगा तो मैंने निश्चय किया कि मैं सीधा आपके चरणों में पहुंच जाऊं और मुझसे जो भयंकर त्रुटि हो गई उसके लिए क्षमा याचना करूं। इतना होने पर भी यदि आप मुझे ठुकरा देंगे तब भी मैं निश्चिंत रहूंगा, क्योंकि आपसे ठुकराया हुआ कहलाऊंगा, क्या यह कम गौरव की बात है।

मैं आपके क्रोध से परिचित नहीं था, मैंने आपका करुणा और दया का रूप देखा था, आपका स्नेह मेरा अवलंब रहा था, आपके सान्निध्य में जो कुछ मुझे प्राप्त हुआ था वह मेरे लिए स्वर्णिम था, आपका पुत्रवत स्नेह मुझे मिला था। आपने जितना स्नेह इस तुच्छ कीट को दिया था, वह वास्तव में ही मेरी अमूल्य निधि थी। मैं बराबर त्रुटियां करता जा रहा था और आपकी करुणा बराबर उसको अनदेखी कर रही थी, आपने जो कुछ मुझे दिया वह मेरे लिए अन्यतम रहा। मैंने आपमें पिता का प्रेम, मां की करुणा, बड़े भाई का स्नेह और गुरु का आशीर्वाद अनुभव किया, मैंने कई रूपों में आपके दर्शन किए हैं और प्रत्येक रूप करुणा तथा दया से ओत-प्रोत रहा है।

यह मेरे जीवन की विडंबना थी कि मैं हिमालय के पास जाकर भी शांति नहीं पा सका, आपकी दया रूपी गंगा के किनारे बैठकर भी तृप्त नहीं हो सका, आपकी शीतल छाया प्राप्त होने पर भी मैं उससे वंचित हो गया, यह मेरे जीवन का कितना बड़ा दुर्भाग्य था कि आप जैसे परम श्रेष्ठ गुरु को पाकर भी मैं अनाथ ही बना रहा।

पर यह मेरी गलती थी, मैं अनाथ हूं, दरिद्र हूं, निर्धन और कमजोर हूं, परंतु जो कुछ भी हूं केवल मात्र आपका हूं। आप मेरे लिए एक क्षण व्यतीत करें और साधना से देखें कि पिछले पंद्रह वर्ष मैंने किस प्रकार बिताए हैं, मेरी प्रत्येक सांस के साथ आपका नाम रहा है, मेरे जीवन के प्रत्येक क्षण में अपका स्मरण रहा है, मेरे शरीर के रोम-रोम से आपके नाम की ध्वनि निकलती रही है और पिछले पंद्रह वर्षों में मैं प्रत्येक क्षण पश्चात्ताप की अग्नि में जलता रहा हूं।

मैं इस पत्र के द्वारा दया की भीख मांगता हूं, मैं कुछ भी नहीं हूं, मुझसे जो कुछ त्रुटि हुई है, उसके लिए पूरे जीवन भर के लिए क्षमाप्रार्थी हूं, जब तक आपका करुण-पत्र प्राप्त नहीं होगा तब तक मैं कुछ भी नहीं कर सकूंगा। मैं आपके सामने हर क्षण रहा हूं पर मैं अपने आप में इतनी हिम्मत नहीं जुटा पा रहा हूं कि बिना आपकी आज्ञा के आपके चरणों में आ सकूं, क्योंकि मैं अपराधी हूं और अपराधी को किसी भी प्रकार की रियायत प्राप्त नहीं होती।

परमात्मा से विमुख होकर तो व्यक्ति शायद जीवित रह भी सकता है, पर गुरु से विमुख होकर उसे तिल-तिल कर जलना ही पड़ता है, उसके जीवन की और कोई गति-मति नहीं होती।

मैं शरीर के रोम-रोम के द्वारा आपसे क्षमा-याचना करता हूं, मेरी आंखें अतृप्त हैं, मेरा हृदय वेदनाग्रस्त है। मेरा सारा शरीर पश्चात्ताप की अग्नि में जल रहा है और जीवन का प्रत्येक क्षण अभिशाप से ग्रस्त है। मैं इस पत्र के द्वारा अपने आपको आपके सामने समर्पित करता हूं, मुझे विश्वास है कि आप इस अकिंचन को दया की भीख देंगे, जिससे कि आपके चरणों में उपस्थित होकर क्षमा-याचना कर सकूं और जीवन का प्रायश्चित कर सकूं।

अधमाधम,
(शिवानंद ब्रह्मचारी)

www.ingramcontent.com/pod-product-compliance
Lightning Source LLC
Chambersburg PA
CBHW070500100426
42743CB00010B/1706
9789350576410